KB045096

이래 봐도 진심입니다

이래 봐도 진심입니다

인천영종고 학교혁신 8년의 기록

초판 1쇄 발행 2023년 12월5일

엮은이. 인천영종등학교 백서출판 전학공
펴낸이. 김태영

씽크스마트 책 짓는 집
경기도 고양시 덕양구 청초로66
덕은리버워크 지식산업센터 B-1403호
전화. 02-323-5609

홈페이지. www.tsbook.co.kr
블로그. blog.naver.com/ts0651
페이스북. @official.thinksmart
인스타그램. @thinksmart.official
이메일. thinksmart@kakao.com

ISBN 978-89-6529-388-0 (03370)
© 2023 인천영종등학교 백서출판 전학공

•**씽크스마트** - 더 큰 생각으로 통하는 길
'더 큰 생각으로 통하는 길' 위에서 삶의 지혜를 모아 '인문교양, 자기계발, 자녀교
육, 어린이 교양·학습, 정치사회, 취미생활' 등 다양한 분야의 도서를 출간합니다.
바람직한 교육관을 세우고 나다움의 힘을 기르며, 세상에서 소외된 부분을 바라봅
니다. 첫 원고부터 책의 완성까지 늘 시대를 읽는 기획으로 책을 만들어, 넓고 깊
은 생각으로 세상을 살아갈 수 있는 힘을 드리고자 합니다.

•**도서출판 큐** - 더 쓸모 있는 책을 만나다
도서출판 큐는 울퉁불퉁한 현실에서 만나는 다양한 질문과 고민에 답하고자 만든 실
용교양 임프린트입니다. 새로운 작가와 독자를 개척하며, 변화하는 세상 속에서 책
의 쓸모를 키워갑니다. 흥겹게 춤추듯 시대의 변화에 맞는 '더 쓸모 있는 책'을 만들
겠습니다.

•**천개의마을학교** - 대안적 삶과 교육을 지향하는 마을학교
당신은 지금 무엇을 배우고 싶나요? 살면서 나누고 배우고 익히는 취향과 경험을
팝니다. 〈천개의마을학교〉에서는 누구에게나 학습과 출판의 기회가 있습니다.
배운 것을 나누며 만들어진 결과물을 책으로 엮어 세상에 내놓습니다.

자신만의 생각이나 이야기를 펼치고 싶은 당신.
책으로 사람들에게 전하고 싶은 아이디어나 원고를 메일(thinksmart@kakao.com)로 보내주세요.
씽크스마트는 당신의 소중한 원고를 기다리고 있습니다.

이래 봐도
진심입니다

인천영종고 학교혁신 8년의 기록

좋은 사람과 함께 하는 여행

교장 신용태

성장의 공간, 인천영종고등학교

교육청에서 근무하다 2018년 9월 1일 교감으로 부임하여 다시 현재 교장으로 오게 된 지금까지 인천영종고등학교와 함께 한 모든 과정이 나를 성장시킨 시간이었다.

학교라는 공간을 떠난 지 6년 만에 학교로 다시 돌아오니 두렵기도 하였으나 그 반면에 설렘과 흥분된 마음이 더 컸다. 부임 첫날 등교하는 학생들의 모습을 보니 많은 학생의 머리와 복장이 너무 자유로워 놀랐던 경험은 인천형 혁신학교인 행복배움학교가 무엇인지 고민하는 계기가 되었다. 당시 담당부장이었던 홍경아 선생님에게 행복배움학교의 기본 철학, 우리 학교의 운영 방향, 비전 등에 관해 물어보며 인천형 혁신학교인 행복배움학교로서 인천영종고등학교의 방향에 대해 생각하고 나의 역할에 대해 고민했던 시간들이었다.

늘 새롭고 놀라운 학교

2019년 12월 교직원 전체 회의를 통해 교육과정을 평가하고 다음 학년도에 중점적으로 추진해야 할 교육활동을 대토론회의 결과물로 결정했던 점, 교내 흡연 문제 해결을 위해 선생님들이 자발적으로 쉬는 시간 화장실 앞에서 하셨던 생활지도, 학생·학부모·교원들이 교육공동체 회의를 통해 학생들의 생활규약을 제정하던 모습, 학생들과 교사들이 점심시간에 모여 함께 경기를 즐기던 모습, 지역사회 어려운 노인들을 돕기 위한 사랑의 반찬나눔을 했던 일, 학생들이 태어나고 자란 영종도를 사랑하는 마음으로 걸었던 50㎞ 영종도보순례, 선생님들의 교수-학습 방법을 개선하기 위한 전문적 학습공동체 활동 등 인천영종고등학교에서의 교육활동은 나에게는 늘 새롭고 놀라운 경험이었다.

전문적 학습공동체 '폐옹'에서 선생님들이 학생들의 수업 태도, 생활 태도, 학교의 방향성에 대해 고민하고 걱정하던 모습들 또한 신선한 충격이었다. 이러한 선생님들의 열정은 나 자신을 반성하는 계기가 되었고 나도 이 선생님들처럼 학교와 학생들을 위해 할 수 있는 일을 찾아 지원해야겠다고 다짐하게 되었다.

우리도 행복할 수 있을까

인천영종고등학교의 비전은 '자기 사랑과 열정으로 함께 배우며 성장하는 학교'이다. '자기 자신을 사랑하지 않는 사람은 다른 사람을 사랑할 수 없다'라는 말이 있다. 우리 학생들은 서로에게, 그리고 자신에게 친절한 학생이 되었으면 한다. 또한 성공적인 교육은 교사와 학생 상호 간의 신뢰를 밑바탕으로 이루어진다. 교사는 학생의 잠재력이 발현될 것이라는 가능성에 대한 믿음을 가지고, 학생들은 선생님들의 교육활동을 믿고 열심히 배울 때 진정한 교육이 이루어진다. 그리고 이러한 모습을 지켜볼 때 교사로서 큰 행복감을 느끼게 된다.

나는 선생님들이 행복하게 학교생활을 하셨으면 좋겠다. 그렇지만 슬프게도 교사들이 지쳐가고 있다. 아이들이 좋아서, 그들의 삶을 좋은 방향으로 인도하고 선한 영향력을 끼치고자 교사를 꿈꾼 선생님들이 초심을 잃지 않았으면 좋겠다. 영국의 한 여행사에서 '먼 거리를 가장 빨리 여행하는 방법'이라는 주제를 가지고 공모한 결과 많은 방법이 응모되었다. 그 중 '좋은 사람과 함께 하는 여행'이 가장 많은 심사위원의 지지를 얻어 선정되었다고 한다. 좋은 사람 즉, 마음이 통하는 사람, 사랑하는 사람과 함께하는 여행이라면 아무리 힘들고 긴 여행이라도 시간 가는 줄 모를 만큼 짧게 느껴질 것이다. 우리 인천영종고등학교 학생, 교직원들도 서로 소통하고 격려하며 믿어줄 수 있는 친구, 동료들과 함께한다면 아무리 힘들고 어려운 교육활동일지라도 행복하게 할 수 있지 않을까 생각해 본다.

풍성한 결실을 기대하며

2023년은 우리 학교가 8년간의 행복배움학교 1기(2016~2019년), 2기(2020~2023년)를 마무리 짓는 해이다. 그동안 우리 학교는 행복배움학교의 기본 철학인 공공성과 민주성, 전문성, 창의성, 윤리성을 바탕으로 학습자 중심의 교육과정을 운영하였으며 구성원 모두가 학교 운영에 참여하는 권리를 보장하는 민주적인 의사결정 등을 수행해 왔다.

2024년은 8년 간의 교육활동 중 무엇을 이어가고 어떻게 변화해야 할지를 결정해야 하는 중요한 과제가 인천영종고등학교 구성원들에게 주어졌지만, 지금까지의 노력과 경험을 바탕으로 풍성한 열매를 맺을 것을 믿어 의심하지 않는다.

마지막으로 이 책은 〈1부. 결대로자람학교와 민주적 학교 문화 이야기, 2부 전문적학습공동체 이야기, 3부 윤리적 생활공동체 이야기, 4부 창의적 교육과정 이야기〉로 구성되었다. 이 책을 통해 학생, 학부모, 교직원, 그리고 우리 학교를 거쳐 간 외부 필자들이 인천영종고등학교에서 경험했던 다양한 이야기들을 담아내고자 노력하였으나 많은 순간들을 다 세세히 기록하지는 못했다. 그러나 학생, 학부모, 교직원들이 함께했던 수많은 이야기, 모든 시도가 소중한 인천영종고등학교의 역사라고 생각한다.

이 백서를 통해 지금까지의 교육활동 성과들을 돌아보고 앞으로의 발전 방향을 모색하여 학생, 학부모, 교직원들이 모두 행복해하는 즐거운 학교가 되길 소망해 본다. 더불어 백서 발간을 위해 노력해 준 많은 필자와 준비위원 그리고 마음으로 응원해 준 인천영종고등학교 모든 분께 진심으로 감사 인사를 드립니다.

2. 선생님, 같이 공부하실래요?

3. 너와 내가 만나 '우리'가 되다

4. 오색실로 엮어낸 우리 학교

부록. 영종고, 순간을 담은 풍경들

1

학교,
공동체가
되다

민주적 학교 문화 이야기

교감
임성재

행복배움
2.0에서의
교감 생활

코로나19 사태에 전 세계와 대한민국이 허둥대던 2020
년. 이 해 9월 1일자 영종고 교감으로 부임하여 벌써 4년차.
용어도 낯설던 워킹 스루, 드라이브 스루로 교과서를 받아
갔던 초유의 사태가 익숙해져 가는 즈음이었다.

영종고는 일반계 고등학교이지만 다소 특별한 철학과 지
향을 갖고 있던 행복배움학교-지금은 결대로자람학교-였
기에, 이런저런 자료를 찾아보았던 기억이 난다. 민주적 학
교 운영, 전문적 학습공동체, 윤리적 생활공동체, 창의적
교육과정이라는 4개의 기둥 위에 서 있는 학교. 2020학년
도는 벌써 5년차 행복배움학교를 이어가고 있었던 터라 기
반이 탄탄해 보였다. 그간 교감으로 함께하며 살펴본 영종

고의 자랑거리들을 소개하고 싶다.

활기찬 이야기가 오가는 학교

우선, 활발한 교직원 협의 문화가 인상적이다. 징검다리 회의니 영의정 회의니 이름도 창의적인 부장단 회의와 교직원 회의가 평안하고 화목한 모습이다. 거의 모든 의사결정이 교사들 간, 교사와 관리자 간 수평적인 소통, 활발한 이야기들과 함께 자연스럽게 이루어지는 모습에 '민주적 학교 운영이 되는구나'라는 생각이 든다. 이런 민주적인 학교 분위기는 교사의 자율성과 책무성에 기반하고 있다. 교사의 자율과 책무를 유발하는 요인은 당연히 학생 개개인에 대한 관심과 애정이다. 입학할 때 영종고 친구들의 중학교 성적은 대다수가 기초와 기본 학습이 결여되었을 것이 예상되는 내신이다. 이들을 어떻게든 수업으로 끌어들이고 학습과 배움이 일어나도록 해야 한다는 교사들의 교육애가 학교문화의 출발점이 되는 것 같다. 배움의 공동체 수업 모델이 타 학교보다 많이 활성화되어 있고, 서로 수업을 공개하며 학생들에 대한 다양한 정보들을 공유하는 것이 일상화되어 있다. 교감의 전통적인 '교내 장학'이 따로 필요하지 않을 정도. 할 일이 덜어지는 교감의 즐거움?

친절하고 단호한 학교

영종고는 친절한 선생님과 단호한 교칙 적용이 절묘한 조화를 이루고 있다. 평소에 학생들에게 관심과 애정을 쏟지만, 공동체 유지에 필수적인 교칙을 여러 차례 위반하는 친구들은 단호하게 교칙을 적용하는 모습. 누진하여 교칙 위반 학생이 발생하면 학년 차원에서 성찰하도록 하고, 교사와 대화하며 반성하는 시간을 갖는다. 그럼에도 여전히 지도가 이루어지지 않는 친구들은 선도위원회에 회부된다. 학기마다 서너 차례씩, 평균적으로 30명이 넘는 친구들이 선도위원들과 얼굴을 맞대고 지도를 받는다. 보통 3시간 이상이 소요되는 힘든 만남. 아이러니하게도 교감이 얼굴과 이름을 아는 친구들은 대개 여기서 만나게 된 반가운(?) 학생들. 1학년 때부터 졸업할 때까지 단계적이고 누진적으로 선도조치가 상향된다. 그래서인지 3학년에서 회부되는 친구들은 이미 대여섯 차례 선도 이력이 있고, '출석정지'라는 엄중한 조치를 받는 경우가 많다. 이 친구들의 긴장도는 상당히 높아 보이는 게 보통. 몇 차례 더 회부되면 '퇴학'조치가 내려질 수 있음을 본인들도 이미 잘 알고 있다. 단호하게 자신의 행동에 대한 책임을 지도록 하는 학급긍정훈육법의 철학이 영종고 학교문화의 한 면이다.

함께 가는 한 걸음, 전문적 학습공동체

영종고는 함께 성장하는 전문적 학습공동체가 매우 활성화되어 있다. 전학공을 통해 현장 연수·상호 연수가 이루어지면서, 지친 마음을 서로 위로하고 힐링하기도 한다. 주제별로도 하고 학년형으로 이루어지기도 한다. 함께 읽은 책에 대해 이야기하다가도, 결국 학생들에 대해 얘기하는 선생님들. 교사로서 흔들렸던 자존감을 다시 세우고, 함께 하는 동료들로부터 새롭게 충전되는 모습. 전학공이 잘 이루어지는 이유는 필요를 느끼거나 알고 싶은 주제들에 대해 자발적으로 참여하기 때문인 것 같다. 서로 친근해지는 뜻깊은 만남들로 1년을 보내면서, 연말에 더 성숙한 '교사자아'를 재발견하시는 모습. 칭찬해 드리고 싶고, 존경스러운 선생님들이시다.

이토록 다양한 활동이라니!

영종고는 학생들의 특성을 반영한 다양한 학교교육과정이 마련되어 있다. 학교 스포츠 클럽 활동이나, 체육 과목 방과후학교, 유난히 뜨거운 체육대회가 인상적이다. 학생들의 요구와 필요를 채워주시는 체육 교과 선생님들의 열정이 밤낮으로 발현된다.

꿈길걷기 프로젝트-구 영종도보순례-는 영종고만의 트레이드 마크이다. 회차가 거듭될수록 진화한다. 다양한 교과 및 주제와 융합하고, 시교육청 사업과도 연계하는 업그레이드가 계속 이루어진다. 끼가 넘치는 친구들이 마음껏 자신을 발산하는 동아리축제는 한 해의 피날레를 멋지게 장식한다.

연중 여러 교과와 부서에서 이루어지는 수많은 프로젝트들이 학생들에게 다양하고 풍부한 경험을 제공한다. 용어 그대로 창의적 교육과정이 편성·운영되어 학교생활기록부를 풍성하게 한다. 개개인의 활동과 특성을 세밀하게 기록하기에 입력 글자수를 줄여야 하는 선생님들의 노고. 영종고의 입시 결과를 구체적으로 말할 수는 없으나, 출발점과 비교할 때 진학의 결과는 탁월하다. 학원이나 가정요인보다 학교요인이 영종고의 대학입시 결과를 좌우한다고 확신한다.

영종고에서 교감으로 산다는 것

이런 좋은 문화를 갖고 있는 영종고에서 교감인 내가 어떤 마음과 행동으로 선생님과 학생들을 도왔는지 돌아보면 부끄럽기만 하다. 하지만, 선생님들의 교육애와 교육열을 신뢰했던 것만은 확실했다고 자부한다. 표현하기도 하고 침묵하기도 했지만, 선생님들이 학생 개개인을 존중하고, 성장과 발달을 지원하고 계시다고 믿었다. 그리고 그 결과들이 3년의 학교생활을 통한 성장과 성숙으로, 진로와 진학의 결과물로, 졸업 후 수시로 찾아오는 예쁜 얼굴들로 나타나는 것 같다.

또 한 가지 원칙과 융통성을 조화시키려고 했던 것 같다.

학교도 행정 기관이다. 업무분장이 되어 있고, 교내 인사와 학교회계가 편성·집행·결산된다. 교육활동이 주먹구구식으로 이루어지지 않는다는 것이다. 행정실과 협업하고 교장·교감과 상의하면서, 부장교사와 업무담당 교사가 원칙과 절차에 맞게 업무를 처리해야 한다. 일을 하다 보면 시일이 임박하고, 애초 계획과 다르게 추진되기도 하고, 참여 학생들이 변동되기도 하고, 아예 사업이 취소되기도 한다. 실행의 과정에서 많은 변수들이 상수를 압도한다. 이때마다 교감은 학생과 교사들에게 실제적인 도움이 되는 것이 무엇인지를 생각하게 된다. 학생들에게 실제적인 도움이 되고, 선생님들이 일하시기 편리할까? 그렇다는 확신이 들면 교장·교감의 결재로 책임지는 범위 내에서, 선생님들이 융통성 있게 사업을 추진하도록 했다. 함께 하셨던 선생님들이 이런 교장·교감의 판단을 아셨을까? 아셨으면 고맙고….

끝으로 학교문화를 중추적으로 이끌어가는 훌륭한 중견교사들을 적재적소에 배치하려고 했다. 아무리 좋은 시스템이 갖추어져도 마인드를 갖춘 '사람'이 일을 하는 것이다. '자기사랑과 열정으로 함께 배우며 성장하는 학교'라는 영종고의 교육목표를 구현하려는 철학을 가진 중견교사들이 영종고에는 여럿 계시다. 부서장으로 해당 업무를 추진해 가시면, 부서원 선생님들이 함께 하시기 마련이다. 또 타 부서 부장님들과 협업하면 시너지가 생긴다. 그 시너지가 좋은 학교

문화로 자리 잡는다. 전체는 부분의 합 이상이 된다. 이제 영종고의 좋은 학교 문화는 불가역적이라고 생각한다. 이대로 계속 진화하고 세련되어질 것이다. 그 바탕에는 학교의 비전과 철학을 실현시키려는 훌륭한 선생님들이 계시다.

학교의 주인은 누구일까

혹자는 학교의 주인이 학생이라고도 하고 교사라고도 한다. 교장이나 교감은 중요한 직책이지만, 학교 주인을 논할 때 단 한 번도 거론되지 않는다. 학부모도 마찬가지. 개인적으로 학교의 주인은 교사라고 생각한다. 단 조건이 있다. 학생을 중심에 놓을 것! 보상받지 못 하더라도 교육애와 교육열을 갖고 있을 것! 교육과정의 편성과 운영에서 주도적인 역할은 여전히 교사가 한다. 학생 선택형 교육과정이 최근의 추세이지만, 여전히 다양한 과목을 펼쳐놓을 수 있는 것은 교사이다. 학생을 존중하면서 성장시키려는 열정을 가진 '주인'인 교사. 그러나 그 마음 속에는 언제나 학생이 '주인'으로 있는 교사. 교감의 마음도 마찬가지. 선생님들을 신뢰하고 지원하고 도우려 하는데, 결국 학생 때문이다. 자존감을 가지고 의미 있는 교직 생활을 하는 훌륭한 교사들이 있는 영종고의 학생들은 행복을 배우며, 결대로 자랄 것이다. 학생들이 이렇게 되는 학교를 꿈꾸며, 섬기는 마음으로 학교 생활을 해나가고 싶다.

인천영종고,
왜
특별하니?

결대로자람학교인 우리 학교가 왜 특별하지? 불현듯 해 보는 생각이지만, 의외로 답을 쉽게 찾을 수 있었다. 인천 영종고에 발령을 받은 지 2년에서 두 달이 모자라는 만큼의 세월이 있었고, 그 긴 시간 동안 경험한 사건사고도, 학생 학부모 교직원과의 만남과 대화도 여럿이기 때문이다.

한 달에 한 번씩 하는 '사랑의 반찬나눔 봉사'를 작년에는 구경만 하다가 2023학년도부터 지금까지 참여 중이다. 9월 모임까지 7회차의 활동을 통하여 학생들과 학부모, 교사들을 수백여 명 만나며, 많은 대화를 나누었다.

지난 4월에는 인문사회부에서 주관한 인문학 아카데미를 통해 학생들과 함께 시간을 가졌다. 덴마크의 학생과 사회처럼 『우리도 행복할 수 있을까』를 저술한 오연호 작가의 강연, 함께 참여한 교사, 학생, 학부모의 이야기를 경청했다.

2주에 한 번씩 열리는 부장단의 징검다리 회의, 학기가 마칠 때마다 교육과정 전반에 대한 반성과 새 학기 준비를 위한 워크숍, 매주 월요일 교장실에서 함께 한 대화 등도 빼놓을 수 없는 소중한 시간이다.

자유로운 소통, 적극적인 지원

우리 학교의 특별함으로 다시 돌아와서, 행정실장이라는 관점으로 세 가지를 제시해 본다.

우선, 학교 운영에 적극적으로 참여하는 자유로운 의사 표현 분위기와 그에 맞추어 최적화된 행정적 지원이다. 학생들 각 개인의 소망과 꿈을 이루어 주기 위한 교육활동을 적극적으로 추진하고 거침없이 의견을 피력하는 모습들이 곳곳에서 보인다. 학교의 공식적인 행사에 자주 참여치는 않지만, 어쩌다 함께 한 시간에 목격한 모습은 놀라웠다. 앞서 언급한 사랑의 반찬나눔 봉사활동에서도 머뭇거리는 학생이나 교직원 또는 학부모를 본 적이 없다. 교육활동이든 행정적 지원이든 우리 학교 교직원은 결대로자람학교에 맞춤화되어 있는 듯하다.

구체적인 한 예를 들자면, 2022년 8월의 음료 자판기 설치가 떠오른다. 학생회 숙원사업으로 오랜 기간 논의했다고 들었다. 그러나 2022년 3월 정기 인사발령으로 교장 선생님이 새로 부임하였고, 기존에 없던 자판기를 설치하자면 검토할 문제들이 하나둘이 아니었다. 새로운 학교장의 이해, 사업 계획서 수립과 품의서 작성, 입찰공고, 사용 허가에 따른 계약 체결 등 행정적으로 반드시 필요한 여러 절차들의 수행, 탄산 등 판매 제한 품목에 대한 주기적인 점검을 포함한 관리 감독과 교육지원청의 지도 감독에 따른 업무 추진, 먹고 남은 음료수 캔의 수집과 수거 등에 따른 청소와 관리 등 여러 업무들이 필연적으로 발생한다. 때로는 의도치 않게 이해관계 부서 간에 다툼도 발생할 수 있다.

전임 학교장 재임 시절 결정했고 복잡한 문제들이 산재했음에도 불구하고 학교의 중요 구성원인 학생들의 건의사항이라는 이유로 자판기 설치 사업은 너무도 매끄럽게 이루어졌다. 물론 사용 허가 절차 등에서 세밀하게 관련 규정들을 적극적으로 검토하며 진행한 행정계장님의 노고가 무척이나 컸다. 올해로 계속 이어지는 사업에서도 수고를 아끼지 않은 계장님께 감사의 말씀을 드린다. 최근에는 자판기 설치 1년이 지나면서 사용 허가 절차를 다시 밟았다. 그 과정에서 당초 예상했던 수익보다 수입이 더 크게 발생하여 열악한 학교 재정에 큰 도움이 되었다.

학교 구성원들에게 어느새 깊게 자리한 적극적인 업무 추진과 자유로운 의사 표현 분위기가 없었다면 과연 이러한 사업이 실현될 수 있었을까? 누군가가 학교는 안정적이고 쾌적한 학습 분위기 조성이 중요하며 학교는 다소 엄숙하고 경직된 교육적 분위기도 필요하다고 주장한다면, 학생회 건의에 따른 자판기 설치 사업은 결코 쉬운 사업이 아니다. 행정실장 입장에서도 새로운 사업 추진으로 하지 않아도 될 업무를 담당할 직원이 어려워한다며 거부할 수도 있다. 그러나 학교 전반에 이미 자리 잡은 적극적이고 자유로운 의사 표현 분위기와 그에 협조를 아끼지 않는 행정적 지원은 거스를 수 없는 인천영종고의 업무처리 방식이라고 생각한다.

마주칠 때마다 밝은 얼굴들

두 번째는 학교 구성원들의 밝은 표정이다. 사무실에서 근무하다가 잠깐 바람 쐬러 정문 쪽에 다녀온 적이 있다. 10시가 넘은 시간인데, 친구와 여유롭게 잡담을 나누면서 등교하는 학생이 있다. 어떤 날은 12시가 넘는 시간 잠깐 산보하는 길에서 등교하는 학생을 만난 적도 있다. 물론 개인에 따라 아침 기상이 어렵거나 학생 본인의 감기, 두통, 치통 등 질병과 가족 문제 등으로 늦을 수 있다. 이 경우는 어쩌다가 어쩔 수 없이 늦게 등교하는 학생이다. 그러나 어떤 학생은 특별한 이유 없이 상습적으로 지각 등교하며, 학교의 자유로운 분위기를 역이용한다.

그런 학생을 본 날은 아쉽고 안타까운 마음으로 우울감
이 솟구치기도 한다. 그러나 함께 걷다가 학생을 마주한 교
장과 교감은 학생을 다그치기보다 이제라도 학교에 와서 다
행이라며, 어서 교실로 들어가라고 격려한다. 대부분의 학
생은 어이없을 정도의 밝은 모습으로 알겠다는 대답을 하면
서, 달음박질하여 교실로 향한다. 우리 학교 분위기에 대한
단상이며, 내가 본 우리 학교의 특별한 모습 중 하나이다.

행정실에서 각종 제증명 발급을 담당한 실무사님들의 밝
은 표정도 자랑할 만하다. 매일 학생과 학부모를 상대하면
서 밝은 표정으로 친절 응대하는 실무사님들의 업무처리
도 우리 학교를 한층 더 결대로자람학교답게 해준다. 정확
하고 신속한 업무처리와 함께 학교를 찾아주신 학부모님께
불편함이 없도록 배려하면서, 밝은 얼굴과 말씨로 쾌활한
분위기를 만들어간다. 행정실을 방문한 분들은 이런 분위
기를 느낌으로써 더욱 편안하게 다녀갈 수 있다. 행정실의
작은 친절이 결국에는 우리 학교에 대한, 한발 더 나아가서
인천교육에 대한 만족도와 신뢰도를 높여 줄 것이다. 여러
측면에서 애쓰는 실무사님께 감사의 말씀을 드린다. 실무
사님들! 정말 정말 감사해요.

징검다리 회의, 진정한 연결고리가 되다
세 번째는 학생과 교사의 교육활동 중심추인 교육과정의

결정, 학생이나 학부모에게는 관심이 크지만 교직원에게는 어떤 식으로든 부담이 되고 누군가는 심적 스트레스가 몰아치기도 하는 각종 행사, 현안 처리 등에 있어서의 민주적인 의사결정과정이다. 인천영종고의 행정실장으로 부임하기 전 대부분의 근무 기간을 교육행정기관에서 보낸 필자다. 이 학교에 발령받아 가장 크게 놀라고 감동적인 장면은 2주에 한 번 열리는 징검다리 회의였다.

특히 신기하다고 생각되는 부분은 회의 장소다. 징검다리 회의는 보통의 학교에서 매주 또는 격주로 열리는 부장단 회의의 명칭이다. 그래서 일반적으로는 교장실에서 회의를 가진다. 우리 학교 또한 교장실에 모든 부장이 모일 수 있는 탁자와 의자가 구비되어 있다. 그럼에도 불구하고, 교장실이 아닌 제3의 장소에서 매번 회의를 한다.

제3의 장소 회의가 교장실에서 하는 회의와 무슨 차이가 있느냐고 반문할 수도 있다. 행정실장인 내가 보는 관점에서는 학교 운영의 중추적인 역할을 하는 부장단 회의에서조차도 학교장이 권위를 내려놓겠다는 의지의 표현이다. 그래서 엄청난 수준의 차이가 있다. 교장실 회의에서 연상되는 모습을 그려본다. 교장은 상석, 교장, 행정실장, 교무부장 순으로 자리를 배치하고, 교장은 근엄한 표정으로 부장들이 무슨 이야기를 하나 감시하는 듯한 표정으로 듣다가 이러쿵저러쿵 사안에 따른 교육적 신념과 학교 운영 철학을 전한다. 부장들은 사전에 준비한 사안을 읊조리듯 영혼 없이 보고하면서 이 지루한 회의가 빨리 마치기만을 바라며 메모하는 척하느라 애를 쓴다.

그러나 우리 학교의 부장단 모임인 징검다리 회의에 참여한 부장은 그 누구도 메모하느라 머리를 책상으로 향하지 않는다. 참여자 모두의 표정이 진지하게 살아있고, 유쾌하게 큰 소리로 웃어 젖히는 모습도 자주 있다. 또한 사안에 따라 부서 입장이나 개인 의견을 피력함에 있어 거침이 없다. 이렇게 자유롭고 적극적인 회의 분위기가 정착한 요인은 여러 가지가 있겠지만, 가장 큰 이유는 교장실이 아닌 제3의 회의 장소 선택이라고 생각한다.

또한 원탁 형태의 자리 배치도 한몫을 차지한다. 원탁 형태를 선택하는 이유는 익히 아는 바와 같이 소위 상석이라는 개념이 매우 약화되며, 자유로운 토론을 염두에 두기 때문일 것이다. 물론 때로는 교감과 교장이 사안에 따라서는 의사결정 과정에 깊숙이 개입하기도 한다. 그러나 대부분의 안건이 자연스럽게 자유로운 발제와 토론을 거치고, 다수의 공감과 동의를 바탕으로 결정된다. 내가 본 최고의 특별한 학교 모습이다.

이렇게 살아있는 토론과 협의를 통해 운영되는 학교, 자유롭고 적극적인 의사 표현이 가능하며, 교직원의 밝은 표정이 살아 움직이는 사무실, 민주적인 의사결정이 가능하며 교직원 전체가 공감대를 형성할 수 있는 협의 시스템이 갖추어진 배경은 결대로자람학교의 지정과 운영이라 생각된다. 지난 8년간 결대로자람학교의 지정과 운영에 따라 헌신적인 열정을 불태운 교직원의 노력이 있었기에 가능했다. 이러한 우리 교직원의 정성이 모여서 종국에는 학생들로 하여금 교내의 배움 활동에 조금 더 진지하게 임하며, 아름다운 미래를 가꾸어갈 양분으로 자리매김할 것이라 확신한다.

인천영종고, 행복배움학교로 발을 내딛다.

2016년, 인천영종고는 인천형 혁신학교인 행복배움학교(현 결대로자람학교)로 지정되었다. 고등학교로는 첫 지정이었다. 고등학교 혁신학교가 전국적으로도 많지 않았던 당시, 영종 고는 어떻게 행복배움학교가 된 것일까? 당시의 상황이 궁금 했다. 당시 연구부장을 맡고 있던 강경주 선생님(지금은 제물포 고등학교 교감으로 있다)께 당시 상황에 대해 서면으로 인터뷰를 신청했다.

Q1 행복배움학교를 신청할 때의 학교 상황이나 분위기가 궁금합 니다. 행복배움학교를 신청하고자 한 이유는 무엇이고, 당시 구성원들의 반응이나 분위기는 어떠했나요?

인천영종고는 행복배움학교로 지정되기 전, 행복배움학교 준비교를 2015년에 운영하였습니다. 당시 영종고는 개교 3년차였고, 인천에 있는 여타 일반계 고등학교에 비해 수업과 생활지도에 많은 어려움을 겪고 있었습니다. 자연스럽게 관리자와 선생님들은 해결 방안을 찾기 위해 머리를 맞댈 수밖에 없었지요. '행복배움학교'가 추구하는 철학과 원리가 영종고가 앞으로 나아가야 할 방향과 일치한다는 구성원의 판단으로 준비교를 한 해 동안 운영하였습니다. 일반계 고등학교에서는 행복배움학교가 처음이라 학생과 학부모 들 사이에서는 대학입시에 대한 우려도 있었습니다. 하지만 학교의 다양한 교육활동이 학생들의 성장뿐 아니라 대학입시에도 긍정적 영향을 미쳤기에 처음에는 걱정했던 구성원들도 점차 긍정적인 시선으로 학교를 바라보았고, 학교 활동에 이전보다 적극적으로 참여해 주었습니다. 이러한 학생, 학부모, 교직원의 적극적인 참여와 노력이 있었기에 현재 영종고가 '결대로자람학교'의 성공모델이자 허브학교로서 자리매김하였다고 생각합니다.

Q2 징검다리 회의, 영의정 회의, 대토론회 등 영종고만의 소통 협의 체계가 신선합니다. 처음에 어떻게 시작되었는지 궁금합니다.

기존의 학교 회의 문화는 거의 관리자 중심, 전달 위주였습니다. 이러한 회의 문화에서는 교사들이 교육활동에 대해 하고 싶은 이야기를 다 하지 못하고, 보다 창의적인 아이디어를 생산해 낼 수 없었습니다. 그래서 다양한 회의 방법을 모색하게 되었습니다. 회의장 자리 배치, 회의 진행자 선정 등 기본적인 회의 방식 변화로 시작하여 수업 공개의 어려움, 수업 방식에 대한 고민, 그리고 무엇보다 학생생활 지도에 대한 힘듦 등에 대해 토의하는 안건 중심의 회의 문화로 변화를 시도하였습니다. 안건 중심의 회의는 선생님들의 적극적인 참여를 유도하였고, 회의 자리에서 치열한 토론 끝에 나온 해결 방법은 수업이나 생활지도에 바로 적용되어 학교가 나날이 새롭게 변화하였습니다. 지금도 기억나는 것 중 하나는 '영의정(영종고의 의견을 정하는) 회의(전교직원 회의)' 시작 전 음악 선생님의 연주로 함께 노래를 부르고 회의를 시작했던 것입니다. 어찌 보면 낯간지러운 시도였지만 회의 분위기를 한층 부드럽게 만들어주는 효과가 있었습니다. 또 안건 중심의 회의를 할 때 칠판에 다양한 선생님들의 의견을 기록하고, 하나의 결론을 도출하기 위해 정해진 시간을 훌쩍 넘기면서까지 협의하면서 소통한 것이 생각납니다. 이런 영종고만의 소통 협의 체계는 수평적인 학교문화의 초석이 되었다고 생각합니다.

Q3 사랑의 반찬나눔 봉사단, 영종도보순례(현 꿈길걷기 프로젝트)

등 지금도 유지되고 있는 영종고 대표 프로그램이 시작될 때의 상황을 알고 싶습니다.

당시 영종고 학생들은 매우 무기력하였습니다. 타 일반계 고등학교 학생들과 비교하면 자신의 꿈과 진로를 개척하려는 자기주도성과 열정이 부족해 보였습니다. 이를 극복해 보고자 새롭게 만든 프로그램이 '영종도보순례'였습니다. 영종도의 좋은 지리적 환경 속에서 1박 2일 동안 사제동행으로 함께 걸어 보고, 힘듦을 느껴보고, 걸으면서 어떻게 살아가야 하나 고민도 해보자고 만든 프로그램이었습니다. 완주자의 이름은 학교 현관에 동판으로 새겨 자부심을 가질 수 있도록 하였습니다. '영종도보순례'가 영종고의 대표 학교교육 프로그램이 된 것에는 당시 교장 선생님의 결단이 컸다고 생각합니다. '영종도보순례'와 같은 프로그램을 진행할 때 가장 큰 걸림돌은 학생 안전입니다. 안전이라는 어려운 암초가 있었지만, 학교장의 과감한 선택과 믿음이 '영종도보순례'가 지속적으로 이루어질 수 있는 밑바탕이 된 것입니다.

학교가 추구해야 할 교육의 방향 중 연대와 나눔은 빼놓을 수 없는 가치입니다. 그러한 가치를 실천하기 위한 프로그램이 '사랑의 반찬나눔 봉사'입니다. '사랑의 반찬나눔 봉사'는 학생, 학부모, 교사가 자발적으로 참여하여 영종도에 거주하는 어려운 노인분들을 돕는 프로그램입니다. 사실 주말에 나와 남을 위해 봉사한다는 것은 자발성이 없으면 불가능한데, 당시 학교의 허용적인 분위기로 인해 학교 구성원(학생, 학부모, 교원)이 강사분의 열정적인 가르침 속에 가사실에 모여 주말마다 다양한 반찬을 만들었습니다. 반찬을 다 만들고 나면 교사와 학생이 조를 정해 직접 도움이 필요한 노인분들 집에 방문하여 반찬을 나눠드리고, 말벗도 하면서 근황도 살폈습니다. 사랑의 반찬나눔 봉사에 참여한 모든 구성원은 연대와 나눔의 가치를 실천하면서 보람을 느꼈습니다. 이러한 분위기가 확산되면서 '사랑의 반찬나눔 봉사'는 영종고만의 프로그램으로 정착되었고, 마을과 연계하고 협력하는 계기가 되었습니다.

Q4 학년에서 하는 회복적 생활교육 역시 신선한데요, 담당부장이 관련 연수도 많이 듣고 노력했다는 이야기를 들은 바 있습니다. 회복적 생활교육을 위해 노력한 내용에 대해 들려주실 수 있나요?

2015년 당시 영종고 학생들은 학생생활규정을 잘 지키지 않아 교사의 교권, 학생들의 수업권을 침해하는 등 학교생활에 적지 않은 피해를 주었습니다. 학생생활지도를 담당하는 부서에서 이 모든 업무를 감당하기에는 역부족이었습니다. 또한 학생생활규정을 위반한 학생들에 대한 학생생활지도도 처벌 위주의 응보적 생활지도 방식이 대부분이었고, 그 효과는 오래가지 못했습니다. 이에 행복배움학교를 하면서 학생들의 피해와 정서 회복에 초점을 맞추는 '회복적 생활교육'으로 학생생활지도 방향을 바꾸기로 하였습니다. 당시에는 '회복적 생활교육'이라는 용어부터 생소했습니다. 그래서 일단 교사가 먼저 알아야 했습니다. 우리보다 먼저 행복배움학교를 운영한 선생님을 초청하여 강의를 듣고 실제로 체험도 해 보면서 영종고의 여러 선생님으로부터 공감을 얻으려고 노력하였습니다. 이후 '영의정 회의' 등을 통해 학생생활지도 방식에 대한 소통의 시간을 가졌고, 학생안전부 위주의 생활지도에서 학년 및 담임 중심의 생활지도로 전환하였습니다. 학년별로 특색있는 생활지도 방식을 도입하였는데 그중 생각나는 것은 사제동행 백운산 등반입니다. 선생님과 함께 백운산에 오르면서 이야기도 나누고, 음식도 먹는 시간에 학교생활에 대한 학생들의 솔직한 이야기를 들을 수 있었습니다. 그리고 매주 사제동행 체육대회를 개최하여 함께 땀을 흘리면서 교사와 학생과의 거리감을 좁혀 나가게 되었습니다. 이러한 노력으로 전 교사가 '회복적 생활지도'에 동참하였습니다. '회복적 생활지도'로 전환해서도 여전히 생활지도에 대한 어려움은 있었지만, 교사 개인이 감당해야 하는 어려움이 아니라 전 교사가 힘을 합쳐 협력해야 한다는 인식이 퍼지는 중요한 계기가 되었습니다.

Q5 2월 새학기 준비 워크숍, 학기별 교육활동 평가회 등도 혁신학교에서는 당연히 한다고 하지만 고등학교에서는 여전히 찾아보기 힘든 문화입니다. 처음에 어떻게 시도하게 되었는지, 그때 어려움은 없었는지 등이 궁금합니다.

집을 지을 때 설계도가 가장 기본이듯이, 학교교육에서는 교육계획을 잘 수립하는 것이 매우 중요하다고 생각합니다. 지금까지 교직생활을 하면서 교직원들이 모여 '함께 만드는 교육과정'을 온전히 실천해 본 경험이 많이 없었습니다. 행복배움학교가 성공하기 위해서는 어느 한 부서 혹은 몇 명의 교사가 주도하는 연구학교의 형태로 흘러가서는 안 된다고 생각하였습니다. 이에 학년말 교육과정 평가회, 부장단 워크숍, 신규교사 워크숍 등 함께 모여 소통하고 문제점에 대한 해결방안을 모색하려고 노력하였습니다. 학년말에 학교교육과정에 대한 평가와 반성을 통해서 그 결과를 전 교직원이 공유하면서 차년도에 반영하였습니다. 효율적인 평가회를 위해 학교에서 벗어나 보다 자유로운 장소에서 식사도 하면서 장시간 의견을 공유하였습니다. 겨울방학 중 신·구 부장(교과부장 포함) 워크숍에서 행복배움학교가 나아가야 할 방향 및 인천시교육청 교육계획과 비교하면서 영종고만의 특색있는 교육계획을 수립하려고 밤늦은 시간까지 토론을 했던 것이 생각납니다. 학년말 학교교육과정 평가회 및 겨울방학 신·구부장 워크숍에서 나온 의견들을 바탕으로 학교교육계획서를 제작하였고 이를 바탕으로 2월 전 교사(전입교사 포함) 워크숍을 실시하였습니다. 그 중 전입교사 워크숍은 전입교사가 행복배움학교의 교육철학을 잘 이해하고 학교에 빠르게 적응하는 데 중점을 두었습니다. 전입교사의 빠른 학교 적응을 위해 기존 교사와 멘토-멘티를 맺고, 전입 100일이 되는 날 간담회를 실시하였습니다. 전입교사 중에는 영종고를 희망하지 않은 교사도 있었기에 행복배움학교에 대한 거부감을 가진 교사도 일부 있었습니다. 처음에는 영종고만의 토의 문화 및 수업공개 등에 불편함과 어색함을 비췄지만, 시간이 지나면서 같은 방향을 바라보게 되었습니다. 이러한 학교교육활동에 대한 다양한 소통과 협의 시도와 실천은 교사의 전문성 향상 및 공교육의 신뢰로 이어지게 되고, 행복배움학교를 계속 이어나갈 수 있는 원동력이 되었다고 생각합니다.

강경주 선생님이 들려주신 이야기를 통해 지금의 인천영종고가 어떻게 잉태되고 자라났는지를 생생하게 알게 되었다. 처음 행복배움학교의 틀을 만들 때 여러 선생님들의 고민과 노력을 알게 되니, 지금 우리 학교가 당시 바랐던 방향으로 잘 가고 있는지 돌아보고 더 좋은 인천영종고가 되기 위해 모두의 힘을 모아야겠다는 생각이 절로 솟아났다. 행복배움학교 8년을 알차게 마무리하고 이제 새롭게 결대로자람학교로 출발하는 우리 학교가 학생, 교사, 학부모 모두 각자의 결대로 어우러지면서 나아갈 수 있길 소망한다.

존중하고 협력하는 민주적 공동체 만들기

인천영종고에서 근무한 지 2년째인 해의 어느 날이었던 것으로 기억한다. 다른 학교 선생님과 통화 중이었는데 그 선생님이 내 영종고 생활은 어떤지 안부를 물어서 학교 얘기를 한참 했던 것 같다. 내 이야기를 듣고 난 그 선생님이 웃으며 말했다. "그런데 샘, 영종고 간 지 얼마 안 됐는데 주인의식이 대단하신데요. 샘이 그 학교 교장샘이라도 된 것 같아." 그 이야기를 듣고 나서야 '정말 내가 어쩌다가 이전 다른 학교들과는 다르게 이렇게까지 영종고에 대해 애착과 주인의식을 갖게 되었을까' 새삼 그 이유가 궁금해졌다.

당시 인천영종고는 전교생 200명이 안 되는, 개교한 지

얼마 안 된 작은 학교로, 틀과 시스템이 아직 제대로 갖추어져 있지 않았고 한창 만들어지고 있는 중이었다. 가정에서 돌봄을 받지 못하거나 분노 조절이 안 되는 거친 아이들도 많았고 학습 면에 있어서는 성취도가 낮고 수업 시간에 무기력한 아이들이 대부분이었다. 출근하는 것이 두려운 선생님들도 많으셨다. 하지만 교장 선생님(당시 장후순 교장 선생님)은 늘 힘든 아이들과 생활하며 고생하시는 선생님들을 고마워하며 의견을 존중하셨고, 선생님들은 그것을 느끼며 생활하고 계셨다. 교장 선생님께서는 가끔씩 교무실로 그저 많은 평교사 중 한 명인 나를 찾아오셔서 책상 옆자리에 무릎을 낮추고 앉으신 채 어떤 사안에 대한 내 개인적인 의견을 묻고 경청하시거나 궁금한 것에 대해 질문을 하시기도, 아이디어를 청하기도 하셨다. 그리고 급식실에서 식사 중 선생님들과 담소를 나누시다가 어떤 선생님이 아이디어를 제안하시면 그것을 추진해 보시라고 적극 권하시며 그 자리에서 바로 옆에 앉아 계시던 교감 선생님이나 행정실장님께 실현을 위해 지원해드릴 수 있는 방법이 없는지 찾아보시라고 요청하셨다. 하루는 "백운산에 봄꽃이 많이 폈던데 우리 선생님들은 애들이랑 씨름하느라 꽃을 보고 누릴 여유도 없으시겠네요."라는 말씀을 꺼내셨는데 함께 앉아 계시던 한 선생님이 농담처럼 "교장샘께서 선생님들한테 나가서 꽃 좀 보고 오라고 조퇴라도 허락해

주시면 나갈 수 있겠죠."라고 웃으며 말씀하셨고, "그럼 대신 학교에서도, 집에서도 멀리 떨어진 곳으로 가서 자기만을 위한 시간을 갖는 것을 조건으로 하는 건 어떨까요?" 등의 이야기로 번지다가, 그 대화가 발단이 돼서 여러 선생님들의 의견을 수렴한 끝에 담임과 비담임 교사가 한 달에 한 번씩 '교육력 신장을 위한 자기 연수'를 위해 조퇴할 수 있는 공식적인 날이 문서화되어 만들어졌고 몇 해 동안 운영되기도 했다. 그리고 교장 선생님은 호칭 자체도 위계를 암시하는 '교장 선생님'이나 '부장님'이라는 호칭 대신에 서로를 그냥 '선생님'으로 부르자고 수 차례 제안하셨는데 그동안의 습관 때문인지 선생님들 사이에서 쉽게 실천되지는 못했다. 이처럼 선생님들이 학교에서 자신의 작은 목소리가 공론화되고 현실로 반영되는 경험들을 할 수 있었고 수직적인 관계가 아니라 학교 구성원들이 자유롭게 소통하고 존중하는 수평적 관계(아이들과 선생님들 간 관계도 마찬가지였던 것 같다)를 통해, 학교에 민주적인 소통과 존중의 문화가 자리 잡기 시작했다.

현재 인천영종고의 대표적인 전교생을 위한 체험 프로그램으로 자리잡은 꿈길걷기(구 '영종도보순례') 프로그램도 끈기와 참을성이 없고 소속감, 성취감이 부족한 아이들에게 필요한 프로그램을 고민하시던 신두영 선생님, 강경주 선생님을 비롯한 여러 선생님들의 아이디어로 인해 처음 시작된 것이었다. 또한 다양한 교직원 회의는 이름 공모를 통해 새로운 이름을 갖게 됐는데, 전체 교사 회의는 '영의정(영종고의 의견을 모으는 곳)', 부장단 회의는 '징검다리' 회의라는 이름을 갖게 되었다(이 이름들은 영종고에서 만난 나의 존경하는 멘토 선배님이시자 진정한 스승이신 신두영 선생님의 아이디어가 선정된 것임을 백서에 기록으로 남겨두고 싶다). '징검다리' 회의는 참석자들이 둥근 자리 배치로 앉고 사회를 볼 사람을 뽑기로 매번 뽑아 진행하기도 하고, '영의정'에서는 교사들이 모인 자리에서 자원한 교사가 자신의 수업에 대한 사례와 고민을 나누거나, 각 전문적학습공동체가 실천했던 내용들이나 교과 간 융합 수업 사례 등을 공유하기도 했다. 초창기 작은 학교일 때 전체 교사들이 모여 우리 학생들에 대한 분석, 바라는 학생상, 혁신학교(행복배움학교)의 교육철학, 내가 만들고 싶은 학교 등에 대해 다양한 의견과 생각을 포스트잇에 적어 공유하기도 하고, 학생들의 생활 습관을 길러주고 문제를 해결하기 위해 전 교사가 공동으로 규칙을 만들어 함께 실천을 모색하기도 했는데, 이러한 활동들은 점점 학교 규모가 커지면서 학년별 전문적 학습공동체(이하 전학공)의 활동으로, 또는 학기말 교육활동 공유회 프로그램으로, 또는 대토론회의 안건으로, 전학공 회원 및 신구부장단이 함께하는 워크숍과 2월 전 교사 대상 새학년맞이 워크숍, 교육 3주체

공동체회의 등의 활동으로 체계화되고 발전되었다.

또한 몇 해 동안은 해마다 열 명이 넘는 새로운 선생님들이 전입을 오셨는데, 새 학교에 적응을 잘하시도록 환대하고 도와드리기 위해 전입교사 환영회를 만들어 마음을 담은 선물과 간식, 학교생활에 필요한 각종 정보와 자료, 인천영종고와 행복배움학교에 대한 이해를 돕는 자리를 마련했다. 그리고 2월 워크숍 중에, 인천영종고 개교 이후로 전입한 다양한 세대의 선생님들을 게스트로 모시고 인천영종고의 발전사를 톺아보는 토크쇼를 진행하여 학교 구성원들의 학교와 교육 운영 철학에 대한 공유를 도모하기도 했다. 2016년부터는 전입 후 100일째 되는 날 새로운 학교에서의 적응을 축하하고 지내시는 데 어려운 점은 없으신지 건의할 내용은 없으신지 전입교사들의 어려움을 살피는 자리로, '전입교사 백일잔치'를 해마다 운영했다(이 행사의 최초의 아이디어도 선생님들에게서 나온 것이다). 교사 휴게실 문제, 화장실 휴지 비치 문제 등 전입 선생님이 백일잔치 자리에서 제기하신 각종 사소한 건의 사항들을 바로바로 처리해서 피드백을 드렸던 기억이 난다. 이렇게 교사 간 상호 신뢰와 존중, 배려를 바탕으로 하는 민주적 공동체를 만들기 위한 꾸준한 노력을 통해 학교에는 민주적 문화가 깊게 뿌리내릴 수 있게 되었다.

이러한 과정에서 학교는 기존에 각종 학교 위원회의 형식적인 위원 역할이나 행사의 동원 대상, 민원의 원천 등으로 잘못 인식하고 소외시켰던 학부모들의 목소리에 귀를 기울이기 시작했고, 점점 학부모를 학교 교육활동의 실제적으로 중요한 주체로서 함께 성장하고 협력하는 대상으로 인식하게 되었다. 또한 전에는 학교에 무관심하던 학부모들도 해가 갈수록 교육활동에 대한 관심과 참여 욕구가 높아지게 되면서, 학교의 문턱을 낮추고 다양한 학부모 교육 프로그램 및 자치 활동을 마련하게 됐다. 본교의 학부모뿐만 아니라 지역의 초중고 학부모 중 희망자를 학교 도서관으로 초대해 함께 책을 읽고 교육 문제에 대한 이야기를 나누기도 했다. 저명한 전문가들, 저자들을 모시고 교사와 학부모들이 온오프라인 상에서 함께 배우는 시간을 갖고, 수업나눔축제를 열어 학부모를 초대하기도 하고, 지역을 위해 학부모들과 함께 꾸준히 봉사 활동을 해 왔다. 이러한 만남과 경험을 통해, 학부모와 학교 간 소통이 활발해졌고 상호 이해와 신뢰가 높아졌다. 또한 학부모 제안으로 학기별로 1회씩, 학부모 대표가 학부모들의 의견을 취합한 내용을 바탕으로 교장, 교감 선생님과 학년부장, 부서 부장님들이 모여 안건을 처리하고 궁금한 부분들을 해결하여 학부모들께 그 결과를 안내하는 '학부모-교사 교육활동 평가회'를 정기적으로 운영하기도 했다.

『민주주의의 정원』(에릭 리우, 닉 하나우어 공저)이라는 책이 있다. 그 책의 저자는 민주주의를 정원에 비유하며 민주주의 사회를 살아가는 우리를 민주주의를 가꾸는 정원사라고 말하고 있다. 훌륭한 정원사는 절대 '자연 그대로' 내버려 두지 않고 자신의 정원에 대해 책임을 진다고 한다. 아름다운 정원이 한 번의 심기 작업으로 만들어지는 것이 아니라 계속 살피고 가꾸어야 하는 것처럼 우리가 만들어 온 인천영종고의 존중하고 협력하는 민주적 공동체는 앞으로도 모든 구성원들이 끊임없는 관심과 노력으로 살피고 가꾸어야 할 것이라 믿는다.

교사
박소연

결대로
자랄 수 있는
교육현장

안녕하세요. 2023년 전입교사입니다. 저는 2020년 2학기 영종고에서 잠시 근무를 하고 다른 학교에서 근무 후 우연한 기회로 다시 영종고로 오게 되었습니다. 저는 다시 영종고로 오게 된 것이 매우 기뻤고 기대가 컸습니다. 그리고 2023년 10월, 그 기대 이상의 만족감을 갖고 근무를 하고 있습니다. 2020년 영종고에서 근무를 하며 학생 중심의 교육을 실천하는 학교를 보았고, 어느 학교를 가도 학생 중심의 교육을 실현할 수 있을 줄 알았습니다. 그러나 제가 갔던 다른 학교에서는 영종고보다는 보수적인 교육활동이 이루어지고 있었습니다. 그래서 저는 이 글에서 영종고의 다른 학교와의 차별화에 대해 이야기해보려 합니다.

찐으로 이루어지는 주제통합수업, 창의적 체험활동

수업공개를 통해 '환경'이라는 하나의 주제를 여러 교과에서 다루는 주제통합수업을 알게 되었습니다. 국어과에서는 소설을 통해, 영어과에서는 영어지문을 보며 환경 파괴의 심각성 등을 학생들이 스스로 찾아볼 수 있는 수업을 진행했습니다. 이 수업들을 보며 교과 간 주제통합수업이 한 주제에 대해 여러 관점으로 볼 수 있는 시각을 넓혀주는 수업이라는 것을 알게 되었습니다. 한 교과에서만 다룬다면 한 번 보고 넘어갈 주제이지만, 여러 교과에서 보면 오늘은 이렇게 생각했던 내용을 내일은 다르게 생각할 수 있기 때문입니다. 그리고 이 수업에서 학생들끼리 주장과 근거를 제시하고 토의해보는 활동이 진행되었는데, 이를 통해 주장과 근거를 제시하는 능력을 기를 수 있고, 학생들이 주도하는 수업을 통해 학생들의 주도성을 높일 수 있는 기회를 제공한다고 생각합니다. 또한, 학생들이 혼자 읽고 혼자 생각해보는 것이 아니라 다른 사람과의 의견 공유를 통해 의사소통 능력도 길러질 수 있을 테지요.

학교 현장에서 주제통합을 위한 교과 간 협의를 하고, 학생들이 주도하는 수업을 위한 수업디자인을 하는 과정은 결코 단순하지 않습니다. 수많은 사고실험을 거치고 예측할 수 없는 상황까지 고려하여 주제를 선택하고 수업을 디자인해야 하기 때문에 많은 시간과 노력이 듭니다. 그래서 학생 중심 수업을 실제로 실현하는 곳이 드문 것이겠죠. 하지만 영종고는 이론을 실제화하는 능력이 탁월한 곳입니다. 선생님들의 실천 능력이 학생들의 자율성과 주도성을 갖게 하는 것을 가능하게 했다고 생각합니다.

어느 학교에서나 이루어지는 창의적 체험활동이지만 영종고에서의 활동은 남달랐습니다. 매달 이루어지는 학급회의를 위해 학기 초 학급 반장, 부반장에게 서클회의 방법을 사전 교육하여 각 학급에서 학생들끼리 주체적으로 학급회의를 진행할 수 있도록 했고, 실제로 학생들이 학급회의를 진행해 나갔습니다. '가능할까?' 의문을 가질 때, 실제로 시도해보고 잘 안 되면 적극적으로 개선 방안을 모색하는 선생님들의 모습이 인상 깊었습니다. 또, 진로활동 프로그램 중 기억에 남는 것은 직업인과의 만남입니다. 스무 개도 넘는 학과와 직업의 종류에서 자신이 원하는 것을 골라 신청하여 학과 멘토 혹은 직업인을 직접 만나는 행사가 학기에 한 번씩 있었습니다. '백문불여일견'이라는 말처럼 생생한 경험을 들으며 간접 모델링을 할 수 있는 환경을 만들어주는 것 또한 교사의 노력을 통해 이루어질 수 있다고 생각합니다. 학생들이 관심사에 대해 눈을 반짝이며 보는 모습을 보고, 학생들이 조금이나마 도움이 될 수 있는 기회를 제공하는 것이 필요하다는 생각이 들었습니다.

수업공개로 이루는 교사의 성장

우리 학교는 매달 수업공개 신청을 받아 자발적으로 수업공개가 이루어집니다. 참관 교사는 수업을 보고 난 소감을 패들렛에 작성하여 공유하는 간소화된 형태의 수업나눔입니다. 한 번도 수업공개를 해보지 않았던 저는 도전하기가 두려워 1학기에는 선생님들의 수업공개를 참관하며 선생님들의 수업방법을 보고 제 수업과 비교해보는 시간을 가졌습니다. 그리고 2학기에는 큰맘 먹고 제 수업을 공개하여 선생님들께 피드백을 들어보았습니다.

결론적으로 수업참관과 수업공개 두 가지 모두 저의 전문성 발달에 도움이 되었습니다. 다른 선생님의 수업을 참관하면서 제 수업에서 별다른 반응이 없는 학생이 다른 선생님 수업에서는 적극적인 모습을 보고 그 학생이 흥미를 갖는 부분을 알 수 있었고, 제 수업에서 부족한 부분을 다른 선생님 수업을 통해 배울 수 있었습니다. 그리고 수업을 공개하셨던 선생님들께 수업 관련 질문을 하면 친절하게 답해주시고 적극적으로 알려주려 하시기 때문에 동료 교사가 같이 발전할 수 있는 분위기가 조성되어 있습니다. 실제로, 과학과 선생님의 수업을 참관하였을 때 모둠 학습 시 구글 클래스룸을 이용하여 모둠자료를 쉽고 간편하게 만들 수 있음을 알게 되었고, 국어과 선생님의 수업공개를 통해 배움이 느린 학생과 배움이 빠른 학생이 공존하는 교실에서도 모둠수업이 가능하다는 것을 알게 되었습니다. 제가 고민하고 있던 모둠수업을 효율적으로 진행할 수 있는 방법, 학생들의 개인차를 극복할 수 있는 방법을 찾는 실마리가 되었습니다.

제 수업을 공개하면서 저의 교육방법에 대한 학생들의 반응을 참관하시는 선생님들을 통해 알 수 있었고, 잘했던 부분과 개선해야 할 부분에 대해 스스로 반성할 수 있는 시간이 되었습니다. 또한 수업에서의 고민을 참관했던 선생님들과 함께 의논할 수 있어, 혼자 고민하는 것보다 선생님들과 같이 고민하며 수업의 질적인 발전을 도모할 수 있었습니다. 이러한 과정을 통해 학생들에게 효과적이고 질적으로 발전된 수업을 제공할 수 있다고 생각합니다.

웃으면서 깊어지는 배움, 전문적 학습공동체

우리 학교 전문적 학습공동체는 매우 알차고 다양합니다. 전 교사가 참여하는 필수 전학공은 그간 학년형으로 운영되다 올해는 주제형으로 운영되었고, 원하는 사람만 참여하는 선택 전학공도 활발하게 운영되고 있습니다. 저는 미미네(수업나눔), 폐응(학교문제 연구), 생기부(학교생활기록부 연구) 총 세 개의 전학공에 참여하고 있습니다. 2020년 영종고 전학공의 활동 모습을 보고 '다른 학교에 갔을 때도 전학공을 열심히 해야겠다!' 생각했는데 다른 학교의 전학공은 교사 연구 목적으로 이루어지고 있지 않았습니다. 전문성 향상에 욕심이 있었던 저는 일반적인 현실이 기대와 달라 속상했습니다. 그래서 다시 영종고에 왔을 때 전학공을 할 수 있다는 생각에 기뻤습니다.

영종고 전학공의 장점은 다음과 같습니다. 다양한 주제의 전학공이 있다, 전학공 참여 개수의 제한이 없다, 전학공 멤버가 아니어도 참여할 수 있는 전학공이 있다, 전학공 참여 시 시간가는 줄 모르고 이야기를 할 정도로 선생님들의 적극성이 높다. 저는 이러한 전학공을 통해 제가 경험하지 못했던 사건이나 경우를 간접적으로 알고 경험할 수 있었고 다른 선생님들의 노하우를 전수받을 수 있어 조금이나마 저의 발전을 이룰 수 있었다고 생각합니다. 전학공을 통해 어리버리한 초보교사인 제가 조금은 전문성을 기를 수 있어 제 수업을 듣는 학생들에게도 좋은 영향력을 줄 수 있다고 생각합니다.

위에 제가 열거한 내용들은 각각 독립적인 활동들이 아니라고 생각합니다. 모두 학생 중심 교육환경을 위한 밑거름이고, 이를 통해 학생들이 결대로 자랄 수 있는 교육환경이 지속될 수 있다고 생각합니다. 결대로 자랄 수 있는 교육환경을 제공하는 영종고에서 학생들도 결대로 자라지만, 교사인 저 또한 결대로 자라는 방법에 대해 배우게 되었습니다.

나를 성장시킨 학생자치

　인천영종고등학교에서의 학생 자치는 나를 능동적으로 만들었다. 초등학교, 중학교를 다니면서 반장, 부반장 등의 임원 활동을 빠지지 않고 활동했지만 나에게 있어 영종고등학교의 학생 임원은 매우 큰 의미였고 기회였다. 그저 선생님이 시키는 일, 학급에 필요한 일을 하던 게 전부였던 이전의 학생 임원과는 달리 내가 참여하는 학교, 학생을 대표하는 임원, 참여로 변화하는 학교를 경험해 보면서 나는 우리 학교와 학생 자치의 매력에 더 빠지게 되었다.

　고등학교 1학년 입학할 때, 나는 처음 만나는 친구들과 낯선 환경에 잘 적응할 수 있을까 고민이었고 내가 생각한

학교생활과 다르면 어떡하지 하는 걱정뿐이었다. 하지만 내 생각보다 너무 좋은 환경과 수업이었다. 그때부터 우리 학교를 변화시키고 발전시키는 일원이 되고 싶어 전교 부회장에 도전했고 처음에는 단순히 그 자리가 멋있어 보여서 만족했다. 그러다가 우연한 기회로 학교발전 아이디어 공모전에 참여하게 되었다. 우리 학교가 더 발전할 수 있는 아이디어를 제출해서 채택이 되면 그대로 실현해주는 학생 대상 공모전이었다. 학생들을 위한 복지시설로 무인 복합프린터를 설치하자는 아이디어로 공모전에 참여했고 나의 아이디어가 채택되었다. 얼마 안 가 실제로 학교에 학생들이 필요할 때 언제든 사용할 수 있는 무인 복합기가 설치되었고 학생들의 반응은 매우 긍정적이었다. 학생들이 원하는 것을 내가 대표해서 피력한다는 것, 그리고 주장이 타당하다면 뭐든 이뤄질 수 있다는 것은 정말 매력적인 일이었다. 나는 내가 학생 대표자로서 하는 일이 중학교 때와는 다른 학생 자치임을 느꼈고 점점 더 잘하고 싶고 결과로 증명하고 싶었다.

학생 대표로 활동하면서 어려운 일을 해결하는 데 가장 도움이 됐던 부분은 학생회였다. 학교라는 곳은 각각의 개성이 다른 학생들이 모두 모여 하나의 공동체로 생활하는 곳이다. 이런 환경에서 모두를 만족시키는 민주적 자치는 매우 어려운 부분이다. 학생임원단 3명이 감당할 수 없을 정도로 많은 의견과 건의 사항이 나온다. 이 부분에서 학생 자치를 이끌어갈 동료가 필요했고, 학생회 임원들은 튼튼한 학생 자치의 뼈대를 만들기 위해 최선을 다해 역할 분담을 하고 모든 행사에 필요한 존재가 되었다. 나는 학생회 임원들을 직접 선발하고 함께 활동하면서 협력의 중요성을 느꼈던 것 같다. 이 세상은 서로 다른 사람들이 함께 살아가는 곳이다. 이러한 세상 속에서 여러 개성을 가지고 창의적인 아이디어를 가진 사람들과 함께 일한다면 내가 놓친 부분을 다른 관점에서 볼 수 있는 매우 소중한 기회를 얻게 되고 최대 다수를 고려하는 객관적 사고를 하게 된다는 것을 학생회를 통해 경험할 수 있었다. 이렇게 나는 또 한 번 학교에서 학생 자치로 인간의 가치를 배우게 되었다.

누군가는 3년 동안 큰 문제 없이 졸업하는 것을 목표로 정하고 학교생활에 임했을지도 모르지만 나의 3년 목표는 나를 성장시키고 배우는 것이었다. 학생부회장, 학생회장으로 활동하면서 어려움도 많고 재밌는 일도 많았다. 만약 내가 학생 임원으로 활동하지 않았다면 어떤 행사를 대표해서 주도하는 일, 회의를 진행하기 위해 대본을 준비하는 일, 갈등이 생겼을 때 목표에 어긋나지 않게 지혜롭게 해결하는 방법, 누군가의 의견을 대신하여 타인을 설득하는 일

등 살면서 쉽게 해보지 못할 경험으로 나의 내면의 성장과 사고의 확장을 할 기회를 놓쳤을 것이다. 그렇게 생각하니 나의 고등학교 생활 3년이 너무나 의미 있게 느껴지고 학생 임원을 선택한 것이 무엇보다 자랑스럽다. 그 경험을 통해 나는 나의 의견을 피력하고 타인을 존중하며 논리적으로 설득할 수 있는 19살로 성장했다. 누군가 가장 가치 있는 순간을 묻는다면 나의 전교 회장 시절이라 답할 수 있다.

자존이라는 내 안의 별 찾기

아이와 함께 자라며 끊임없이 스스로에게 묻는 질문이 있다. '아이에게 무엇을 가르쳐야 행복한 삶을 살 수 있을까?', '행복한 삶을 살기 위한 기준은 무엇일까?'라는 고뇌는 마치 행복만이 삶의 목적인 듯 내게만은 쉽게 닿지 않는 결승점처럼 느껴졌다. 추상적인 개념이기에 더 간절한, 아직 답을 찾지 못해 헤매던 때 영종고등학교에서의 학부모회 활동은 내 안의 자존(自尊)이라는 가치를 일깨우고, 아이와 더불어 손에 잡히는 행복으로 매일을 채우게 해주었다.

결대로자람학교! 네 이름이 뭐니?

큰 아이 때부터 학부모회 활동을 했던 터라 작은 아이가 진학한 영종고 학부모회 가입은 나에게 당연했다. 지역 특성상 아이들 초, 중등 때부터 보아오던 익숙한 얼굴들과 함께 학부모회 활동을 시작하였다. 학교 사업이라는 범주 안에서 학교에서 제시한 매뉴얼대로 따라 하기만 하면 되었기에 조금이나마 내 힘을 보태겠다는 마음으로 시작한 영종고에서의 학부모회 활동은 담당 선생님께 안내받은 첫 연수부터 그야말로 멘붕이었다. 총회 때부터 혁신학교인 결대로자람학교라고 강조하시며 그간 성과를 듣긴 하였지만, 코로나로 요 몇 년간 학교 출입이 자유롭지 못했기 때문인지 다양한 정보로부터 도태되고 뇌 기능을 잃은 것만 같이 느껴졌다. 하지만 교사, 학생, 학부모가 이루는 교육공동체라는 의미와 함께 여러 학교의 사업 활동을 알게 됨으로써 연수가 끝날 즈음에 교육주체 모두가 성장할 수 있는 기존 이름처럼 행복배움학교, 결대로자람학교라는 단어에 가슴이 뛰기 시작했다.

학부모사업으로 하나를 이루다.

먼저 코로나로 인해 학교로부터 멀어진 학부모를 다시 배움의 터로 모이게 하는 것이 문제였다. 다행히 늘 교육에 관심을 갖고 초, 중학교 때부터 이웃의 아이도 내 아이처럼 돌보며 활동하던 어머님들이 가장 앞에 나서서 길이 되어주었다.

'영종도'라는 터, 좁다면 좁은 이 섬이 결대로자람학교가 가지는 가치에 더할 나위 없이 적합한 지역사회임은 우리에게 천운이었다. 코로나로 사업 활동의 어려움이 있었지만, 그 전부터 꾸준히 이어온 '사랑의 반찬나눔 봉사'는 결대로 자람 그 자체였다.

결식의 우려가 높은 독거 어르신들께 작은 정성이지만 아이들과 학부모님들이 함께 만든 영양 가득 밑반찬과 음식을 직접 만들어 전달하고 그 과정에서 서로를 이해하며 세대 간 갈등을 조금씩 해소하고 도움이 필요한 이웃을 위해 마음을 나눌 수 있음을 자연스럽게 터득, 느낄 수 있었다. 또한, 우리가 추구하는 세대 통합의 가치는 학교라는 울타리 안에서는 배울 수 없는 교육생태계의 순기능을 깨닫는 기회를 제공해 주었다.

그리고 이처럼 결대로자람학교를 알아갈수록 여느 학교와는 다른 점에 감탄하게 되었고, 낮은 문턱으로 언제나 학부모의 참여를 독려하고 지지하는 선생님들의 배려는 학부모를 위한 사업 즉, 새로운 배움의 기회를 얻고자 하는 자신의 역량 개발을 위한 학부모 사업의 시발점이 되었다. 하지만, 강화된 개인정보 보호와 코로나로 인해 폐쇄적이었던 상황은 서로 단절된 학부모들을 어떻게 자발적인 참여로 이끌 것인지 고민하게 했고, 학교와 학부모를 다시 연결할 수 있는 사업을 구상하는 것이 쉽지만은 않았다. 우리들

은 머리를 맞대고 학부모들이 쉽게 접할 수 있으며 트렌드
에 맞는 사업이 무엇인지 파악하여 열악한 환경에서도 적
절한 업체를 찾기위해 노력하였고, 학교의 지원이 더해진
결과 '조향을 이용한 나만의 룸스프레이 만들기', '손뜨개
를 활용한 인테리어 소품 마크라메 만들기', 그리고 동절기
에 맞춘 '자이언트얀 실뜨기 가방 만들기' 사업을 구상하여
실시했다. 매회 놀랍도록 발전하는 모습을 통해 자신의 가
능성을 확인하고 성장하기 위해 노력하는 많은 학부모들의
모습은 큰 감동을 주었다. 또한 학부모 재능 기부를 통해
만들어진 '어버이날을 위한 꽃꽂이 강좌'에 이어, 사랑의 반
찬나눔 봉사와 콜라보를 이룰 '수세미 뜨기'는 김장김치와
함께 수제수세미를 전달할 계획을 마지막으로 올 한해 쉼
없이 달려온 우리의 결대로자람학교 학부모회 활동을 마치
고자 한다.

책임과 자유 그리고 성장

올 한해를 바쁘게 달려오며 겪어본 결대로자람학교는 책
임을 바탕으로 한 자유라는 이름으로 아이들을 성장시키고
각자가 지니고 있는 가능성을 열어주는 배움터였다. 획일
적인 남의 기준에 맞추는 곳이 아닌, 자신의 기준에서 나만
의 별을 찾도록 이끌어 주는 교육을 보며, 손에 닿는 행복
을 찾을 수 있다는 믿음이 생겼다. 또한 아이들의 꿈을 위

해 앞서서 방향을 제시하고 이끄는 것이 아니라 스스로 걸을 수 있도록 스며드는 노력에 정성을 다하는 교장, 교감 선생님과 모든 선생님들께 감사한 마음 전한다.

자존. 나를 중히 여기는 것. 어떤 상황에서도 길을 잃지 않도록 온전한 자신이 되어 나아가는 아이들이 되길 바라며, 매일 반짝반짝 빛날 별들과 함께 영종고의 하늘은 더욱 빛으로 가득할 것을 기대해 본다.

영종고의 한 페이지를 채우다

저와 인천영종고등학교의 인연은 벌써 5년째 이어지고 있습니다. 새내기 학부모에서 어쩌다 보니 학부모회 활동을 하게 되었고, 자녀가 졸업을 하고 나서도 영종고를 위해 재능기부 활동을 현재까지 자연스레 이어가고 있습니다.

학부모로서 자녀들에게 도움이 되고자 하는 마음을 편안히 녹여 넣을 수 있는 경험을 투박하지만 진솔하게 이야기해 보겠습니다. 이 글을 보시는 학부모님들께 조금이라도 도움이 되기를 기대해 봅니다.

인천영종고는 좋은 학교이다!

인천영종고는 2013년 개교하여 현재까지 11년의 길지 않은 역사를 가진 학교지만, 자녀들이 편안하게 다닐 수 있고, 다양한 경험을 통해 배우고, 선생님들과의 적극적인 소통으로 우수한 진학을 기대하셔도 되는 곳입니다. 저는 지금도 주변 사람들에게 영종고 진학을 적극 권하고 있습니다.

특히 행복배움학교로 지정되고 유지될 수 있도록 선생님들의 자발적이고 적극적인 개선 활동이 쉼 없이 이루어지고 있는 학교입니다. 학교에서 마련해 준 학부모 독서캠프를 통해 어머니들과 책을 읽고 소감을 나누면서 친구가 될 수 있었고, 우리 교육과 학교의 역할에 대해 심도 깊은 고민을 해볼 수 있었습니다. 학교 수업과 교육과정에 대해 학부모-교사 간담회를 요청했을 때 한 번의 망설임도 없이 교장, 교감 선생님부터 학년부장, 교과 선생님까지 둘러 앉아 우리들의 이야기를 경청해 주었던 순간, 학부모도 학교의 구성원이라는 것이 몸소 느껴졌습니다. 누군가가 영종고가 어떠냐고 물어본다면, 두말할 것 없이 그냥 '영종고는 좋은 학교'라고 흔쾌히 이야기할 수 있습니다.

안 해본 사람은 있어도 한 번만 하는 사람은 없다

아이가 영종고에 입학하고 처음에는 학부모회 활동에 대한 막연한 두려움이 있었습니다. '과연 내가 할 수 있을 것인가?' 자문을 수도 없이 하면서 걱정 반 기대 반으로 학부모회 활동에 첫발을 내딛게 되었습니다. 후일에 학부모회에 참여하시는 모든 분들의 마음이 같았다는 것을 알고 미소 지었던 기억이 납니다.

결론을 먼저 말씀드리면 그 걱정은 기우였습니다. 학부모회 활동은 큰 부담을 요구하지 않았습니다. 그저 내게 남는 시간을 활용하는 일종의 봉사활동이었습니다. 새로운 친구도 많이 사귀게 되고, 선생님들과의 소통으로 내 아이와의 관계 개선을 도모하고 진학에 관한 관심도 더 커지게 되었습니다. 물론 힘들었던 적도 많았지만 그만큼 재미있고 보람 있는 시간들이었습니다.

학부모들과 한 달에 한 번 모임을 가지고 의견을 수렴해서 선생님들에게 전달하고 해결방안을 논의하여 전파하고, 아이들이 잘 될 수 있도록 협업하는 과정을 가졌습니다.

우리 아이들이 어떤 식사를 하는지 재료 구입부터 조리·배식·식당 청결 등 모든 과정의 품질 평가를 시행하였습니다. 선생님들이 원가 배분부터 시작해서 철두철미하게 챙기는 모든 것들에 감사드릴 수밖에 없었습니다. 밥맛은 여느 맛집에 비해 뒤쳐지지 않을 정도로 좋았습니다.

우리 아이들의 행사에도 많은 학부모들의 봉사를 지원받았습니다. 체육대회 때 아이들 간식을 준비하기 위해 몇 날 며칠을 고심해서 떡볶이, 오뎅 등을 즉석에서 조리하여 배식하였습니다. 정갈한 앞치마와 마스크를 착용하고 유명

호텔 수석 셰프 못지않은 마음가짐으로 시작했지만 행사 막바지에 가서는 억척같은 시장 아주머니로 변해 있었습니다. 애들이 너무 잘 먹어서 계속해서 조리하고 배식하고… 너무도 힘들었지만 그 이상으로 뿌듯했습니다. 집에 돌아오면서 저희 아이가 하는 "엄마, 친구들이 너무 맛있다고 좋아했어." 이 말 한 마디에 모든 피로가 풀렸습니다. 이 즐거움은 학부모회에 참여하시는 분들만이 누릴 수 있는 기쁨이란 걸 말씀드리고 싶습니다.

영종고등학교만의 특화활동이 있습니다. 영종도보순례, 영종도의 거의 전 지역을 도보로 순례하는 행사입니다. 많은 학부모가 행사 진행 도우미로 참여해 주셨습니다. 평소 운동량이 부족해 따라 걷기 힘드셨을 텐데도 휴식시간에 아이들 간식을 챙기고, 안전을 위해 차량을 통제하시는 모습! 아이들의 안전한 성장을 바라는 것이 모든 부모님의 마음이 아닐까요?

지역주민과의 연대로 사회적 가치를 만들어 가는 '사랑의 반찬나눔 봉사', 학부모회에서 기획하고 인천시교육청에서 지원하여 이루어지는 '학부모 재능기부 강좌' 활동 등 많은 추억들이 스쳐 지나갑니다.

이것들 외에도 정말 많은 특화활동을 실시하고 있습니다. 많은 선생님들이 자발성을 갖고 학생들을 위해 고민하고 노력하는 행복배움학교였기에 가능했다고 생각합니다.

학생들이 주도적으로 참여하는 프로그램이 너무 많아서 대입 자기소개서에 선별해서 작성해야 할 정도였습니다. 타학교 학부모들이 많이 부러워하고 있어요.

정신없이 학부모회 활동을 하다 보니 어느덧 일 년이 지나갔습니다. 다시 고민이 생깁니다. "내년에는 학부모회 활동을 해야 하나? 잘할 수 있을까?"

이 또한 기우였습니다. 아이들이 즐겁게 "안녕하세요, 감사합니다."라고 인사해줄 때의 감정 포만감의 중독성을 잊지 못해 어느새 신청서를 작성하고 있는 나를 발견합니다. 영종고 학부모회 활동을 이렇게 정의 내려 봅니다. "안 해본 사람은 있어도 한 번만 하는 사람은 없다."

한 번 '영종고人'은 영원한 '영종고人'이다

저희 아이는 2년 전에 졸업하였습니다. 그런데도 아직 전 졸업을 하지 않고 있습니다. 저의 작은 재능을 인정해주시는 영종고에 감사드리면서 자발적 재능기부를 주기적으로 하고 있습니다.

월 1회 있는 사랑의 반찬나눔 봉사를 봉사단 마스터로 주관합니다. 지역의 독거노인들을 위해 맛있는 반찬을 만들어 배달해 드리는 봉사입니다. 어르신들이 어떤 음식을 드셔야 행복하실까를 고민하면서 메뉴를 선정하고 반찬을 만듭니다. 학생들은 물론이고 여러 학부모들, 선생님들이 자발적으로 함께합니다.

5월에는 가정의 달 꽃꽂이, 12월에는 크리스마스 소품 만들기 등 학부모 및 교직원 대상 재능기부 강좌는 5년째 이어오면서 어느새 제 삶의 한 페이지를 장식하는 주제가 되었습니다.

아이가 입학하면서부터 지금에 이르기까지 계속 '영종고人'으로 있을 수 있었던 것은 좋은 선생님들과 좋은 학부모들이 있었기 때문이라 생각됩니다. 아이들이 사회에 나가고 또 가정을 꾸려 그 자녀들이 생겨서 영종고등학교에 오게 된다면 당당히 "엄마도 영종고 나왔어!" 이야기할 수 있을 거라 확신해 봅니다.

영종
고등학교에서
얻은 것

영종고등학교를 졸업한 지 벌써 3년이 다 되어가는 지금, 영종고등학교에서 보냈던 학창 시절은 즐겁고 좋았던 기억으로 남아있어 종종 고등학생으로 돌아가고 싶다고 생각하곤 한다. 그러나 대학교에서 고등학교 때 있었던 추억을 공유하면 입시와 학업 스트레스에 시달렸기에 고등학생으로 다시는 돌아가고 싶지 않다고 말하는 사람이 대다수였다. 고등학생으로 돌아가고 싶지 않다니, 의외였다. 대학에 와 보니 나처럼 학업 스트레스를 많이 받지 않은 학생은 드물었고, 나처럼 고등학교를 즐겁게 다닌 사람은 거의 없었다.

또한, 사범대학으로 진학하게 되면서 교직 수업 시간에 여러 가지 수업 방식을 토론하고, 학교 내 프로그램에 관해 이야기할 때 영종고에서 겪었던 경험을 이야기하면 신기해하는 교수님도 계셨다. 영종고의 학생으로 소속되어 있을 때는 다른 고등학교와 다를 것이 없는 평범한 고등학교 중 하나라고 생각했었는데, 지금 와서 생각해 보면 영종고등학교는 다양한 시도를 많이 했었던 고등학교였던 것 같다.

그중에서도, 영종고등학교를 다니며 내가 경험했던 다양한 활동 중 기억에 남는 활동들을 얘기하고자 한다.

100% 서술형 시험의 충격

첫 번째는 1학년 때 응시하였던 지필고사이다.

지필고사는 어느 학교나 비슷비슷한 거 아닌가? 라는 생각을 할 수도 있겠지만, 입학하자마자 받은 첫 번째 사회과목 시험지는 나에겐 충격적이었다. 문항 전체 어디에도 객관식 문제는 없었고, 모두 주관식 문제에 뒷장은 원고지로 된 논술형 시험지가 있는 것이었다.

이때까지 객관식 문제가 주로 있는 시험지만 풀었던 나는 시험지를 보고 당황했었다. 선생님께서 미리 서·논술형 시험이 된 것이라고 하시긴 했지만, 정말로 모든 문제가 주관식 문제에 논술형 문제까지 섞여 있을 줄 몰랐다. 심지어 마지막 문제는 사회시간에 배웠던 특정 주제에 관해 원고지에 서론, 본론, 결론을 갖춘 논리적인 글로 자신의 의견을 논술해야 하는 문제였다. 첫 지필고사를 보고 난 직후에는 '왜 이렇게 평가하기도 애매할 것 같은 시험을 보는 거지?'라는 생각과 더불어 수업 시간에 배운 것에 대해 제대로 알지 못하면 찍을 수도 없는 시험지이기에 얼렁뚱땅 공부하면 사회 시험은 잘 볼 수 없겠다고 느꼈다. 그래서 기말고사를 위해 수업 시간에 열심히 들으며 여러 수업 주제를 내가 표현할 수 있는 문장으로 써보면서 시험 준비를 했었던 것 같다.

그 당시에는 그냥 시험을 객관식으로 봤으면 좋겠다고 생각했었지만, 이제는 주관식과 논술형의 시험이 시험의 본질에 더 가까운 것 같다고 생각한다. 자신이 수업 시간에 배웠던 것을 완벽히 이해하고, 표현할 줄 알아야만 문제를 풀 수 있기 때문이다. 그래서 객관식으로 시험을 봤을 때보다 더 심층적으로 탐구하고 공부할 수 있었던 것 같다. 또, 이때까지와 다른 시험 방식에 오히려 재밌었고, 기억에도 오래 남아 공부의 효과가 오래 지속되었던 시험이었다. 지금 생각해 보면, 선생님들께서 학생들이 조금 더 심층적으로 공부하며 그 과정에서 성장할 수 있는 평가 방법을 고민하셨던 것 같다.

남다른 생활지도 방식

두 번째는 회복적 생활교육이다.

영종고등학교는 학생들이 교칙을 어기거나 잘못이 있을

때 벌점을 부여하는 것이 아니라 경고 누적으로 인한 회복적 생활교육을 받게 된다. 회복적 생활교육의 내용으로는 학교 인근의 산을 선생님들과 회복적 생활교육(회생) 대상 학생들이 정상까지 등산하고 내려오는 것이다. 회생이라는 제도를 처음 들었을 때는 의아하기도 했다. 회생을 한다고 해서 교칙을 어긴 것을 반성하지 않을 것 같았고, 당시 학교를 같이 다니던 친구 중에도 "회생 가고 교칙 어기지 뭐~"라고 말하는 친구도 있었다. 아니나 다를까, 초반에는 회생이 진행될 때 전혀 관심이 없었다. 딱히 교칙을 어길 일도 없었고 의미가 없다고 느껴 회생에 가고 싶지도 않았다. 그러다 회생에 다녀온 친구들이 많아지기 시작하고, 선생님, 친구들과 정상에 오르고 뿌듯해하는 모습을 점점 보게 되었다. 친구들도 같이 회생 가자고 나에게 말을 건네기도 했다. 그 이후로부터는 회생에 갈 조건이 아니어도 자발적으로 산에 오르면서 선생님, 친구들과 이야기하고 즐겁게 보내고 저녁도 먹고 했다.

학생이 잘못해도 회복적 생활교육을 통해 반성의 기회를 주고, 산의 정상까지 포기하지 않고 끝까지 오르는 과정이 우리 학교의 정말 좋은 제도라는 생각이 들었다. 체력도 기를 수 있고, 오르면서 친구들과 선생님과 이야기하며 화합할 수도 있어서 오르기 싫었던 친구들도 정상에 올라가서는 뿌듯해했던 모습이 기억에 남는다.

나를 쏟아부은 학생회, 동아리 활동

마지막으로는 학생회 및 동아리 활동이다.

영종고등학교에 3년간 재학하면서 시간 대부분을 학생회 활동을 하는데 쏟았었다. 1학년 때 별 생각 없이 시작했던 활동에 점차 애정이 생기기 시작했고, 자율적이지만 다같이 협력하는 분위기가 좋아 2년간 학생회 활동을 했다.

처음에는 학생 자치 활동으로 학생들의 의견을 학교에 반영하기 어려울 것으로 생각했다. 학생회로서 의견을 피력한다고 해도 학교 측에서 여러 가지 이유로 제재할 것이라 생각했기 때문이다. 그러나 캠페인이나 여러 행사를 진행할 때, 축제를 기획할 때도 선생님들께서는 항상 수평적으로 학생회의 의견을 들어주려고 노력하셨고, 안 된다고 하신 적도 없었다. 그렇기에 학생회가 원하는 방향으로 많은 것을 구성할 수 있었고 하나부터 열까지 우리 손으로 행사를 만들어간다는 기쁨이 있었다. 그렇게 다양한 행사를 하였지만 가장 기억에 남는 것은 고등학교 2학년 때 진행했던 축제였다. 축제를 어떤 컨셉을 할지, 어떤 프로그램을 진행할지를 기획하고, 학교에 늦게까지 남아 꾸미고 만들었다. 그렇게 문제 없이 축제가 끝나고 무언가 행사를 잘 마무리한 듯한 느낌에 다 함께 기뻐했다.

모든 학생회가 우리처럼 자유로운 분위기에서 자율적으로 편하게 의견을 낼 수 있는 줄 알았는데, 대학에 와서 이야기를 나누어 보면 하고 싶은 게 많아도 학교 측의 제재로 인해서 행사를 진행하지 못한 친구들도 있어 놀란 적이 있다. 영종고에서의 학생회 경험을 통해 학교의 구성원으로서 자유롭게 의견을 내고, 행사를 만들어가는 것이 뿌듯하다는 것을 느꼈고, 이처럼 자유로운 분위기 속에서 학생회 활동을 했던 경험이 대학에 와서도 단과대학 학생회를 할 수 있는 경험의 바탕이 되었다.

학생회 활동과 더불어 동아리 활동도 마찬가지로 나의 진로와 관련된 범위 내에서 자유롭게 활동할 수 있었다. 2학년 때 동아리에서 독도 캠페인이라는 주제로 활동했었는데, 학생 개인의 진로에 맞게 큰 주제 안에서 다양하게 활동할 수 있는 방식이었다. 나는 역사 교사를 희망했기에 한국 교과서와 일본 교과서에 실린 독도의 내용을 비교하고, 전국의 교육청이 어떻게 독도 교육을 시행하고 있는지 탐구했었다. 학생들의 진로에 따라 개별적으로 다양한 활동을 할 수 있도록 선생님께서 도와주셔서 나의 진로와 관련된 활동을 심층적으로 할 수 있었고, 이는 대학 진학 및 나의 진로를 확립하는 데 큰 도움이 되었던 것 같다.

위에 언급했던 세 가지 외에도 학교 텃밭에서 식물을 키웠던 경험, 주말마다 반찬 봉사하러 학교에 왔던 것, 영종도 내를 돌며 도보순례를 했던 것 등등 다른 학교에서는 할 수 없었던 색다른 경험을 많이 했다고 생각한다.

　더불어 위 활동들을 통해 공부만을 최우선으로 하는 것이 아닌, 내가 하고 싶은 것을 알아가고 다양한 것들을 해보면서 행복하게 지내는 것이 중요하다고 생각하게 되었다. 그렇기에 자연스럽게 학업에 대한 스트레스가 다른 학교 친구들보다 적을 수 있었던 것 같다. 이 모든 활동이 지금의 나로 성장하는 데에 큰 도움을 준 것 같고, 고등학교의 경험을 통해 대학에 와서도 즐겁게 학교생활을 하며 맡은 일에 최선을 다하는 태도를 기를 수 있었다.

　자기사랑과 열정, 영종고등학교의 교훈이자 내가 고등학교 3년 동안 배웠던 가치이다. 또한, 많은 활동을 해보면서 내가 열정을 갖고 한다면 해낼 수 있다는 믿음도 얻게 된 것 같다. 이는 나 혼자서 깨닫고 얻은 것이 아닌 많은 선생님께서 학교의 분위기와 수업, 여러 가지 활동을 만들어 노력해 주신 결과라고 생각한다. 영종고등학교에 다니면서 이처럼 다양한 경험을 할 수 있었던 것은 큰 행운이었다. 다시 중학교 시절로 돌아간다고 해도 나는 영종고에 진학할 것이다.

교사
김효림

정(情)의 힘

-코로나 시대의 결대로자람학교

빅뱅....

이전의 우리 학교 정보 관련 업무는 일반 부서의 부분적 종속 업무로 편성되어 체계적이고 전문적인 운영에 제한적이었으나 2020학년도부터 독립 부서로 편제되어 안정적인 운영이 가능하게 되었다. 부서장으로 임명된 그는 여러 부서에 나누어 관리되던 정보부 업무를 통합하고 자료를 정리하며 의욕적으로 부서 운영을 준비하고 있었다. 이때 갑자기 등장한 코로나는 모든 시스템을 집어삼킬 기세로 들이닥쳤고 학교 업무의 마비는 물론이거니와 기존의 계획을 무용지물로 송두리째 흔들어 놓았다.

마치 아무것도 정해지거나 구분되어 있지 않은 순수한 청정의 카오스 상태가 된 듯했다. 교육 현장에 요구되는 원격수업의 혼돈, 그 자체는 우주의 재탄생과 같은 빅뱅의 연속이었다.

교육정보부장은 어느 때인가부터 자연스럽게 징검다리 회의(기획위원회)의 야전 사령관이 되어 테이블의 중심에 앉아 있었고 지극히 부담스러울 정도로 모든 시선이 그에게 집중되고 있었다. 모두가 혼란스러워하는 이 분위기에 그는 몰라도 알아야 했고, 알아도 수준 높게 알아야 하는 만능이 되어야 했다. 그가 바로 나다.

당장 소통 창구를 만드시오~~!

모든 학교 구성원의 출입이 차단된 상태에서 구성원들 간의 소통 창구를 학교별로 긴급히 구축하라는 지시가 내

하루 만에 개교한 사이버학교

려왔다. 아무런 기술적 지원도 없이 100% 학교 현장의 능력으로 구성해야 하는 상황이다. 만만한 건 홈페이지! 하지만 수업을 위한 유기적인 소통의 인

터페이스 구축은 불가능한 구조이다. 그래서 대안으로 가장 먼저 떠오른 것은 인터넷 카페였고 급박하게 진행되는 사안이라 네이버 플랫폼을 이용한 '인천영종고 사이버 학교' 카페를 인터넷에 개교하게 되었다. 2일 만의 개교라서 껍데기만 만들어졌을 뿐 콘텐츠 제작 및 탑재는 우리 학교 선생님들의 몫이었다. 과연 콘텐츠를 채워 넣을 수 있을까? 우려는 잠시, "하루 만에 사이버 학교를 어떻게 만들었어?" 라는 칭찬과 격려 속에 이내 콘텐츠는 채워져 갔고 잠시 찾은 여유 속에 '재능 나눔 행복 챌린지'(원격수업에 필요한 기능을 배우면 3시간 안에 다른 교사에게 배운 내용을 전달하는 챌린지 이벤트) 같은 이벤트도 병행할 수 있었다. 하지만 코로나 태풍의 눈에 있음을 간과한 탓에 눈으로 욕을 듣고 이벤트는 실패! 반면, 콘텐츠 탑재 운영은 선생님들의 열정으로 대성공했다고 자평한다.

원격수업 플랫폼을 무엇으로 해야 하나…?

이어지는 원격수업 관리위원회의 모든 회의 자료는 높은 퀄리티와 이해하기 쉬운 양날의 조건을 모두 충족하도록 제작해야 했고 나날이 늘어나는 기준 요구와 전국 단위 네트워크에서 쏟아져 나오는 모든 원격수업 관련 기술 자료를 섭렵해야 했다. 그중 가장 큰 난제는 같은 시간, 다른 공간에 있는 학생과 교사의 원격수업을 진행해야 하는 문제

온라인 플랫폼을 비교해라!

였다. 선뜻 앞장섬이 없는 다른 학교나 교육청의 눈치를 보다 결국은 우리 스스로 플랫폼을 정해야 하는 시점까지 오게 되었고 팔도강산에서 물밀듯 밀려오는 각종 플랫폼 정보들은 정신을 혼미하게 했다. 대충 17가지 플랫폼들의 장단점과 특징들을 요약하여 선생님들의 관심을 유도해야 했고 그중 하나를 선택하여 선생님들께 반강제적으로 활용을 요구해야 했다. 하지만 나 역시 활용해 보지 못했던 대부분의 플랫폼을 제시하며 다양한 질문에 대응해야 하는 것이 긴장과 스트레스의 연속이었고 협의회마다 똥인지 된장인지 모르는 플랫폼 선정의 카오스는 또다시 나를 혼란스럽게 했다. 그러나 우리가 누구인가? 전국의 여러 학교에서 나오는 각종 운영 사례에 대한 정보를 여러 선생님들이 알아보기 쉽게 시각화 해서 공유해 주셨고 적극적이고 자발적인 선생님들의 문제해결 의지와 맞물려 컨베이어 벨트로 운반되는 택배상자처럼 너무도 수월하게 EBS 온라인 클래스 플랫폼으로 결정되었다. '적극적인 참여와 관심을 유도할 수 있을까?'하는 절박한 심정은 기우였다.

그러면… 출결체크는 어떻게 해요…?

꼬리에 꼬리를 무는 해결 과제 요청은 계속되었다. 원격수업을 위한 플랫폼은 정해졌는데 눈앞에 없는 학생들의 출결 체크는 어찌해야 하나요? 이 역시 학교 자율적인 방법으로 시스템을 구현해야 한다. 교사도 학생도 모두 각자의 공간에 있는데 똑같은 기준으로 통일된 양식에 표현하려면 네트워크를 활용하는 방법밖에 없었고 많은 데이터를 관리할 수 있으면서도 '선생님들이 쉽게 접할 수 있는 방법이 무엇일까?' 고민하다 구글 스프레드시트의 활용을 선택하게 되었다. 나름의 아이디어로 인터넷 출석부를 제작했고 선생님들의 부드러우면서도 험난한 피드백을 거쳐 조금씩 익숙하고 안정적인 운영이 가능하게 되었지만 편의를 위한 요구사항이 점차 많아지면서 지속적인 기능 추가에 대한 부담이 어깨를 살포시 짓눌렀다. 하지만 기능개선 요구와 편리함의 찬사, 컴퓨터 활용에 대한 거부감과 도움에 대한 고마움의 표현이 뒤죽박죽으로 접해지면서 울다가 웃다가

반쯤 정신 나간 채로 좀비 영화의 주인공처럼 어려움을 힘겹게 극복하고 있었다.

G-Suite(구글 워크스페이스)가 뭐예요…?

원격수업을 위한 플랫폼을 EBS 온라인 클래스로 결정하여 사용 방법을 익히고 열심히 콘텐츠를 탑재하면서 열정적인 수업 운영에 익숙해질 무렵, 실시간 피드백이 될 수 있도록 원격수업을 운영하라는 지침이 내려오면서 또 한 번의 혼란이 발생했다. EBS 온라인 클래스는 콘텐츠 활용과 탑재에 유용한 반면 실시간 피드백에는 매우 부족한 시스템이었으므로 문제해결을 위해 또 다른 플랫폼을 병행해야만 했다. 그래서 또다시 분석과 선택의 과정이 진행되었고 이전과 마찬가지로 선생님들의 적극적인 정보 공유 공격이 시작되었다. 처음에는 부담스러워하고 어렵게만 받아들이시던 선생님들은 짧은 기간에 각 플랫폼의 전문가가 돼서 종류별 장단점을 제시하고 토론하는 등 결론을 도출하고 있었다. 여러 번의 협의 끝에 구글의 G-Suite 적용을 결정하였고 시교육청에 종속되지 않고 독립적인 교육기관으로 G-Suite를 운영할 수 있는 권한을 취득하여 구글 워크스페이스 운영 시스템을 구축하였고, 지금은 대부분의 프로젝트 수업과 업무의 80% 이상에 구글 플랫폼을 활용하는 파워풀한 유저들로 변신하고 있다.

이를 어째! 돈이 새고 있다. ㅜㅜ

갑작스럽게 불쑥 찾아온 언택트 시대에 학부모에게 전달할 문자는 폭증하였고 기존의 KT 통신사를 이용하던 문자 서비스 비용이 넉 달 동안 6,518,866원! 이미 1년치 예산이 초과되고 있었다. 이때까지만 해도 교육정보부에서 문자 서비스 시스템을 관리하고 있지 않았기 때문에 예산이 부족하다는 것을 인지하지 못하고 있었고 대책 마련이 시급한 상황이었다. 긴급히 개최된 교육정보화 추진위원회에서 현 상황에 대한 비용 통계 데이터를 공개했고 이때 모두 공감하며 놀라던 모습이 지금도 눈에 선하다. 사안 극복을 위해 웹 망을 기반으로 운영되는 SNS 서비스 활용이 대책으로 절실히 필요했고 적합한 서비스 업체를 선정하는 협의가 시작되었다. 선생님들은 자신의 자녀 또는 다른 학교 지인들의 활용 경험 등을 수소문하여 판단에 도움이 될 수 있는 각종 정보를 수집해 주셨으며 이러한 과정을 통해 아이엠스쿨이라는 신생 서비스 업체와 1년 무제한 사용패키지를 불과 1,584,000원에 계약함으로써 엄청난 예산 집행의 절약 효과를 얻을 수 있었다.

소회(素懷)

지금도 업무용 개인 메일 보관함에는 수백 개의 업체 견적서, 매뉴얼, 소프트웨어 홍보물 등이 가득 쌓여 있다. 코로나 위기 단계가 해제된 지금 시점에서 돌아보면 매우 급박하게 진행되던 그 당시의 숨결까지도 고스란히 느껴진다. 때로는 다투고 격분하고 실망했지만, 대부분은 힘들어도 함께 극복했다는 보람에 나도 모르게 입가에 미소를 머금게 된다. 매 단계의 문제 해결 때마다 업무 담당자의 존엄을 지켜주고자 하는 격려와 남 일이 아니라는 사명감을 기반으로 이루어진 능동적인 협업은 더불어 가는 삶을 가르치고자 하는 결대로자람학교 교사들에게 현실적으로 와닿는 교단 항해의 나침반이 되어 주었다.

이에 나는 결대로자람학교가 성공하기 위한 제1의 필수요소로 교직원 간의 "정(情)"을 크게 외쳐본다.

새로운 시작의 출발점에 서 있던 나와 우리에게

- 전입교사 환영회 & 2월 워크숍

따뜻한 환대, '전입교사 환영회'

2022년 2월, 영종고로 발령을 받고 '전입교사 환영회 및 2월 워크숍 일정'에 참여하기 위해 이 학교에 발걸음을 내딛던 그날의 풍경을 생생히 기억한다.

인천대교를 타고 달려오며 본 하늘은 맑고 푸르렀고 드넓게 펼쳐진 바다는 답답했던 속을 뻥 뚫어주는 듯 시원하게 펼쳐져 있었다. 내게 인천대교는 여행을 위해 공항을 갈 때만 타는 대교였는데…… 여행을 떠나는 길이었다면 더 좋았겠지만, 현실은 미지의 세계와 조우하기 위해 달려가는 길이었다. 그리고 인천대교는 참 비쌌다. 세상에 이 톨비를 어떻게 감당한담? 하는 지극히 현실적인 생각과 함께 새로운 사람들을 만난다. 새로운 곳에서의 내 삶이 시작된다…… 설렘 한 스푼, 두려움 두 스푼. 복잡한 마음을 가득 안고, 착임계를 쓰러 왔던 날 이후 두 번째로 방문한 학교는 여전히 광활하고 거대했고 참 낯설었다.

지금은 너무나도 당연하게 스윽 들어가 주차하는 지하주차장이 그때는 왜 그렇게 들어가기가 무서웠는지. 왠지 허락받지 못한 공간인 것 같아 쫄보처럼 지상 귀퉁이에 차를 세우고 심호흡 후후 쭈뼛거리며 내려 두리번거리던 그 순간의 느낌도 선명하게 기억하고 있다. 김밥 같은 롱패딩을 휘휘 둘러 입고 반갑게 서로 인사를 나누시며 익숙하게 이 공간에 녹아 들어있는 기존의 선생님들을 보며 '부럽다'고 생각했다. 이런 마음이 크게 들었던 이유는 아마도 그즈음에 내가 가장 크게 겪고 있던 감정이 내가 속해있던 공간에서 나 혼자만 똑 떼어져 나왔다는, 뿌리뽑혀 나왔다는 상실감, 공허함이었기 때문이었으리라.

여긴 어디 나는 누구. 온통 새로운 사람과 새로운 것만이 가득한 시청각실에서 전입교사로서 첫인사를 하고 진로진학실로 이동하여 본격적인 전입교사 환영회가 시작되었다. 들어가기가 무섭게 반가운 인사말과 함께 양손 한가득 선물이 주어졌다. 이렇게까지 친절하게 환영해 주실 줄은 몰라서 띠용하는 마음과 함께, 환영받는다는 느낌에 내내 긴장해 있던 이방인으로서의 마음이 조금은 진정되는 느낌이

들었다. 먹을 것도 주시고 책도 주시고 내가 좋아하는 걸 종류별로 잔뜩 주시다니. 좋은 사람들이다……♡ 이렇게 준비하기 위해 얼마나 많은 노력과 정성이 들어가야 할지 알기에 음료수 캔에 붙은 문구를 한참이나 들여다보고 있었던 기억이 난다. '인천영종고에서의 새로운 출발을 응원합니다'라는 문구가 잘 해낼 수 있다고 나를 다독여주는 것만 같아서 개인적으로 참 많은 위안을 받았다. '맥주 아닌_음료수예요'의 해시태그에 담긴 재치에 혼자 속으로 빵 터져서 킥킥대기도 했다.

　서로 인사를 나누고 간단한 소감을 나눈 뒤 영종고의 전반적인 상황, 비전, 행복배움학교(현 결대로자람학교)로서의 영종고 등에 대해 이해하는 시간을 가졌다. 여러 가지를 안내해 주시고 설명해 주신 것 중에서 특히 '자기사랑과 열정'이라는 모토가 마음에 들었다. 나 스스로도 그렇게 살고 싶었고 내가 교사로서 만날 아이들 역시 그렇게 살아나갔으면 좋겠다고 생각하던 것을 딱 정리해서 제시해 준 것 같은 단어의 조합이었기 때문이다. 또 부족함이 너무 많은 햇병아리 교사로서 배움에 대한 갈증이 있었기 때문에 전학공이 활발하게 이루어지고 있다는 점도 마음에 들었다. 전학공을 통해 다른 멋진 분들과 소통하며 많은 것을 배우고 싶다는 생각을 했다. 앞으로 이 학교에 어떻게 뿌리내리고 터를 잡을 것인지 여러 가지로 생각해 볼 수 있는 귀한 시간

이어서 좋았다. 한 명씩 돌아가며 서로 마음을 나누고 이해하는 그 시간을 통해 이곳에서 열심히 잘 성장해 보아야지, 왠지 그럴 수 있을 것 같아, 라는 그런 생각과 나름의 다짐을 했던 것 같다.

이렇게 따뜻한 환대를 경험한 입장에서, 이 전통(?)이 오래오래 이어지면 좋겠다는 생각을 한다. 새로운 환경에 놓인다는 건 누구에게든 낯설고 두려운 일일진대 이 환영회를 통해 그 시작을 조금 더 편안하게 할 수 있었기 때문이다. 앞으로도 누군가는 계속 떠나가고 누군가는 새로이 찾아올 것이다. 내가 그러했듯 그 누군가가 '우리'의 환대 속에서 기분 좋은 떨림으로 새로운 시작을 할 수 있으면 좋겠다.

서로의 호흡을 맞추며 함께 나아갈 준비를 하는 시간, '2월 워크숍'

새학기를 앞두고 모두가 정신없이 바쁜 2월, 영종고에서는 교육철학과 비전을 공유하고 소통하며 함께 나아갈 준비를 하는 특별한 워크숍이 열린다. 개인적으로 이렇게 공부하고 탐구하는 것을 좋아하다 보니 이런 프로그램들이 마련되어 진행된다는 사실이 굉장히 흥미롭고 재미있었다. 전입교사로서 처음 마주한 22년 2월의 워크숍에서는 김성천 한국교원대 교수님과 김덕년 전 구리 인창고 교장 선생님의 강연을 듣고 교육에 대해 함께 생각해 보는 시간을 가졌던 기억이 난다. 그때 내가 어떤 것을 중요하게 생각하며 들었는지, 무슨 생각들을 했었는지 급 궁금하여 그날의 메모를 펼쳐보았다.

김성천 교수님의 강의와 관련해서는 '메리토크라시. 능력주의. 유보적 가치(대학 가서 할 수 있어, 지금은 아니야, 지금은 참아……), 공정하다는 착각, 자유의지로 살아가기'와 같은 단어들이 적혀 있었다. 아마도 이런 내용들을 생각해 보며 '교육이란 무엇인가', '교육은 어떤 방향으로 나아가야 하는가', '나는, 우리는 교사로서 아이들에게 어떤 가치를 추구하며 살아가라고 가르쳐야 하는가' 등의 본질에 대해서 고민하고 또 함께 이야기를 나누었던 것 같다. 원론적이고 추상적인 주제이지만 방향을 설정하고 나아감에 있어 꼭 고려해 보아야 할 밑바탕이 되는 얘기들이기에 같은 공동체 구성원으로서 함께 이야기를 나누며 서로의 생각을 공유한다는 것이 정말 소중하고 의미 있는 시간이라고 생각했다.

김덕년 교장 선생님의 강의는 '포노사피엔스를 위한 진로 교육', '교육과정-수업-평가-기록의 일체화', '과정중심 평가'를 다룬 것이었는데 아무래도 수업과 더 구체적이고 직접적으로 연결되는 부분이다 보니 내 수업에 대해 많은 고찰을 하며 들었던 기억이 난다. 전임교에서 내가 경험하고 온 나의 수업이 그래도 좋은 방향성을 가지고 있었다는 나름의 뿌듯함을 느꼈던 것, 이 학교에서의 새로운 아이들과는 어떤 수업을 통해 소통할 수 있을지 몹시 고민되었던 것들이 새록새록 떠오른다. 그날의 메모 역시 참 많은 것이 기록되어 있었는데 그날의 나에게도 지금의 나에게도 여전히 강렬하게 다가오는 것은 첫째, 교사의 수업 디자인과 평가의 전문성을 강화하는 것이 중요하다는 것. 둘째, '내가 이 수업을 왜 하는가'를 잊지 말라는 것. 셋째, '너의 잠재력은 네가 생각하는 것보다 크다'는 것이다. 병아리 시절인 지금도, 앞으로 살아갈 교사로서의 삶에서도 이 말들을 잊지 말고 늘 마음에 새기며 살아가야겠다고 생각한다. 그리고 늘 그러하듯 앞으로도 변치 말고 열심히 노력하며 나아가야겠다고 다시 한 번 다짐하게 된다.

강연 내용들을 바탕으로 부서별 분임 토의를 했던 시간도 정말 소중했다. 전입교사 환영회 및 전체 워크숍이 있기 전날, 전입교사 환영회가 끝나고 처음 대면하여 인사를 나누고 간단히 알아가는 시간을 가졌던 학년부 선생님들과 비대면 상태에서 그것도 갑자기 교육철학과 가치관이라는 심오한 주제를 툭 터놓고 나눈다는 것이 마냥 쉽지만은 않았다. 하지만 그런 상황 속에서도 서로 자신의 생각을 꺼내놓을 수 있다는 것, 그에 공감하고 덧붙여 내 생각을 다시 한 번 정리하며 확장시킬 수 있다는 것, 그렇게 할 수 있는 그런 자리가 존재한다는 것 자체가 정말 좋았다. '나만 이런 고민을 하고 있는 게 아니구나, 나만 어려운 게 아니구나, 우리 모두 말을 하지 않았을 뿐이지 비슷한 생각을 하고 있었구나, 아 이 사람은 이런 관점에서 접근하는구나……'를 느끼며 앞으로 함께 나아가야 할 이들과 처음 호흡을 맞춘 시간이었기 때문이다. 이 시간이 있었기에 낯설게만 느껴졌던 이들과 새로운 환경에서 익숙함과 동질감을 찾을 수 있었지 않나 하는 생각을 한다. 덕분에 그 이후에 열렸던 학년부 워크숍 때는 조금 더 내적 친밀감이 상승한 상태로 새로운 시작을 준비할 수 있었던 것 같다.

영종고에서의 2년차, 낯섦과 익숙함의 경계에서 내가 느꼈고 생각했던 것들을 솔직하고 담담하게 담고자 했다. 글솜씨가 부족하여 내 글을 내보인다는 것이 부끄럽다. 그래서 쓰지 않으려 했지만… 목덜미를 붙잡혀(?!..ㅎㅎ) 이 글을 쓰며, 새로운 시작의 출발점에 서 있었던 22년 2월의 '나'를 떠올리며 피식 웃기도 하고, 토닥여 주기도 하고, 그 순간을 함께 한 이들을 떠올리며 감사하기도 그립기도 했던 시간이었다. 무엇보다도 첫 마음을 잃지 말아야겠다는 자아성찰의 시간을 가질 수 있어서 좋았다. 익숙함에 속아 소중한 것을 잃지 말자는 말처럼 익숙해져 편해지고 불평불만을 하는 순간이 올 때, 내가 왜 교사가 되고 싶었는지, 어떤 교사가 되고자 했고 되고자 하는지, 초심을 잃지 않고 싶다. 새 시작의 출발점에서 떨리고 설레던 그 마음을 잊지 않으며, 열렬히 받았던 따뜻한 환대를 기억하고 나눌 수 있는 사람이 되고 싶다. 두서없이 써 내려간 날것의 이 글이 그래도 누군가에게는 위안으로, 미소로, 공감으로, 또 다른 환대로 닿을 수 있기를 조심스레 소망해 본다.

우리도 친해질 수 있을까?
– 곁대로자람학교 행정직원 간담회

햇살이 따스한 어느 가을 오후, 우리 학교 행정직원들이 모두 행정실 동그란 테이블에 둘러앉았다. 여기저기서 의자를 끌어오고 커피와 다과를 차리는 일이 순식간에 이루어졌다. 손이 빠른 행정실 선생님들에게 새삼 감탄하며 서로 인사를 나누었다. 여기서는 실명을 쓰기보다 각 선생님들의 이미지에 어울리는 꽃 이름으로 불러보려 한다.(어디까지나 필자 혼자만의 느낌이긴 하다.) 모란 샘, 아네모네 샘, 은방울꽃 샘, 참나리 샘, 카네이션 샘, 코스모스 샘, 팬지 샘. 이렇게 총 일곱 분이다.

우아하고 선이 고운 참나리를 닮은 참나리 샘은 초등 이력이 많고 영종고가 두 번째 고등학교라고 하신다. 영종고에서 올해가 5년째인 아네모네 샘은 예전에 초등 결대로 자람학교에 1년 근무한 경험이 있으시다고. 팬지 샘은 근무 초기 10년은 사업소에 계셨고 그 뒤로는 중학교 교무실에 계셔서 행정실 근무는 여기가 처음이시고, 은방울꽃 샘과 코스모스 샘은 두 분 다 영종고가 신규발령지이다. 모란 샘은 결대로자람학교인 초등학교에 오래 계시다가 작년에 처음으로 고등학교로 오셨다. 업무도 전과 달라져서 여러 차이를 느끼고 계시다. 카네이션 샘은 이제 막 경력 20일인 단기근무자인데, 실은 우리 학교 졸업생이시다. 아직은 학생이 아닌 입장에서 학교 생활을 하는 것이 쉽지 않고 매일 긴장된다고 하신다.

본격적인 이야기로 들어가기 전에 잠깐 호칭에 대한 이야기를 하겠다.

흔히 교사, 교직원, 교원을 섞어서 사용하기도 하지만, 각 용어는 엄밀히 차이가 있다. 교사는 일반교사 무리를 지칭하며, 교원은 관리자를 포함한다. 교직원은 교원과 직원을 통칭하는 말로, 행정 주무관, 실무사, 교육감소속근로자 등을 모두 포함하는 용어이다. 학교에는 의외로 다양한 직군이 모여 있다는 것을 잘 모르는 사람들이 많은데, 교직원에서 교사의 비율은 2/3 정도이다. 교사 이외의 직군 비율도 상당하다는 얘기다. 그렇다면, 교사는 '선생님'으로 부르는

데, 직원은 어떻게 불러야 할까? 직함에 '님'자를 붙여 '실장님', '계장님', '주무관님', '실무사님' 이렇게 부르는 경우가 많은데, 이 경우에도 고민이 생긴다. 그러면 교육감소속근로자는 '교육감소속근로자님'이라고 불러야 할까? 행정실 직원들도 교사하고만 소통하는 게 아닌데 학생들이 '주무관님', '실무사님'이라고 부를 수는 없는 게 아닐까? 따지고 보면 교사도 '교사님'이 아니라 '선생님'이라고 부르니까 직함을 부르는 것과는 다른 셈이다.

처음 이 학교에 부임했을 때, 교감 선생님이 학교 이곳저곳을 소개해 주시면서 "우리 학교에서는 모든 호칭을 '선생님'으로 통일합니다."라고 말씀하셨던 게 인상적이었다. 그렇게 되니 학교에서 일하는 어느 분이든 뭐라고 불러야 할지 고민하지 않을 수 있다는 점이 좋았다. 또 학생들의 입장에서는 직접 수업을 받지 않아도 크게 보아 교육의 현장에서 만나는 어른이니까 '선생님'이라고 부르는 게 이상하지 않겠다는 생각도 들었다. 행정실에 서류를 떼러 가거나 제출하러 갈 때 만나는 직원들을 학생들이 '선생님'말고 무슨 호칭으로 부를 수 있겠는가. 그런데 이에 대해서도 사람들마다 조금씩 의견이 다르곤 했다. 이 호칭 문제에 대해 교무실에서 이야기를 나눈 적이 있는데 한 분이 "각자의 직책이 있는데 굳이 '선생님'으로 통일해서 부르는 게 더 부자연스럽지 않나요?"라고 말씀하시는 것을 듣고 '아, 사람마다 이렇게 생각이 다르구나' 싶어 놀랐던 적이 있다.

이와 관련해 먼저 직원들의 의견을 물어 보았다. 직함이 엄연히 다르니 다르게 불러야 한다는 의견도 있고, 어떻게 부르든 크게 상관없다는 말씀도 있었다. 다만 한 분은 "뭐라고 불러도 좋으니 '누구씨'라고만 안 했으면 좋겠어요. 예전에 한 초등학교에서 근무할 때 한 선생님이 저를 '○○씨'라고 불렀는데, 그걸 듣고 배워서인지 저학년 학생이 저에게 '○○씨'라고 하더라고요. 그때는 정말 충격적이었어요."라는 경험을 나눠주셨다. 그 이야기를 들으니 역시 '선생님'이라고 통일하는 게 좋겠다는 생각이 들었다.

어쨌든 이 자리에서는 별명으로 부르는 김에 모든 호칭을 '선생님(쌤)'으로 통일해볼까 한다.

우리 학교는 결대로자람학교인데, 혹시 그로 인한 차이가 느껴지시나요? 행정실 직원 입장에서는 어떻게 느끼시는지 궁금합니다.

아네모네 쌤: 우리 학교는 다른 학교에 비해 예산이 많고, 많이 찢어져 있고, 목적사업비도 많고… 그게 특징이죠. 직원 입장에서는 매우 복잡하지만, 학생들과 교직원들에게 주는 혜택이 그만큼 많은 거라고 생각해요. 다만 결대로자람학교의 비전이나 철학에 대해서 잘 알

지는 못해서 많이 느끼지는 못해요. 분명 이전 학교와 차이는 있으나 그게 결대로자람학교여서 다른 건지 학교 문화나 풍토 때문에 다른 것인지는 잘 모르겠어요. 저는 학부모로서 두 아이를 모두 결대로자람학교에 보냈기 때문에 학부모로서 느끼는 차이는 있어요. 그런데 직원으로서는 크게 알기는 어렵네요. 분명 차이가 있지만 구조적인 차이인 건지, 성향이나 관계에 따른 차이인 건지를 구분하기가 어려워요.

모란 샘: 이전에 있었던 초등학교가 결대로자람학교였는데 거기서 일반 학교와 다른 점을 많이 느꼈어요. 많은 것들이 아이들 위주이고, 교육과정도 정말 많이 다른 것 같아요. 생활기록부도 초등학교인데도 4학년쯤 되면 막 10장이 넘어가고 그랬어요. 교과서가 있지만 정해진 교과서대로 하지 않지요. 여기서는 제가 하는 일이 달라져서 생활기록부 등을 볼 일이 없기도 하고 다른 고등학교에 근무해 본 적이 없어 정확히 말하기는 어렵지만, 학생들을 위해서 정말 많은 것을 해준다고 느껴요. 행사나 체험 등 프로그램이 정말 많고, 다양하고, 고등학교니까 입시 위주의 경직된 분위기일 줄 알았는데 전혀 그렇지가 않더라고요.

참나리 샘: 아이를 결대로자람학교로 보냈더니 반장도 없고 시험도 없고 체험이 많고. 그런 것이 좋을 수도 있는

데, 막상 중학교를 가려니까 걱정이 되어 오히려 사교
육을 더 많이 시키는 경우가 있더라고요.

모란 샘: 맞아요. 그런 이유로 중학교 자유학기제를 지지하
는 분들도 봤어요. 자유학기제를 하니까 좀 더 연계가
된다고 하더라고요.

참나리 샘: 저도 예전에 결대로자람학교인 초등학교에 근무
했었는데, 행정직원으로서 그 초창기를 생각하면 교
사들의 자율성이 커지더라고요. 자율성이 큰데 책무
를 다하지 않으려는 경향이 있어서 행정실직원으로
서는 좀 힘들었어요. 교사-직원 간 주고받는 업무 핑
퐁 그런 게 많은데 선생님들의 수업권을 지켜주려다
보니 직원들에게 넘어오는 게 많았어요. 이 학교는 좀
다른 게, 자율성과 더불어 책무성을 잘 갖추고 계셔서
제가 이전에 결대로자람학교에 가졌던 편견이 많이
사라졌어요.

모란 샘: 그 업무전담팀이라고 하나요? 저도 그것 때문에 정
말 힘들었어요. 담임 선생님들은 업무를 전혀 안 하
시고 업무전담TF가 모든 업무를 나눠 갖는데 그 수가
너무 적다 보니 결국 저에게 돌아오는 일이 너무 많더
라고요.

참나리 샘: 수업만 한다는 마인드가 커서 공문처리를 안 하
려고 하니 업무전담팀이 떠맡게 되는 경우가 많죠.

모란 샘: 직원들은 업무분장 회의에 참석하지 않는데 나중
        에 업무분장에 따라서 해야 한다든가, 혹은 업무분장
        에 없으니 업무전담TF가 하라든가… 그런 일이 자꾸
        생기더라고요.
참나리 샘: 이 학교는 좀 다른데, 업무가 정말 잘 정리된 편
         이에요. 그게 고등학교와 초등학교의 차이일 수도 있
         겠지만요. 어쨌든 결대로자람학교는 교장 선생님의
         마인드가 정말 중요한 것 같아요. 이전의 학교에서는
         교장 선생님이 자율성을 중시하시면서 대신 책무성
         을 요구하지 않으셔서….

  아무래도 초등학교와 고등학교는 규모 면에서도 차이
가 나는 경우가 많고 구조도 다르다. 초등학교는 담임교사
가 학생들이 하교할 때까지는 온전히 교실에서 함께 있는
데다가 다양한 과목의 수업을 준비해야 하고 교육과정 재
구성의 폭도 매우 크다. 담임교사가 업무를 많이 하게 되
면 학생들이 교실에 있는 시간에 학생이 아니라 업무에 신
경 쓰게 되는 경우도 있고, 그런 점 때문에 혁신학교에서는
수업에 가장 가치를 두자는 취지에서 업무전담팀을 꾸려
서 담임교사들이 온전히 학생들에게 집중할 수 있게 했다.
매우 의미 있는 제도이나 업무 자체를 줄이지 않은 상태에
서 소수의 교사가 떠맡게 되면 과부하가 걸리고, 행정직원

들에게도 그 여파가 갈 수밖에 없는 것이다. 혁신학교 일각에서도 업무전담팀 제도를 잘못 활용하면 결국 혁신학교는 '교사들이 편한 학교'가 될 수 있다는 자성의 목소리가 나오고 있다. 업무를 덜어낸 시간을 교육과정 재구성, 수업 혁신에 쏟아부어야 하는데 이것은 교사의 자발성과 연관되기 때문이다. 교사의 자율성만큼이나 교육의 공공성이 강조되어야 하는 이유이다.

우리 학교는 전문적학습공동체가 상당히 활성화되어 있잖아요. 그런데 지금은 오직 교사들만 전학공을 하고 있어서 안타깝기도 해요. 직원들은 전학공을 하고 싶지는 않으신가요?

모란 샘: 이전 학교에서는 비슷한 게 있었어요. 행정직원 전학공. 한 달에 한 번 정도 영화를 보거나 체험을 하는 식의 프로그램이었어요. 이 학교에 오니까 없더라고요.

참나리 샘: 전학공이라는 게 꼭 공부를 해야 하는 건가요? 결속력을 위해서 같이 체험을 하거나 그런 건 안 되는 건가요? 물론 공부도 중요하지만 처음에는 쉽게 접근하기 위해서는 그런 게 필요할 것 같아요.

맞아요. 처음에는 그런 게 필요하지요. 특히 행정실 직원들은 각자의 일에 매몰되기 쉬우니까 가벼운 것을 하더라도 둘러 앉는 기회부터 만들어야 할 거 같아요. 만일 그렇다면 어떤 것 하고 싶으세요?

참나리 샘: 그냥 예를 들자면 뜨개질처럼 간단한 만들기, 공예 체험 이런 것도 좋을 거 같아요. 그런 게 친해지는데 도움이 될 것 같거든요.

아네모네 샘: 제가 강사비 지출을 담당하면서 보니, 교사 전학공에서 외부강사를 모시는 것도 가능하더라고요. 그래서 저희도 가능하다면 컴퓨터 사용 등 관련해서 업무에 도움되는 것을 배울 수 있는 강사를 모시는 것도 좋을 것 같아요. 엑셀 사용이라든지, 기안문 작성 같은 것도요. 단순한 기안문 말고 복잡한 것들도 있기 때문에. 연수원에서 직원 대상으로 그런 연수가 있기는 한데 인원이 제한적이다 보니 신청하기가 쉽지 않더라고요.

팬지 샘: 맞아요, 그런 기회가 있으면 정말 좋을 것 같아요.

아네모네 샘: 얼마 전에 저희끼리 이야기한 건데, 우리 학교는 구글을 많이 활용하잖아요? 구글시트라든지 구글폼이라든지. 그런 걸 활용하는 법을 배우면 행정실 직원들도 정말 잘 활용할 것 같은데 현재는 그렇게 되어 있지가 않아요. 우리 학교 구글계정도 직원들에게는

주어지지가 않고요.

참나리 샘: 필요한 경우에 잠깐 부여했다가 바로 삭제를 하시던데, 꼭 그래야 하는 건지 궁금해요.

팬지 샘: 급식인원 같이 매달 같은 양식을 활용하여 여러 선생님들께 조사하는 것 같은 경우는 구글시트를 활용하면 정말 편할 것 같아요.

은방울꽃 샘: 행정실에서 전체 교직원 대상으로 무언가 조사할 일이 많으니까요. 구글설문 같은 건 배워보고 싶어요.

아네모네 샘: 저희는 공유드라이브에 아예 접근이 안 되니까, 공유드라이브에 뭐를 올렸다고 해도 저희는 아예 볼 수가 없고... 그게 업무 면에서 굉장히 번거로울 때가 많아요.

이야기를 듣다 보니 정말로 많은 면에서 교원과 직원이 구분되고 있었구나, 느껴졌다. 아무래도 교사보다 직원이 소수이다 보니 세세한 부분에서 직원들을 고려하기가 쉽지 않을 수는 있지만, 그래도 이런 것은 변화가 시급하지 않을까. 이런 점들이 직원들에게 소외감을 느끼게 하는 면도 있을 것 같았다.

모란 샘: 저는 명단에도 안 들어가 있어요. 전체 교직원 대

상으로 의무 연수 이수 여부 관리하는 명단이 있잖아
요? 거기에 제 이름이 없더라고요.

코스모스 샘: 아, 그건 저도 그랬어요. 중간에 복직을 해서
그런 것도 있겠지만 제 이름이 아예 없더라고요. 그래
서 제가 거기에 따로 칸을 만들어서 기입했어요.

모란 샘: 작년에는 저도 전화해서 이름을 넣어달라고 했는
데, 올해는 그냥 연수 듣고 이수증만 챙기고 있어요.

이런 이야기를 듣다 보니 행정실이 아니라 교무실에 근
무하는 분들은 행정실 직원과는 또 다른 어려움이 있지 않
을까 궁금해졌다.

참나리 샘: 아무래도 소속감을 갖기 어려운 점이 있죠.

코스모스 샘: 교무실에서 대화가 오갈 때 제가 모르는 이야
기가 많으니까요. 예를 들어 어떤 회의에서 나온 화제
에 이어지는 이야기를 한다고 하면, 저는 그 자리에
참석을 안 했으니까 무슨 내용인지 제대로 파악하기
가 어렵고.

모란 샘: 회식을 가더라도 아예 처음부터 교무실과 행정실
자리를 구분 지어 놓는 경우도 있어요. 그러면 더욱
친해지기 어렵죠.

은방울꽃 샘: 일단 모이는 자리가 별로 없는 것 같아요.

참나리 샘: 코로나 전과 후가 많이 달라요. 코로나 전에는 회식도 많이 하고 선생님들과도 이야기할 시간이 많았는데 코로나 때문에 회식이 없어지면서 그게 어려워졌어요.

아네모네 샘: 학교 분위기에 따라서 달라지기도 하는 것 같아요. 친밀해질 기회도 만들고.

참나리 샘: 초등학교는 좀 더 친해지기가 쉬워요. 아무래도 일과 중에 시간이 많으니까. 고등학교는 다들 바쁘고 그래서 아무래도 어렵죠.

카네이션 샘: 저는 이제 경력 20일이라서… (다 함께 웃음) 아직 뭐가 뭔지 잘 모르겠어요. 그냥 부장님 따라다니기 바빠요. 학생일 때는 몰랐는데, 학교가 정말 바쁘고 선생님들도 힘든 것 같아요.

우리 학교는 BTL 시스템이잖아요. 그로 인한 어려움은 없나요?

참나리 샘: 우리 학교는 다른 곳에 비해 소통이 잘 되고 협조적이에요. 이전 어느 학교에서는 BTL과 행정실이 심각하게 갈등했었어요. 업무 핑퐁도 많을 수 있는데, 여기는 좀 달라요.

모란 샘: 맞아요. 청소해 주시는 여사님들도 너무 친절하세요.

아네모네 샘: 전체적으로 분위기가 좋은 편이에요.

참나리 샘: 저절로 그렇게 되는 건 없다고 생각해요. 알게 모르게 서로 영향을 주고 받는 것이 있을 거예요. 가만히 있는데 그렇게 되지는 않죠.

마지막으로 부탁하고 싶은 게 있으면 말씀해 주세요.

은방울꽃 샘: 품의 올리실 때 조금만 더 신경 써 주시면 좋겠어요. 금액이나 학생 수 같은 것. 그런 데서 오류가 있는데 그냥 결재가 끝나 버리면 일이 복잡해지거든요. 원칙적으로는 다시 기안을 해주셔야 해요. 매번 재상신을 부탁드리기 어려우니 제가 어떻게든 고치기도 하지만….

참나리 샘: 원래는 저희가 그 내용에 손대면 안 되는 거거든요.

은방울꽃 샘: 그리고 좀 미리미리 기안해 주셨으면 좋겠어요. 바빠서 그러신 건 알지만 적어도 돈을 쓰기 전에 결재가 완료될 수 있게끔은 해주셔야 해요. 예산 사용과 관련해서 행정직원을 대상으로 한 교육은 수시로 있는데 선생님들 대상으로는 따로 그런 교육이 없나봐요. 있으면 좋을 텐데….

항상 밝고 친절한 은방울꽃 샘의 하소연을 듣고 있자니 속이 뜨끔했다. 나 역시 시간이 촉박하게 기안을 한 적이

종종 있었기 때문이다. 게다가 일반 교사들은 예산 사용 기안에 대해서는 잘 모르는 경우가 많고 체계적으로 배울 기회도 없기 때문에 오류가 오류인지조차 모를 때가 많다. 교사 대상으로도 정말 그런 교육이 있어야 하지 않나 싶다.

우리 학교는 목적사업비도 많고 정말 많은 품의 기안이 올라오는데 은방울꽃 샘 혼자서 그걸 다 감당하실 수 있을까? 예를 들어 10만 원짜리 카드 사용하는 기안을 했다고 하면 그 뒤로 담당 직원이 어떤 일들을 해야 하는지 물어보았다.

은방울꽃 샘: 선생님들이 예산 사용 기안을 하시면 저는 그 내용에 대해 먼저 '원인행위' 기안을 하고요, 영수증을 받아서 복사하고 견적서는 따로 출력하고, 그 다음에 '지출결의' 기안을 또 하죠. 그걸 또 출력하고, 정리하고. 전자문서가 있지만 감사에 대비해서 출력을 다 해두어야 해요. 카드 사용 건은 카드대금일에 맞춰서 또 기안해야 하고, 검사검수 같은 것도 있고요.

말만 들어도 엄청난 일들이었다. 우리 학교처럼 품의 기안이 많은 데에서 그걸 다 출력하고 정리하는 것만도 큰일이라는 생각이 드는데, 후속 기안도 저렇게 많다니. 문서등록대장에 들어가서 하루 동안 기안된 문서를 찾아보면 행정실에서 올라오는 기안이 상당하다. 우리가 모여서 간담회를 한 날은 마침 동아리 활동일이었는데 카드를 가져가고 반납하러 수시로 선생님들이 드나드셨다. 카드가 많이 나가면 영수증이 많이 들어올 테니 그게 다 일거리인데도, 은방울꽃 샘의 표정은 항상 밝다.

은방울꽃 샘: 우리 학교는 카드 개수가 많은 편인데도 오늘 같이 동아리 활동을 하는 날이면 카드가 없어서 난리가 나요. 그런 경험이 쌓이니까 동아리 활동일 전에는 미리 빌려 가시는 분들도 많고, 오늘도 카드가 없어서 여기저기 전화 드리고 그랬네요.

앗 또 뜨끔. 이번주에 특히 행사가 많아서 카드 한 장을 일주일 내내 들고 있었던 터라 정말로 죄송했다. 원칙적으로는 그러면 안 되는 것을 알지만 매일 쓸 일이 있다 보니 반납하고 다시 빌리는 게 번거로워서 그렇게 되곤 한다. 우리 행정실 선생님들은 그럴 때에도 싫은 내색 한 번 없이 챙겨주시고, 배려해 주신다. 덕분에 정말 편하게 교육활동을 하는 편이지만, 뒤에서 묵묵히 도와주시는 직원들의 존재를 잊어서는 안 될 것이다.

코스모스 샘: 학생들이 결석이 많아서 출결 마감을 할 때 참

어려워요. 출결 확인이 바로 안 되는 경우가 많으니까요. 장기결석 처리도 그렇고, 자퇴 등 학적 변동이 많은 편이라서요.

출결 마감은 담임선생님들이 하시는 게 아닌가? 의아했는데, 출결 결과를 교육청에 보고해야 한단다. 출결이 안좋은 반은 담임쌤이 할 일이 늘어나서 힘든 반이라고 생각했는데 그게 담임쌤에서 끝나는 게 아니었던 거다.

코스모스 샘: 학생이 자퇴를 하면 만 18세까지 연 2회 연락을 해서 관리를 해야 해요. 그런데 우리 학교는 자퇴생이 많으니까 그게 제법 일이에요. 게다가 좋은 연락이 아니라고 생각해서 그런지 전화를 피하시는 경우도 많고요.

모란 샘: 초등학교 때 미인정유학으로 학교를 떠나면 그 애들을 고등학교 졸업 나이까지 관리를 해야 해요. 보통일이 아니죠. 중학교로 넘기려 해도 중학교 입학을 안했으니 어렵고, 담임선생님이 하자는 의견도 나왔는데, 사실 담임은 1년으로 끝나는 거니까 계속 담임쌤에게 맡기기도 어렵고…. 그러면 결국 그게 학적 담당교무실무사에게 가는 거죠.

학교는 행정기관이니 각종 자잘하고 복잡한 일들이 있기 마련인데, 게다가 아동·청소년을 대하는 일이다 보니 까다로움도 보통이 아니다. 이미 있는 것뿐 아니라 사회적으로 사건 사고가 터질 때마다 숱하게 많은 일들이 자꾸 학교로 넘어오는 현실이니.

팬지 샘: 저는 오래 휴직했던지라 업무에 적응하는 게 쉽지 않았기에 주변에 폐만 끼치지 말자였기 때문에 다른 부탁은 없습니다! 이제 좀 적응했으니 저도 주변을 돌아보고 도우면서 생활할게요!

팬지 샘의 유쾌한 한 마디에 모두 한바탕 웃을 수 있었다.
어떤 업무에도 얼굴 한 번 찌푸리지 않고 프로답게 처리해 주시는 직원들께 새삼 감사를 느끼며, 아쉽지만 얼른 업무로 복귀해야 하는 분들을 놓아드렸다.
짧은 시간이었지만 새롭게 알게 된 사실도 많고 한층 친밀해질 수 있는 시간이었다. 앞으로 다양한 기회를 만들어서 교직원이 정말로 화합하는 결대로자람학교를 만들어야겠구나, 행복자치부의 어깨가 무거워지는 날이었다.

2

선생님,
같이
공부하실래요?

전문적학습공동체 이야기

교사
허윤영

아무튼, 전학공

전학공, 심장이 뛴다

결대로자람학교 8년의 역사를 지닌 영종고의 동력은 어디서 나올까? 누군가가 묻는다면, 아마 우리 학교 교직원 대다수는 '전문적 학습공동체'(이하 전학공)라고 대답하지 않을까 싶다. 행복배움학교(현 결대로자람학교)로 지정된 첫해부터 전 교사가 의무적으로 참여해 온 전학공은 그야말로 영종고의 심장이라고 할 수 있다.

먼저 우리 학교 전학공의 체계를 간단히 설명해야 할 것 같다. 교내형 전학공은 결대로자람학교든 아니든 대다수의 학교에 존재할 텐데, 그 체계는 아마 저마다 다를 것이다. 우리 학교는 지정 첫해부터 줄곧 전체 교사가 의무적으로 전학공에 참여하게끔 되어 있다. 이것이 '필수 전학공'이다. 지정 첫해인 2016년에는 전체 교사가 함께 연수를 듣는 형태로 전학공이 이루어졌다고 한다. 행복배움학교 첫해이기에 아직 대다수 교직원이 행복배움학교나 혁신학교 전반에 대한 이해가 부족했기에 필요한 과정이었을 것이다.

이듬해인 2017년부터 필수 전학공은 '학년 전학공'의 형태로 시동을 걸게 된다. 우리 학교의 학년 전학공은 처음부터 담임교사와 비담임교사가 함께 참여하는 형태로 구성되었다. 이는 교과 간 장벽이 높고 부서 기반으로 조직이 이루어지는 고등학교에서는 그리 흔한 일은 아니다. 많은 고등학교에서 교내형 전학공은 교과형 혹은 주제형으로 이루어지고, 학년형은 대체로 담임교사만이 참여하여 학년협의회와 차별화가 되지 않는다고 한다. 적어도 전학공 초창기에는 그랬다. 나는 2017년에 영종고로 전입해 왔기 때문에 그 과정을 자세히 모르지만, 교내형 전학공을 어떤 형태로 구성할 것인지 함께 논의한 끝에 담임과 비담임이 함께 하는 학년 전학공 형태로 하기로 정했다고 들은 바 있다. 이것이 영종고의 민주적 소통 문화를 만드는 데 결정적으로 기여한 '신의 한수'였다고 나는 생각한다.

우리가 함께한 시간

2017년에 전입해 오면서 학년에서 전학공 담당 업무를 맡게 되었는데, 실상 나는 교내형 전학공의 경험이 전혀 없었다. 2016년 후반부터 전학공 정책이 본격화되었기에 어찌 보면 당연한 일이다. 다행히 나와 함께 학년 전학공 업무를 담당했던 문덕순 선생님(현 신홍중 교사)이 배움의 공동체나 새로운학교네트워크에 참여해 전학공에 대한 이해가 깊은 편이었다. 지금은 제법 일반화되었지만(적어도 결대로자람학교에서는), 당시만 해도 고등학교에서 학생들을 일찍 귀가시키고 전학공을 하는 것이 매우 파격적인 상황이었다. 아직도 방과후수업 및 야간자율학습이 얼마쯤 의무적으로 행해지던 그때에 고등학생들을 한 달에 한두 차례 5교시 후 귀가시킨다? 민원이 쏟아질 법한 일이었다. 그럼에도 그렇게 체계를 만들고 학부모들의 이해를 구해가면서 추진한 것은 참으로 대단한 일이었다고 생각한다.

그렇게 마련된 소중한 시간에 우리는 많은 것들을 했다. 처음에는 빙 둘러앉아 서로의 근황을 나누는 것으로 시작했다. 당시 학급 수가 많아 그 학년 수업을 들어오는 비담임교사까지 하면 스물너댓 명이 전학공 회원이었으므로, 근황토크만으로도 한 시간이 훌쩍 흘러가곤 했다. 당시 전학공 시간이 2시간이었으니 어찌 보면 수다만 떨다 끝나는 거 아닌가 생각될지도 모른다. 그러나 그 시간이 있었기에 조금은 서먹했던 우리들은 서로 마음을 열 수 있었다. 근황토크의 화제는 특별히 제한되지 않아 그냥 자신의 일상에 대해 이야기해도 되었지만 무엇에 대해 이야기해도 항상 마지막에는 수업, 학생들, 학교에 대한 것으로 귀결되곤 했다. 교사들은 교무실에 앉아 수다를 떨어도 결국 수업 이야기를 하게 되고 마니 당연한 일일 것이다. 근황토크를 하고 나면 매회 정해진 주제에 대해 이야기했다. 수행평가 계획을 공유하고, 최근 수업에 대해 이야기하고, 수업 중에 다루기 힘든 학생들에 대한 고민을 털어놓기도 했다. 누군가가 그런 이야기를 하면 서로 경험과 조언을 주고받았고, 그 과정에서 문제가 해결되지 않는다 해도 마음의 위안을 얻을 수 있었다. 이 시간은 우리들에게 고립감을 벗어던지는 기회를 만들어 주었다. 동료 교사의 고민을 들으며 나만 힘든 게 아니구나 깨닫는 과정에서 수업이 잘 안될 때마다 내가 문제인가 자책하는 것에서 벗어날 수 있었고, 내가 미처 몰랐던 사실이나 수업의 노하우를 전해 듣기도 했다. 또 일상수업을 공개한 후 참관 경험을 나누는 시간이기도 했고, 나중에는 특정 학급을 남겨 전 교사가 참관하는 제안수업을 하고 수업컨설팅을 받는 시간이 되기도 했다. 학생생활지도의 규칙을 함께 세우고 실천을 다짐하는 시간이었으며, 서클이나 산책 상담 등을 통해 수업을 방해하는 학생에 대해 공동 대응하는 시간이기도 했다. (이 부분에 대해서는 문덕순 선생님의 글 '혁신은 진행 중'에 자세히 나와 있다.) 월 1~2회 두 시간 남짓의 시간에, 우리는 정말 많은 것을 얻고 배웠다. 이렇게 전학공으로 다져진 소통의 문화가 있었기에, 갑작스레 들이닥친 코로나19 시기도 잘 지나갈 수 있었다.

영종고 전학공, 새 장(章)을 펼치다

학년 전학공 체제에 대해 모든 교사가 기꺼워한 것은 아니었고, 교과 특수성을 내세워 교과형을 강력히 주장하여 독립해 나간 경우도 있었다. 그것 역시 민주적 공동체에서는 당연한 일일 것이다. 그럼에도 불구하고 수 년 간 학년 전학공은 영종고의 전통이었다. 그러나 고교학점제 준비교가 되고 선택과목이 다양해지면서 변화를 요구하는 목소리가 커져 갔다. 특히 선택과목의 비중이 커진 2학년에서 학년 전학공 시간이 무용하게 느껴진다는 의견이 대두되었다. 일리가 있었다. 1학년은 공통과목을 배우는 시기여서 다수 교사들의 같은 학생들을 대상으로 수업을 하고, 3학년은 대학입시라는 공동의 과제가 있기에 학년이 함께 할 주제가 명확한 것에 비해 2학년은 여러모로 상황이 달랐던 것이다. 2022년 12월, 전 교사가 참여하는 대토론회에서 많은 논의가 있었고 마침내 2023년에는 주제형으로 필수 전학공을 운영하게 되었다.

2023년 현재, 필수 주제 전학공은 총 7개가 운영되고 있다. 1학년 담임교사가 주를 이루는 '처음처럼'은 비교적 저년차의 교사들로 이루어져 있다. 그래서 수업이나 업무, 생활지도 등에서 유용한 노하우를 서로 공유하는 것을 시작으로 학년 가치 '같이 가는 가치'에 맞는 주제를 정해 교과 융합형 주제통합수업을 하는 등 다양한 실천이 돋보인다.

'진로진학 내비게이션'은 3학년 담임교사 및 진로진학부장으로 구성되어 학생들의 진로지도에 초점을 맞춰 여러 대학 입학사정관을 초청해서 강연을 듣거나 학생 맞춤형 진로진학지도를 위해 연구한다.

'YHY(Yeongjong Highschool Yahoo)'는 본래 체육과 중심으로 새로 조성한 체육교실을 활용한 수업 연구를 위해 만들어졌는데, 생활체육에 관심이 있는 타 교과 선생님들도 몇 분 합류했다. 체육수업만이 아니라 다양한 원격수업 도구 및 온라인 플랫폼을 공부하는 특징이 있다.

'생기부(생활기록부)' 전학공은 교육과정부에서 주도적으로 만든 전학공으로, 교육과정-수업-평가-기록의 일체화를 위해 우리 학교만의 교육과정을 개발하고 이를 생활기록부에 어떻게 반영할 것인지를 연구하는 전학공이다. 어렵고 딱딱히 보이는 주제인데도 상당히 많은 수의 교사들이 참여 신청을 하여 알찬 시간을 보내고 있다.

'1F(1층)' 전학공은 느린 학습자를 위한 맞춤형 교육법을 공부하는 전학공이다. 원래는 본관 1층에 위치한 상담실, 통합교육실, 보건실 선생님들이 같이 공부하려고 만든 전학공인데, 막상 전학공 회원을 모집하자 다른 교과 선생님들도 신청을 해서 함께 관련 도서를 읽고, 느린 학습자를 위한 산책코스를 개발하는 등 다양한 실천을 하고 있다.

'삶닿수(삶과 맞닿은 수업)' 전학공은 교실 수업, 교과 수업의 틀을 넘어 삶과 연계된 수업을 어떻게 만들 것인지 연구하는 전학공이다. 현재 본교에서 진행 중인 학생 주도 프로젝트 '세상과 만나는 학교'와 '사제동행 행복탐구 프로젝트' 두 가지를 전학공과 연계하기 위해 만들어진 전학공으로, 이 전학공에 참여하신 선생님들은 위 두 프로젝트의 멘토교사로 참가하고 있다. 『우리도 행복할 수 있을까』(오연호), 『교육의 미래, 티칭이 아니라 코칭이다』(폴김, 함돈균) 등을 읽고 토론하기, 프로젝트 수행 과정 공유 및 실천 등을 진행하고 있다.

'주제통합수업연구회'는 실제로 교과융합형 주제통합수업을 한번 해보자는 의도로 만들어진 전학공이다. 1학기에는 주제 선정을 위한 사전 작업으로 독서토론을 진행했고 특히 고전을 읽어보자는 데에 뜻이 모여 『페스트』(A. 카뮈), 『총, 균, 쇠』(J. 다이아몬드) 등을 읽었다. 2학기에는 실제로 주제통합수업을 하기로 했고 마침 1학년 수업을 들어가는 교사가 주로 모여 1학년에서 주제통합수업을 해보려고 했지만, 처음 시도하다 보니 주제를 선정하는 과정 등이 지체되어 계획했던 것과는 방향이 조금 달라졌다. 하지만 2학기 수업량 유연화 주간에 주제통합수업을 해보자는 뜻을 세우고 수업 설계를 시도하고 있다.

따로 또 같이, 우리는 성장한다

전문적 학습공동체란 무엇일까? 왜 해야 할까? 이에 대해 모든 선생님들이 동일한 생각을 하고 있지는 않을 것이다. 우리 학교에서도 필수 전학공을 몇 년 동안 운영해 오면서 의무적으로 전학공을 하는 것에 반대하는 목소리가 소수이지만 매년 있었다. 그럼에도 결대로자람학교에서 전학공은 학교 문화를 만들고 공동체의 성장을 이뤄가는 매우 중요한 기반이기에 우직하게 밀어붙인 바 있다. 그러나 그 전학공 시간이 무의미했다면 아무리 좋은 가치를 위한 것이어도 지속되지는 못했을 것이다. 의미를 발견하지 못하는 곳에서 성장이 있을 리 없다. 비록 시작은 어느 정도 강제성을 띠더라도 결국 스스로 의미를 찾지 못한다면 끝까지 참여하기 어렵다. 전학공 의무 참여에 대해 반대 의견을 가진 선생님들도 교사들이 함께 모여서 공부하는 것이 무의미하다고 생각하지는 않는다. 또 정도의 차이는 있을지언정 전학공을 통해 교사도, 수업도, 학교도 성장한다는 것을 경험하곤 한다. 바로 그래서 영종고 필수 전학공의 역사가 8년 동안 이어질 수 있었던 것이 아닐까. 내년에는 또 어떤 형태와 주제로 전학공이 만들어질지 즐거운 기대를 가져본다.

혁신은
진행 중

안녕하세요. 영종고 가족 여러분. 저는 2017년부터 2020년까지 4년간 영종고에서 근무했던 문덕순이라고 합니다. 백서에 참여하게 되어서 영광입니다. 백서를 어떤 말로 시작해야 할지, 어떤 내용으로 채워야 할지 고민스러워 쓰고 지우고를 반복하고 있는 중입니다. '백서'라는 게 뭐지? 라는 의문이 갑자기 드네요. 백서가 영종고에서의 개인적인 소회를 적는 건 아닌 거 같고, 어떤 활동들을 했는지 사실들만을 적는 건가? 이래저래 고민스러워 네이버 어학사전을 찾아보았습니다.

백서(白書): 정부가 정치, 외교, 경제 따위의 각 분야에 대하여 현상을 분석하고 미래를 전망하여 그 내용을 국민에게 알리기 위하여 만든 보고서.

사전적 의미는 정부의 보고서지만, 학교로 적용해 본다면 혁신학교로서 영종고의 그간의 교육활동들을 분석하여, 혁신학교로서의 교육활동을 평가하고, 미래를 전망하는 내용을 정리해 국민들에게 알리는 보고서라고 이해하면 될 것 같습니다. 그럼, 제가 어떤 이야기를 해야 할지 조금은 감이 오네요. 제가 시도했던 교육활동들을 이야기해 볼게요.

혁신학교 운영의 중심 잡기

2017년 근무 첫해… 참 힘들었어요. (저도 모르게 그냥 넋두리가 자동으로 나왔네요.) 수업은 철학과 생활과 윤리, 2학년 담임, 학년 업무는 전문적 학습공동체, 위탁업무… 그때까지 대부분의 학교에서는 학년 전문적 학습공동체 담당 업무라는 것이 없었습니다. 영종고도 마찬가지였죠. 영종고는 혁신학교답게 전문적 학습공동체 강화를 위해 학년형 전문적 학습공동체를 조직하고 이를 공식적인 업무로 인정하는 시스템을 구축했습니다. 제가 배움의공동체 연구회(이하 배공) 활동을 오래 했기 때문에 학교에서의 전학공 업무는 처음이었지만, 어렵지 않게 받아들였던 것 같습니다.

전문적 학습공동체라는 것이 처음 도입되고 용어도 생소했던 시절, '전학공은 무엇인가?', '전학공과 교사 동호회, 동아리와의 차이점은 무엇인가?'라는 의문을 가지게 되었고, 전학공의 방향과 역할에 대해 고민을 안 할 수가 없었죠. 전학공과 동아리의 핵심적인 차이는 교사의 전문성과 관련된 활동이냐 아니냐에 달려 있더라구요. 전학공에는 반드시 교사의 전문성을 신장시킬 수 있는 '연구'가 들어갑니다. 이때의 연구는 수업 개선을 위한 연구, 학생생활교육에 대한 연구와 같은 것들이지요. 수업과 생활교육 중심의 전학공.

공교육의 모델학교로서 선생님들이 함께 수업에 대해 고민하고, 학생 중심 수업을 실천하면서, 학교가 하나의 연수원이 되어 교사들이 학교에서 함께 성장할 수 있는 시스템을 만들어 운영하는 것, 이것이 혁신학교의 핵심이라고 생각했어요. 담당자로서 '수업이 바뀌면, 학교가 바뀐다.' 이말을 실현해 보고 싶었습니다.

수업을 중심에 놓기

먼저, 수업 중심 전학공 운영을 기획했습니다. 2017년 2학기부터 한 학기에 한 번, 손우정 교수님(한국 배움의공동체 연구회 대표)을 모시고 허윤영 선생님을 시작으로 전체 교사를 대상으로 하는 제안 수업을 운영했습니다. 2020년 2학기 전아정 선생님까지 제안수업을 운영했습니다.

제안수업이란, 교사가 수업으로 성장하기 위해서는 수업을 열고, 함께 수업을 보는, 수업 임상을 위해 수업을 공개하는 것을 말합니다. 제안수업은 의사가 많은 케이스의 환자들을 함께 보고 배우듯이 전문가로서의 교사 역시 다양한 수업을 보고 동료들과의 대화를 통해 자신의 수업 전문성을 키워나가야 한다는 취지로 하는 것입니다. 학교가 서로 배우는 연수원이 되기 위해 제안수업은 반드시 필요한 것이지요. 대부분의 교사는 수업에서 보람을 느낄 때 가장 행복한 게 아닐까 싶습니다. 하지만, 수업은 누구에게나 어려운 일입니다. 오죽하면『가르칠 수 있는 용기』(파커 파머)라는 책이 있겠어요. 수업도 배워야 합니다. 그러기 위해서는 수업에 대해 자신의 고민을 솔직하게 나눌 수 있는 장이 필요하죠. 전문적 학습공동체가 바로 그런 역할을 해야 한다고 굳게 믿었어요. 물론, 이 믿음은 지금도 갖고 있어요. 그런데 자신의 수업을 여는 건 여전히 어려운 일인 것 같아요. 제안수업을 연구수업마냥 수업을 잘하는 사람만 하는 것으로 여기는 생각들, 수업공개는 교사를 평가하는 자리라는 눈에 보이지 않는 수업공개에 대한 선입견은 여전합니다. 수업공개는 수업을 잘하고 싶어서 하는 것이지, 자기가 잘한다고 자랑하는 자리가 아니거든요. 저는 배공 활동을 하면서부터 수업공개에 대한 부담이 많이 없어졌어요. 공개수업을 통해 배움에서 멀어지던 학생들이 잠시라도 배움의 기쁨을 얻을 수 있다면, 1년 365일 공개도 할 수 있다고 생각하게 되었어요.(수업의 주인공은 교사가 아니고 학생이니까요!) 수업공개는 애들의 배움을 보기 위한 것이지 교사를 평가하기 위해 하는 것이 아니거든요. 그럼에도 불구하고, 여전히 공개의 벽이 높은 건 사실입니다. 이런저런 고민 끝에, 2018년에 일상수업 공개라는 것을 시작했습니다.

평화로운 공동체를 꿈꾸며

영종고에 첫해 근무하면서 학생들의 학습 태도가 잡혀있지 않다는 것을 알게 되었어요. 종이 쳐도 교실에 들어가는 것이 아니라, 화장실에 가거나 물을 먹겠다는 아이들이 많았지요. 그 아이들을 기다리느라 수업이 5분 이상 지연되는 것이 하나의 문화였습니다. 선생님들과 1년 간 이 문제를 이야기하면서 모든 교사가 한 목소리로 아이들의 생활 습관을 잡아야 한다는 공감대를 갖게 되었어요. 그래서 2018년 새 학기부터는 모든 교사가 같은 목소리를 내자고 이야기합니다. '1. 수업종 착석! 2. 교과서 필기도구 준비, 3. 물 화장실은 쉬는 시간!'을 교실에 붙여놓고, 수업 시작 전에 3번 복창하자고 약속했어요. 수업 시간에 화장실에 가고 싶다고 하면 남아서 과제를 하면 보내주겠다고 지도했지요. 확실히 화장실 간다는 학생이 팍 줄더라고요. 고등학생임에도 불구하고 수업 시간의 예절, 수업 태도 등을 새로 가르쳐야 했습니다. 뭐, 그럼에도 당연히 아이들이 드라마틱하게 변한 건 아닙니다. 아이들도 쉽게 변하지 않아요.

2018년 업무도 1학년 담임에 전학공을 맡았습니다. 3월이 지나자, 힘든 반이 속속 나타나기 시작했습니다. 전학공에서 수업공개에 대한 문턱을 낮추고, 함께 아이들을 돌보자는 취지로 힘든 반을 우선 공개하자는 제안을 했습니다. 허윤영 샘이 담임이었던 8반을 시작으로 대략 4개 반을 공개했던 것 같아요. 서로 시간표를 보고 반드시 참관을 들어가서 아이들을 함께 봐주자고 했지요. 일상수업 공개가 아이들의 변화를 크게 가져오거나, 눈에 띄는 성과가 있었던 것은 아니었어요. 중요한 건, 학년 공동체가 수업을 위해 아이들을 함께 돌본다는 생각을 공유하는 것이었습니다. 생활지도가 어려운 아이들이 있으면 교사가 각자도생하여 대응하는 것이 아니라 함께 고민을 나누고 해결 방안을 찾아가는 문화를 만들어가는 게 중요한 것이지요. 이런 노력에도 불구하고, 일개 전학공 담당자가 할 수 있는 일은 제한적이었어요. 아무래도 부장이 되면 다양한 제안을 할 수 있을 것 같아 1학년 부장을 지원했습니다.

2년 동안의 영종고 경험에서 배운 점은, 수업을 바로 세우기 위해서는 수업을 중심에 두고, 기본적인 생활교육이 이루어져야 한다는 것이었습니다. 또한, 회복적 생활교육의 관점에서 평화로운 공동체를 만들어가야 한다는 것입니다. 이를 위해 학년 차원에서 학생 생활 규정을 정리하여 교실에 게시하고, 평화로운 학급 공동체 하부구조 형성을 위한 서클 문화 조성, 수업을 힘들게 하는 학생을 위한 공감 서클 등의 시스템을 마련했습니다. 3월 2일에 바로 수업에 들어가는 것이 아니라, 배움 중심 수업과 관련한 학생 연수, 서클 전문가를 학급별로 배치하여 서클로 학급 공동체 세우기 수업을 진행했습니다. 학급 서클의 원활한 운영을 위해서 학급 리더 교육이 반드시 필요했습니다. 학년 차원에서 학급 임원 서클 연수를 진행했습니다. 또한 학생 교육은 학교만의 노력으로는 어렵다는 생각하에, 여러 번의 공감서클에도 불구하고 행동의 변화가 없는 학생은 학부모님과 반드시 상담을 하는 규정을 만들었습니다. 학년 공감 서클 2단계로 교감 선생님과 함께 하는 학부모, 담임, 부장, 관련 교사들이 함께 대화하며 문제를 해결하고자 노력했지요. 그때 교감 선생님이셨던 신용태 교장샘이 고생을 많이 하셨지요. 전학공 운영에 있어서도 일상수업 공개를 지속하고, 학기별 제안수업, 공동 수업디자인, 학생 지도의 어려움을 서로 나누는 자리를 많이 가졌습니다. 이야기를 하면 할수록 학생의 변화를 위해서는 교사와 학생과의 신뢰감 형성이 무엇보다 중요하다는 것을 공감하게 되었습니다. 때마침 위클래스에서 운영했던 한 끼 상담을 학년 차원에서 도입해보자는 의견이 나왔습니다. 학년 차원에서 예산을 확보하여 한 끼 상담을 적극적으로 실천하기로 했습니다. 선생님들은 대화해보고 싶은 학생들을 정해, 맛있는 것을 사 먹으면서 대화하는 시간을 가졌습니다. 많은 선생님들이 그동안 몰랐던 아이들의 상황과 마음을 알게 되어서 좋았다고 말씀해 주셨습니다.

한 아이를 보듬기 위해 온 교사가 나서다

또, 인상 깊었던 활동이 있네요. 인○○이라는 학생 지도가 생각납니다. 이 학생은 입학 첫날부터 무단외출로 흡연, 교사에게 욕설을 하고, 수업 시간마다 물의를 일으켰습니다. 징계에 징계를 거듭하여 교내봉사, 사회봉사, 특별교육이수, 출석정지를 모두 채우고 퇴학이 남은 상태였지요. 부모님 상담도 여러 번 했지만, 행동의 변화가 없었습니다. 이 학생을 그냥 보고만 두고 있을 수는 없었지요. 그래서 마지막으로 행동 갱생을 위한 기회를 주기로 했습니다. 마지막 기회란 회복적 생활교육 전문가로 본교 전학공에 참여하고 있던 리피스연구소의 정진 소장님과 함께 행동 변화를 위한 서클을 하는 것이었습니다.

우선, 그 학생을 가르쳤던 선생님들에게 학생의 일탈행동과 그로 인한 마음의 상처, 영향 등을 편지 형식으로 써달라고 부탁드렸습니다. 친구들에게도 그 학생에게 하고 싶은 말을 적어달라고 부탁했습니다. 그렇게 해서 선생님들, 친구, 학부모, 소장님까지 10명 이상의 사람들이 그 학생을 위해 저녁 시간에 모였습니다. 인○○ 학생의 행동에 대해 돌아가며 이야기를 하는 시간을 가졌습니다. 충분히 이야기를 나눈 후 선생님들이 바라는 지켜야 할 약속을 정하고, 학생과 학부모가 그 약속을 지키겠다고 서약했습니다. 2주간의 행동 변화를 지켜보기로 했지요. 안타깝게도 그 학생은 잘 지키지 못했습니다만, 퇴학을 시키지 않고 위탁을 가는 것으로 마무리되었습니다. 그 학생의 부모님은 예산을 들여 마지막 서클까지 마련해 준 학교에 감사하다는 말씀을 하셨습니다.

피해자의 목소리에 귀 기울이며

마지막으로 기억에 남는 활동은 '담배 연기 없는 학교 만들기'입니다. 지금은 담배 연기가 학교에 많이 나는지 모르겠네요. 제가 근무할 당시에는 학생들의 흡연이 심각했습니다. 화장실에서 담배를 피는 학생들이 적지 않아 많은 학생들이 담배 연기 때문에 고통을 받았습니다. 3월 첫날부터 화장실 앞 교실 학생들이 담배 연기에 대한 피해를 호소했습니다. 이에 교내 흡연 문제를 전학공 '폐옹'에서 논의하게 되었고, 피해자의 목소리를 바탕으로 해결책을 모색하자고 의견을 모았습니다. 학년 선생님들에게 폐옹에서 논의한 내용을 나누고, 피해자들의 목소리를 듣는 설문조사를 하고 내용을 정리해서 화장실 앞에 붙였습니다. 그리고 담임선생님들이 쉬는 시간마다 화장실 앞을 지켰습니다. 선생님들이 쉬는 시간마다 화장실 앞을 지키니, 화장실에서 더 이상 담배 연기가 나지 않기 시작했습니다. 이와 더불어 학생들에게 담배는 그 어떤 경우에도 학교에서는 피워서는 안 된다는 메시지를 주기 위해 학생 흡연 측정 전수조사도 함께 했습니다. 담임선생님들의 고생이 정말 많았지요. 이걸 할 수 있었던 동력은 선생님들이 학생들의 고통에 공감하고 교육적인 관점에서 해결 방안을 내는 데까지, 모든 것이 교사들의 자발성에 기초했다는 점입니다. 물론 자발성이 활짝 피울 수 있도록 민주적인 학교 문화가 있었기 때문에 가능했습니다.

코로나19가 심각했던 2020년에 선생님들이 학생들에게 성취 경험을 주고 싶어 다양한 학년 프로그램을 기획하여 운영했던 것도 생각나네요. 코로나 때를 생각하면, 교사가 극한 직업이라 불릴 정도로 힘든 나날이었지만, 어떤 사안이 발생할 때마다 회의에 회의를 거듭하면서 함께 해결해 나갔던 일들도 생각납니다. 이 이야기는 저 말고도 할 분들이 많이 계실 듯하니, 저는 이제 이야기를 마무리하려고 합니다.

혁신학교의 핵심, 결국은 '사람'

영종고에서 근무하면서 제가 배운 것이 있다면 '혁신학교'라는 완성형은 없다는 것입니다. 혁신학교는 늘 진행형일 수밖에 없습니다. 그 해 함께 근무하는 교사들이 얼마나 서로를 믿고 의지하며, 교육의 본질을 실현하기 위해 노력하고 있느냐가 혁신학교인지 아닌지를 말해주는 것 같습니다. 시스템이 아무리 좋아도 그 시스템을 만든 사람이 떠나면 형식만 남아 무늬만 혁신학교인 경우를 많이 보았습니다. 결국, '사람'이 혁신학교의 핵심이더라고요. 민주적으로 의사소통하면서 학생들을 위해 열정을 갖고 노력하는 선생님들이 계시는 한, 영종고의 혁신은 진행형일 거라 생각합니다. 앞으로도 영종고 교육 가족의 행복을 응원합니다.

이래 봬도 진심입니다

교과 전학공으로 만들어간 수업의 변화

신규 교사 때부터 가지고 있던 교사로서의 가장 큰 고민은 수업이었다. 말솜씨가 좋은 편이 아니고 재밌는 사람도 아닌데 어떻게 아이들을 수업 시간에 집중시킬 수 있을까? 나이가 어릴 때는 친근함 때문인지 재밌는 수업이 아니어도 애들이 좋아해 주고 경청해 주는 듯했다. 나이가 들수록 아이들과의 유대감, 동질감이 떨어질 텐데 어떻게 해야 하나 늘 고민이었지만 방법은 찾지 못했다. 영종고에 와서는 그 고민이 더 깊어졌다. 학습에 대한 무기력이 큰 아이들이 많았으며 중학교 성적 70% 이하의 아이들이 학급의 70% 정도를 차지하고 있었기 때문에 강의식 수업에서 잠을 자는 아이들을 깨우는 것에도 한계가 있어 무시하고 수업을 진행한 적이 많았다. 내 수업의 문제점을 알고 있고 모둠 수업이 하나의 대안이 될 수 있다는 사실은 알았지만 딱 맞는 수업 방법을 찾기는 쉽지 않았다.

학생들이 깨어 있는 수업 – 질문 만들기 수업

그러다 2015년도에 지금은 생활과학고로 가신 김병섭 선생님과 같은 학년 수업을 하면서 질문 만들기로 모둠 수업을 시작할 수 있었다. 학생들이 스스로 글을 읽고 내용을 파악한 후 그에 대해 각자 질문을 만들고 답을 쓴 후 다른 모둠원에게 돌아가며 내용을 확인하는 질문 게임을 진행하는 방식이었다. 질문 난이도에 따라 별을 부여하여 별을 많이 받은 모둠이 이기는 게임으로, 1등한 모둠에게는 작은 간식을 주었다. 이렇게 수업을 진행하니 자는 아이들이 많지 않았고 적극적으로 수업에 참여하는 모습이었다.

그러나 이것도 완벽한 학생 중심 수업이라고 보기는 어려웠다. 소수의 공부 잘하는 학생들이 질문을 만들고 문제를 풀면 그 모둠이 1등을 할 수 있는 구조였기 때문에, 여전히 수업에서 소외되는 학생들이 있었다. 또한 모둠원이 어떻게 구성되는가에 따라 모둠 편차가 커서 모둠을 구성하는 것도 중요한 숙제 중 하나였다. 질문 게임을 즐겁게 했는데 어떻게 내용을 정리하는 것이 좋을지 고민이 이어졌다. 게다가 이 방법은 설명문, 논설문과 같은 비문학에는 적절하지만 시나 소설 같은 글 표면에 드러나지 않은 내용을 파악하는 글에는 적절하지 않다고 생각되었다. 이런 수업에는 모둠 수업과 강의식 수업을 병행하는 수업을 진행하다 허윤영 선생님과 수업을 하면서 질문 만들기의 새로운 방식을 찾게 되었다.

이젤 패드에 모둠별로 정해진 개수의 질문을 만들되 답을 쓰는 칸은 비워 둔 채 게시를 하고 게시된 질문 중에 우리 모둠이 아닌 다른 모둠의 문제를 가지고 와서 풀게 하는 방식이다. 다 푼 후에 게시를 하면 우리 모둠이 만들거나 답을 한 질문이 아닌 다른 모둠의 문제를 가져와 채점을 하고 부족한 부분이나 생각이 다른 질문에 대해서는 추가 기재를 하는 방식으로 수업을 진행했더니 글의 내용을 구체적으로 읽을 수 있었고, 많은 문제를 다루기 때문에 글을 더 자세히 들여다볼 수 있게 되었다.

모둠 수업, 함께 고민하고 디자인했기 때문에 가능했다.

두렵기만 하던 모둠 수업 시작이 가능했던 이유는 교과 전학공 덕분이었다. 모둠 수업으로 진행하는 경우 학생들이 교사가 의도한 방향으로 활동을 하도록 이끌기 위해서는 보다 구체적인 활동 방법이 필요했고 당연히 강의식 수업보다 더 세밀한 계획을 해야 했다. 이를 위해 일주일에 한 번씩 만나서 수업에 대한 계획을 세우고 수업을 했을 때의 성공 및 실패 경험을 공유하며 더 나은 방법을 찾기 위해 꾸준히 노력했다. 교과 전학공 활동은 처음이었고 일주일에 한 시간을 할애해야 하는 점 때문에 처음에는 부담이 되었던 것도 사실이다. 하지만 이런 논의 덕분에 수업이 점점 나아지고 있다는 확신이 있었기에 계속 진행할 수 있었다. 또 문학 작품에 대해 서로의 감상을 나누는 경험이 큰 즐거움으로 다가왔다. 모두가 다 알고 있는 「진달래꽃」에 대해 이야기를 나눈 적이 있는데 큰 흐름에 대한 생각은 비슷하지만 세부적인 내용에 대한 감상이나 느낌은 저마다 달라 흥미로웠던 기억이 있다. 이런 동료교사와의 활동을 통해 문학 작품에 대한 이해의 폭이 넓어지고 있다는 것을 실감할 수 있었다. 국어과에서 시작한 일주일에 한 번씩 만나는 교과 전학공은 다른 학년 다른 교과에도 금세 전파되었고 영종고에서 교과 전학공이 지속될 수 있는 좋은 계기가 되었다.

질문 만들기 수업 진행의 구체적인 모습이 궁금해서 김병섭 선생님께 수업을 참관해도 되겠냐고 물었을 때 선생님은 언제든지 들어와 보셔도 된다고 친절하게 말씀해 주셨다. 덕분에 모둠 수업 진행이 잘 안 된다고 생각될 때마다 가서 참관하게 되었다. 이렇게 동료 선생님의 수업공개와 학습 자료 공유가 큰 도움이 되어 모둠 수업을 안정적으로 진행할 수 있었다. 사실 이 선생님들과 헤어져 다른 학교에 가서도 모둠 수업을 할 수 있을까 걱정을 하기도 했다. 하지만 영종고의 교과 전학공 덕분에 교과와 수업에 대한 논의는 일상화가 되었고 모둠 수업의 형태도 안정되어서 계속 모둠 수업을 진행할 수 있겠다는 자신감이 생겼다.

완벽하진 않지만… 그래도 모둠 활동

코로나19로 인해 온라인 수업과 강의식 개별 수업이 중심이 되면서 모둠 수업을 진행하는 게 어려워졌다. 중학교 3년 동안 모둠 활동을 거의 해보지 못하고 고등학교에 올라온 학생들은 모둠 활동에서 서로 대화하며 문제를 해결하는 능력이 많이 떨어졌다. 입을 여는 것조차 어려워 질문을 만들면 바꿔서 답을 쓸 뿐 적극적으로 대화를 하지는 못했다. 모둠 활동에 어려움을 느껴 2학기 때는 모둠 활동이 잘 안되는 학급은 강의식으로 수업을 했는데 학생들한테서 요구가 들어왔다. 전처럼 모둠 수업을 하면 안 되겠냐고…. 모둠 대화를 안 하는데 왜 모둠 수업을 원하냐고 물어보니 우선 졸리지 않아서 좋다는 답변이 돌아왔다. 코로나 3년 동안 모둠 활동의 기회가 적었던 고1 학생들은 여전히 모둠 활동 시 대화를 어색해한다. 그러나 수업 시간에 깨어있는 자신들의 모습을 보면서 학생들도 모둠 수업이 더 좋은 방법이라고 생각하게 된 것 같다. 모둠 수업을 할 경우 가장 좋은 점은 학생들이 깨어 있다는 것, 그리고 선생님이 무언가를 해주길 기다리지 않고 스스로 글을 읽고 문제를 해결하는 것, 즉 학생 중심 수업이 가능하다는 것이다. 여전히 모둠 활동에 소극적이거나 소외된 학생들이 있지만 그래도 교사만 공부하는 수업을 원하지 않기 때문에 계속해서 모둠 수업을 할 것이다. 함께하는 동료 교사가 있기에 가능했던 수업, 그동안 받아 온 도움을 나도 나누어 주고 싶다.

교사
홍경아

꿈꾸던 영어 수업, 함께 도전하기

인천과학고에서 인천영종고로 학교를 옮겼던 해, 인천영종고에서 처음으로 고3이 3개의 완성 학급으로 만들어졌고 입시 지도 경험이 있었던 나는 3학년 2반의 담임으로 배정되어 영종고 아이들과의 첫 만남을 시작했다. 우리 반 아이 중 한 명이 말했다. "샘, 우리 영종고 애들은요. TV 십 대 드라마 속 주인공들 같지 않아요? 사건이 끊이지 않고 각자 캐릭터가 뚜렷하잖아요." 정말 그랬다. 아이들 모두 개성이 살아 있고 한 명 한 명이 생생하게 눈에 들어왔다.

평범을 거부하는 아이들

하지만 보통 고3 교실과는 달라도 너무 달랐다. 늘 거울을 들고 다니고 수업 시간에 책과 펜 대신 화장품 파우치와 빗을 책상 위에 꺼내놓고 있는 아이들, 펜을 가지고 다니지 않아서 "선생님이 하나 줄까?" 해도 극구 사양하더니 잔소리 끝에 어느 날 드디어 펜을 가져왔다며 자랑스레 주머니에서 볼펜 심을 꺼내 보여주며 삐뚤삐뚤한 글씨로 낄낄거리며 필기하는 아이, 쉬는 시간에도 불안해서 그러는 거라며 구겨진 학습지와 쓰레기가 잔뜩 든 커다란 백팩 가방을 등에 매고 돌아다니는 아이(한 친구가 그 가방 안에 담배가 있어서 늘 가지고 다니는 거라고 말해주었다), 상담할 때 고3이니 방과 후에 자율학습을 해보는 게 어떻겠느냐고 제안했다가 친구들과의 사교 시간도 부족한데 무슨 자율학습이냐고 눈을 동그랗게 뜨며 따지던 아이, 같은 반에 있는 전 여자친구가 신경 쓰여서 책을 펼치면 그 아이 얼굴이 자꾸 둥둥 떠오르는 통에 도저히 공부에 집중할 수 없다는 아이, "샘! 쟤는 작년에 수업 시간에 누워 있었어요." "너도 같이 누웠잖아!" 수업 시간에 의자에 제대로 앉아 있는 것만으로도 많이 나아진 거라며, 서로를 이르듯 말하는 아이들…. 모두 수업에는 전혀 관심이 없어 보이고 '배움'으로부터 도망가려는 아이들처럼 보였다. 이 아이들에게 영어를 가르친다는 게 가능할까? 영종고 아이들은 내게 계속 숙제를 던져주었고 나는 답을 찾기 위해, 아이들을 조금이라도 움직이게 만들 수 있는 수업을 디자인하기 위해 끊임없이 도전할 수밖에 없었다.

첫해 아이들이 내어준 숙제

처음에는 아이들의 수준과 필요가 파악이 되지 않아 일반계 고등학교에서 보통 다루는 EBS 수능 교재 중 쉬운 지문들을 골라 강의 위주의 수업을 했다. 칠판에 그림을 그리고 노래도 불러가며 열정적으로 강의를 했지만, 아이들은 전혀 알아듣지 못하겠다는 표정으로 견뎌주다가 참다못해 하나둘씩 책상 위에 엎어졌고 수업이 끝날 때쯤에는 깨어있는 아이들이 거의 없었다. 안 되겠다 싶어 학생 활동 위주의 모둠 학습으로 수업으로 바꿨다. 그랬더니 아이들은 모둠에 배울 아이가 없다며 모둠 활동 같은 건 하지 말자고 했다. 그래서 하나의 읽기 지문을 나누고 정보의 차이를 두어 서로를 가르치게 하는 직소 읽기 활동(Jigsaw reading activity)을 제시했더니, 가르쳐보려고 해도 주어진 학습지를 보고 어떻게 가르쳐야 할지 모르겠다고 아우성이었다. 그러면 나는 또 포기하지 않고 다시 아이들이 가르칠 정보의 학습지를 교사의 대사 형태로 풀어 대본을 만들어 주곤 했다. 그런 식으로 아이들에게 맞는 수업 방법을 찾아 시행착오를 반복하며 수업 참여를 겨우겨우 이끌어갔다.

영어회화 과목이라 수행평가의 비중을 50퍼센트로 올리고, 쇼앤텔(Show & Tell)이라는, 자신에게 소중하고 의미 있는 물건을 보여주며 영어로 말하는 활동을 프로젝트로 진행했다. 아이들은 자신의 이야기를 하는 것과 친구들의 이야기를 듣는 것을 좋아하니 흥미로운 과제가 될 거라 생각했다. 하지만 대부분의 아이들이 수행평가 안 할 거니까 그냥 빵점을 달라고 했다. 그래서 번역기를 사용하는 방법을 수업 시간에 알려주면서 차근차근 한글 대본부터 쓰도록 했다. 모르는 영어 발음은 알려주며 단어 밑에 한글로 적게 했다. 처음에 안 하겠다고 버티던 아이들이 한 단계 한 단계 수업을 따라가며 자기도 할 수 있다는 생각을 하게 됐는지 움직이기 시작했다. 미술 전공을 희망하던 한 아이는 아버지가 사주신 팔레트와 자신의 그림을 친구들에게 보여주며 영어로 설명했고, 어떤 아이는 음식 먹은 이야기들로 가득한 어린 시절 영어 일기의 한 페이지를 사진으로 찍어와 보여주면서 자신이 왜 뚱뚱해졌는지를 입담 좋게 이야기해 아이들을 웃기기도 했다. 입양한 유기견을 데려와서는 흥분해서 짖는 개를 간식으로 진정시켜가며 영어 발표를 마친 후 교실 밖에서 대기하시던 어머니께 개를 데려가시도록 한 아이도 있었다. 늘 화장만 하고 수업에는 전혀 참여하지 않던 한 아이는, 내가 끈질기게 쫓아다니며 해보자고 조른 끝에 결국 화장품 파우치 안의 화장품들을 소개하기로 하고 하나씩 파우치에서 꺼내 화장품의 영어 이름을 말하고 나서 '수업 시간에는 화장을 하지 않도록 노력하겠다(대본 작성을 도와주면서 대본이 짧으니 만점을 받기 위해 한 문장을 더 넣자고 꾀어서 추가한 말)'는 문장을 끝으로 인생 최초의 공식적

영어 발표를 성공적으로 마쳤다.

시험에 도표를 문단으로 묘사하기 서술형 문제(무려 30점 짜리)를 출제한 적이 있다. 시험지 교차 검토에서 그걸 보신 영어 선생님들이 아이들이 백지를 내어 내가 실망할까 봐 걱정해주셨는데, 채점을 해 보니 객관식 답안지를 한 개의 번호로 찍은 아이가 서술형 문장은 작성해서 큰 점수를 받는 등 놀라운 결과를 보여주는 아이들이 꽤 많았다. 반신반의했지만 깜짝 놀랄 만한 감격스러운 결과였다. 수업 시간에 친구들의 용돈 사용처를 조사해 직접 도표로 만들어보고, 단어 게임으로 관련 단어를 연습하고, 모둠이 함께 도표를 그리고 돌아가며 영어 묘사 연습을 하고, 앞에 나가 발표하는 아이의 이야기를 듣고 부족한 부분과 잘한 부분에 대해 피드백을 주고, 교사와 1대 1 말하기 수행 시간에 또 연습하고 모르는 것은 개별적으로 질문하고 다시 배우는 과정을 지속적으로 함으로써 아이들이 영어작문에 훈련이 되었기 때문이었다. 서술형 평가는 오히려 아이들이 도전해볼 만한 과제로 작은 성취감을 얻는 경험이 되었고, 다음 시험 문제도 그렇게 서술형으로 출제해 달라고 주문하는 아이들도 생겼다.

첫해 고3 아이들과의 수업 과정을 성찰해보니 그것이 평가를 통해 학생들이 배우고 성장하도록 이끄는 과정 중심 평가의 과정이었다. 당시에 그것이 무엇인지 알고 기획하고 실천한 것은 아니었지만 영종고 아이들이 교사인 내게 던져 준 숙제를 풀려고 몸부림치던 과정에서 자연스럽게 실현된 과정이었던 것이다.

혼자가 아니라 함께 하는 도전

첫해 수업을 통해 아이들과 함께 성장했던 경험, 그리고 그 과정에서 얻게 된 아이들에 대한 믿음 덕분에 그 후로도 계속 수업 변화를 위해 도전을 하고자 했다. 하지만 혼자 하는 것에는 한계가 있었다. 수업을 진득하니 구상할 시간도, 좋은 수업 자료를 끝없이 만들어 낼 에너지도 부족해서 꾸준할 수가 없었고 아이들에게 미안함은 점점 쌓여가곤 했다. 그 당시 김병섭 선생님을 비롯한 1학년 국어 선생님 네 분이 일주일에 한 번 공강 시간을 맞추어 꾸준히 모여서 수업 준비와 과정을 함께하는 도전을 시작하셨다. 수업 과정에서의 시행착오를 줄이고 서로의 어려움을 해결하며 학생 활동 및 배움 중심 수업을 함께 해 나가시는 모습을 지켜보면서 너무 부러웠다. 나도 동료들과 함께 의지하며 지치지 않는 수업을 하고 싶다는 소망을 품던 중 2017년 육현아, 이효숙, 김한나 이렇게 세 명의 동학년 영어 선생님들과 만나 꿈꾸던 수업 나눔과 실천을 할 수 있었다.

2월에 미리 만나 교과서와 학교 교육계획을 분석하고 아이들의 삶과 연결된 수업과 평가를 구상해 보자며 교육과정을 함께 재구성했다. 네 명의 교사들이 왜 모둠의 협력이 필요한지, 영어를 왜 배우는지에 대해 다양한 활동으로 아이들을 준비시킬 필요가 있다는 것에 공감하고, 거의 일주일 간의 오리엔테이션 수업을 계획하고 진행했다(지금은 상상도 못할 시도이다). 여행지 소개 관련 단원 수업은 영종도보순례 행사 시기에 맞추어 영종도의 명소를 외국인들에게 소개하고 추천하는 말하기 활동 및 수행평가를 진행하기로 했다. 지렁이를 키우는 환경 관련 단원에서는 지렁이를 키워보고 싶은 학생들의 자원을 받아 교과서에 나온 내용과 추가로 조사한 내용을 바탕으로 모둠별로 직접 학교에서 지렁이를 기르고 그 결과를 학급 친구들에게 영어로 정리해 설명해 주도록 함으로써 아이들이 삶에서 환경 문제를 고민하고 실천해보도록 유도하는 수업을 디자인하고자 했다. 그리고 기술·가정 수업에서 창의적 라면 끓이기를 한다는 소식을 듣고 기술·가정 선생님을 영어과 수업 협의 자리에 모시고 함께 수업을 진행해 보자고 제안했다. 면(noodle)에 관한 단원을 가르칠 때 쓰기 활동으로 라면 조리법을 영작하는 것이 있었는데, 흔쾌히 함께해 보자고 하셔서 기술·가정 수업 시간에 학생들이 모둠별로 개발한 조리법으로 실습한 내용을 영어 시간에 가져와 모둠이 영어로 함께 영작하고 각자 외워 쓰도록 수업의 시기를 배치하고 작문 수업을 진행했다. 네 명의 교사가 서로 역할을 나누며 함께

하다 보니 수업 준비의 부담도 줄고 여러 관점의 아이디어들과 수업 자료의 공유를 통해 수업이 풍성해질 수 있었다.

영종고의 울타리를 넘어 세계로

선생님들과의 행복했던 협업의 경험 이후로 2018년에는 영어 그림책 독서 수업 후 미술 교과 고은화 선생님과 그림책 제작하기 수업을 함께 진행하여 학생들의 영어 그림책 작품들을 수업나눔축제에서 전시했고, 연극을 영어 수업에 접목해서 아이들이 읽은 책의 내용을 영어 대본으로 만들고 팀별로 낭독극을 만들게 하고 시청각실 무대에서 작은 발표회를 하는, 외부 연극 강사 박희라 선생님과의 협력 수업(너무나 새롭고 재밌고 행복했던)을 시도하기도 했다.

2020년부터 2년 동안은 고3 영어권 문화 수업을 맡았는데, 미국에서 살고 계시는 전직 한국 영어 교사였던 유튜버 오은경 선생님과 2월부터 수업을 함께 기획했다. 학생들이 미국 문화에 대해 질문한 것에 대해 미시건 주 주민들이 답을 알려주는 영상 콘텐츠로 제작해 유튜브 채널에 올려주시면 그것을 한국 학생들이 수업 자료로 활용해 재미있게 학습하며 수업 포트폴리오를 작성할 수 있었고 그것을 수행평가로 진행했다. 또한 학생들은 미국인들을 실제 청중으로 한, 한국 영화나 드라마에 숨겨진 한국 문화 소개하기 프로젝트를 한 학기 진행한 후 실제로 ZOOM에서 미국인들을 만나 그들에게 한국 문화에 대해 직접 소개하는 경험을 하며 의미 있는 영어 사용을 해볼 수 있었다.

그리고 2022년에는 네 명의 2학년 영어 선생님(김한나, 신혜영, 이원순, 임지혜 선생님)과 기후 변화 문제를 해결하기 위해 학생들의 일상 속 실천을 유도하는 환경 수업을 해보자고 마음을 모으고 여름 방학부터 함께 조금씩 공부하고 자료를 모으며 준비했다. 선생님들과 함께 영종 지역 제로웨이스트 가게를 방문해 취재한 것을 브이로그로 제작해 동기유발 수업 영상 자료로 사용하기도 했다. 몇 달 간의 기후 수업과 평가를 마친 후, 참여를 원하는 학생들은 일본 카시와고등학교 학생들과 온라인상에서 공동 기후 행동 수업을 진행하며, 이웃 나라 학생들과 환경 문제에 공감하면서 함께 문제해결 방안을 모색해보고 서로를 이해해가는 문화 교류 체험도 해볼 수 있었다.

함께하기는 힘이 세다

이와 같이, 상상으로만 꿈꾸던 영어 수업, 아이들과 해보고 싶었던 수업들은 혼자만의 힘으로는 불가능했을 것이다. 인천영종고에서 동료들과 함께 집단 지성으로 문제를 해결하고 새로운 수업에 도전했던, 교사로서의 이러한 작은 성취 경험들 덕분에 '함께하기는 힘이 세다'는 믿음을 내재화할 수 있게 되었다. 2023년 가을 현재는, 고2 아이들의 무기력한 영어 수업에 대해 고민이 매우 많다. 든든한 동료인 혜영샘과 다시 힘을 내어 남은 2학기 동안 함께 답을 찾기 위한 새로운 시도들을 해 봐야겠다.

교사
박정은

과학 수업을 만드는 사람들

요즘 저는 자기소개서와 면접을 준비하는 3학년 학생들의 생활기록부를 보며 대입 면접 문답을 작성하고 있습니다. 영종고에서의 3학년 담임도 벌써 세 해째, 익숙해질만도 한데 학생들의 생활기록부를 볼 때면 매번 감탄을 하게 됩니다.

학생들이 가져오는 생활기록부에는 해양쓰레기 줍기 봉사활동, 첨단과학기술 역량강화 프로그램, 데이터 수집 프로그램, 우리 학교의 미세먼지를 줄이기 위한 프로젝트, 과학 실험 부스 운영, 기후변화 관련 장기 프로젝트, 천체관측회 등등 수많은 활동이 녹아들어 있습니다. 다양한 프로그램에 참여하여 생활기록부에 적힌 아이들의 활동이, 아이들이 희망하는 진로와 연계되어 면접 답변으로 재탄생하게 됩니다. 이런 장면들을 보면, 이 모든 활동을 기획하시고 진행해 주신 여러 선생님들께, 아이들도 저도 감사한 마음을 갖게 됩니다.

'솔직한' 공개 수업

처음 영종고에 발령받았을 때 예전 학교 선생님들께서 '그 학교 선생님들 진짜 열심히 수업 토론도 하시고 연구하시더라' 말씀을 듣고 잔뜩 겁을 먹었었습니다. 다들 능력 있고 똑똑하신 분들인 것 같아서, 혼자 뒤처지는 교사가 될 것 같아 막연하게 두려웠었죠. 아니나 다를까 퇴근 후에도 벌어지는 전학공 모임에서 내공을 쌓아오신 선생님들의 다양한 견해와 수업 아이디어들을 목도하며 입이 벌어지기를 수십 차례.

게다가 이전 학교에서는 의무로 했던 수업공개였는데, 이 학교에서는 자발적으로 본인의 날 것 그대로의 수업이 공개됩니다. 일부 학생이긴 하지만 잠을 이기지 못하는 모습, 소곤소곤 잡담하는 모습을 그대로 보여주시며, 이 아이들이 어떻게 하면 수업에 적극적으로 참여할 수 있을까를 함께 모여 논의하다니요. 세상에…. (불과 얼마 전 일이긴 하지만^^;; 제 신규 시절, 의무였던 공개 수업 중 엎드러 자거나 떠들던 아이들을 보시고는 '선생님이 수업 중 아이들을 잘못 지도해 참여율이 떨어지는 것 같다' 하시던 당시 교감 선생님의 말씀 덕분에, 제게 수업공개라는 것은 여전히 부담스럽지 말입니다.) 수업의 상황을 지적하는 게 공개수업이 아니라 수업의 상황을 함께 보며 교사와 학생의 입장에서 공감하고 집단 지성으로 개선하고자 하는 모습이, 제게는 너무나 솔직해 보였으며 신선했습니다.

영종고는 그런 학교였습니다. 아이들을 위한 더 나은 방향을 찾기 위해 선생님들끼리 솔직하게 나누고 함께 '으쌰 으쌰'하는 학교.

'혼자'가 아니라 '함께'한 과학 수업

이런 학교에서 과학 선생님들끼리의 전학공을 통해 더 열린 마음으로 서로를 이해하고 수업에 대한 공부를 자연스럽게 할 수 있었습니다. 통합과학, 생활과 과학, 과학과제연구, 과학탐구실험과 같은 과목들은 과목 특성상 물리, 화학, 생물, 지구과학 내용을 모두 아우르며 지도해야 합니다. 이 교과들을 맡게 되면 전공이 아닌 교과를 공부해서 아이들에게 지도해야 하는 상황이 힘들었습니다. 하지만 같은 고민을 가진 선생님들끼리 다른 과학 교과 내용은 솔직히 잘 모르겠다 인정하고, 서로 질문하며 과학을 힘들어하는 아이들을 위해 수업을 어떻게 효율적으로 운영할지에 대해 토의하는 시간을 자주 가졌습니다. 과학과 전학공을 통해 힘든 상황을 '혼자'가 아니라 '함께' 풀어나갔습니다.

덕분에 다양한 실험과 다양한 매체를 공유해가며 과학 수업을 더 효과적으로 개선해 나갈 수 있었습니다. 각종 과학 행사로 인해 저녁이나 주말에도 남아 아이들을 지도해 주시는 과학과 선생님들 덕분에 아이들도 학교에서 한 활동을 아름답게 기억하고 있습니다.(제 추정이 아니라 학교를 찾아온 졸업생들이 전한 말입니다.^^)

천체관측회를 통해 늦은 밤까지 별과 행성을 관찰하며 감동 받은 학생이 쓴 시를 보고, 선생님들도 함께 감탄했습니다. 과학을 소재로 한 유머가 (과학 선생님들에게는) 참 재미있는데… 공감을 얻기는 힘들었습니다. 그래서 유머 코드가 이상한 몇몇 과학선생님들끼리『코스모스』라는 칼 세이건의 책을 소재로 '영종고 알쓸신잡' 영상을 촬영하여 수업한 적도 있습니다. 물화생지 선생님들끼리 서로 몰랐던 분야의 얘기를 과학 농담과 섞어 진행하면서 재미있게 촬영했던 기억이 납니다. 영종도 갯벌에서 학생들과 함께 쓰레기를 줍고, 이것을 유리공예로 승화시키는 아이들의 결과물을 보고 아이들의 창의성에 또 한 번 놀라기도 했습니다. 과학 캠프에서 어려운 원리들을 적용한 실험을 처음 하면서도 자신이 실험을 포기하지 않고 해냈다는 기쁨에 활짝 웃는 아이들과 함께 뿌듯해했습니다.

존경과 감사를 그대에게

과학 선생님들과 함께한 경험들을 넘치도록 늘어놓다 보니 마무리를 어떻게 해야 할지 모르겠네요. (이과라서요?) 영종고에서 좋은 선생님들과 공동의 목표를 위해서 함께하는 시간들은 분명 의미 있었습니다. 무엇보다 함께 한 선생님들, 제게 배움을 주신 여러 선생님들께 감사의 말씀을 드리며 글을 마칩니다.

교사 육현아

'폐응'에 관한 소회

폐허를 응시하려는 시도

인천영종고에 발을 들인 후 새로운 공동체에 대한 열망, 지적 호기심과 사명감을 무기로 지금은 가림고등학교에 계신 김은경 선생님과 함께 새로운 형태의 전문적 학습공동체를 고민했다. 폐허 아래 꿈틀대는 협력, 연대, 희망을 찾아보자는 순진한 마음으로 2018년 폐응은 시작되었다. 감히 리베카 솔닛의 『이 폐허를 응시하라』에서 전학공 이름을 빌려왔다.

'폐허를 응시하라(이하 폐응)'는 교육 및 학교에서 발생하는 사건, 이슈, 주제에 대한 이론 및 실행에 방점을 두고 활동해 왔다. 2018년부터 2020년까지 3년 동안, 사회학자 엄기호와 함께 다양한 책과 문헌자료를 읽고 토론하며, 교육 및 학교 문제를 사회과학 개념을 통해 분석하고 대안을 제시하는 작업을 했다. 이후 우리 학교 교사들끼리 후속 모임을 진행하여, 당면한 학교 문제를 사회과학 개념으로 분석하기도 했다. 2021년부터 현재까지는 공통의 주제 설정, 이론 탐구, 대안 제시(또는 실행)의 프로세스로 모임을 진행하고 있다. 그해 우리 학교의 당면과제와 연관되는 주제가 정해지면 한 명의 발제자가 학교 업무의 전문성, 자신의 관심 영역, 자신의 장점을 발휘하여 내용을 준비하고 논의를 이끌어갔다. 이 과정을 통해 '페옹'은 교사들 사이의 사담과 수다를 학교 공론장으로 끌어들이는 역할을 일부 담당하여 왔다고 믿는다.

우리 모두의 인정욕구

학교는 바쁜 곳이다. 처리해야 할 일은 매일매일 끊임없이 쏟아진다. 도덕과 윤리의 그 아슬아슬한 선 위에서 오늘도 일탈을 일삼는 아이들과 씨름하며 무엇을 어떻게 해야 하는지 매 순간 고민한다. 꿈꿔왔던 수업이 여지없이 깨지는 순간에도, 정신줄 부여잡고 애들 탓을 하며 잠시 위로해 본다. 자괴감은 잠시 접어두고, '다음 수업은 이렇게 해야지. 그러면 조금 나아지겠지'라며 희망 고문해 본다. 악셀 호네트에 따르면, 가장 무서운 사회적 병리가 인정의 '거부'라는데, 사람들 속에서 둘러싸인 교사는 항상 그러한 위험성을 안고 살아가고 있다. 관습적으로, 경험적으로, 그리고 무의식적으로 하루하루를 연명하는 교사에게, '교육이란 무엇일까? 학교의 기능이 무엇이지? 공교육이 제대로 기능하고 있는 걸까?'를 고민한다는 것은 언감생심 가능하지 않다. 더 나아가 자신의 존재감, 효능감, 성취감을 논하는 것은 무엇인가 엇나가는 느낌마저 든다. 그럼에도 우리는 추상적이지만 철학적인 삶의 문제를 논하고 싶다. 교실에서 실천하며 아이들과 함께 호흡하는 그 순간을 느끼고 싶다. 동료와의 만남에서 정서적으로 배려받고 싶다. 교사로서 나의 의견과 감정을 피력하고, 이해받고, 존중받고 싶다. 나의 제안에 호응하는 동료로부터 힘을 얻고, 스스로에 대한 긍정성을 획득하고 싶다. 상호관계를 통하여 공통의 관심을 느끼며 연대감을 느끼고 싶다.

호네트에 따르면, 개인은 자기의식을 세 가지 관계에서 인정받고자 한다. 이러한 상호 인정 관계를 통하여 개인은 자기 자신을 온전히 '목적' 자체로 받아들이고, 그러한 자기와 긍정적 관계를 형성할 수 있다. 무엇보다도 친밀한 영역에서 사랑이나 우정, 배려를 경험함으로써 정서적 욕구를 채울 수 있다. 또한 타인으로부터 옳고 그름의 문제를 자율적으로 결정할 수 있는 이성적인 인격체로서 인정받고자 한다. 이를 통해 권리를 지닌 존재로서 자신을 존중할

수 있다. 마지막으로, 공동체 구성원으로부터 자신의 개성
이나 능력을 인정받음으로써 자기 정체성에 긍정의 가치를
부여할 수 있다. 그리고 여기서 사람과 사람 간 연대감이
발생한다.

어쩌면, 가능할지도 몰라

돌이켜 생각해 보면 '폐응'은 담대한 명분 이면에 개인의
근원적인 인정 욕망이 잘 어우러져 작동되었기에, 내용의
충실함과 활동의 지속성을 담보하지 않았나 하는 생각이
든다. 교사 개인이 가진 문제가 '폐응'이라는 장에서 풀어지
기 시작하면, 비슷한 공통의 경험이 쏟아진다. 말하고, 듣
고, 끄덕이길 반복하다 보면 어느새 마음 한 켠이 비워지고
다시 채워진다. 그리고 '이렇게 해볼까?', '저렇게 해볼까?',

화기애애하고도 진지한 폐응의 시간

'아니야, 어쩔 수 없어', '상황을 받아들이자', '과정만이 있을 뿐이야' 누군가의 목소리에, 내 안에서 맴돌던 말들이 공중(公衆)에서 이야기되고 정교화된다. 이 과정에서 누군가는 정서적 배려를, 누군가는 인지적 존중을, 누군가는 사회적 가치를, 그 누구일지라도 어디선가 존재를 인정받으며 비로소 자신의 '개성'이 인정된다. 그리고 거기에서 '폐응'은 다시 출발한다.

교사
김나윤

저년차 교사의 따뜻한 안식처 '미미네'

혁신학교라고? 우와!

안녕하세요. 인천영종고등학교에서 근무하고 있는 2년차 교사, 김나윤입니다. 작년 2월 영종고에 발령받았다는 소식을 들었던 때가 기억납니다. 당시 발령일만 기다리면서 두근두근하는 나날을 보내다가 고등학교에 발령받았다는 것을 알게 되어 정말 기뻐했습니다. 발령받기 전에 전공지식을 살릴 수 있는 고등학교에 가고 싶다는 생각을 많이 했거든요. 좋아서 한참을 방방 뛰고 난 후 주변 사람들한테 전화를 돌리던 그날의 기억이 아직도 생생하게 떠오르는 걸 보면 제가 아직 새내기 교사이긴 한가 봅니다.

얼마 전 앨범을 뒤적거리다가 작년의 흔적들을 발견했습

니다. 어디에 살지 고민하다가 넙디('넓은 마을'이라는 뜻을 가진 학교 옆의 지역입니다. 사람들이 많이 자취하는 지역이에요. 영종도는 특이한 지명들이 많더라고요.)에 살아야겠다고 결심하고 카카오맵에 동그라미를 그려서 캡처한 사진, 작년 업무분장표 그리고 '발령받으셨으니 학교에 한 번 오셔서 인사 나누시면 좋을 것 같다'는 이야기를 담은 작년 선생님과의 카카오톡 대화 등등…… 설레는 마음에 캡처해 놓은 사진들을 보고 잠깐이나마 그때로 돌아간 기분을 느낄 수 있었습니다.

영종고에 발령받은 후 어떤 학교인지 궁금해서 찾아보았는데요. 행복배움학교라는 사실을 알고 놀랐습니다. 임용 면접을 준비하며 교육 시책과 교육청 자료를 뒤적이던 때에 행복배움학교에 대해 읽은 적이 있었거든요. 인천형 혁신학교이며 학교 구성원의 민주성과 자율성을 존중한다…… 사실 글로는 이해하기가 조금 어렵더라고요. 저만 그런 건 아니겠죠?^^ 여하튼 문서로만 보던 혁신학교에 내가 출근한다니! 그것도 첫 발령이 혁신학교라니! 뭔가 특별한 기분이 들었습니다. 그리고 학교에 가는 날이 기대되었습니다.

설레는 마음을 가득 안고 출근하게 된 영종고! 생각보다 힘들었던 날도, 생각보다 좋았던 날도 많았던 것 같습니다. 시시콜콜하게 다 이야기할 수는 없겠지만 아무래도 교사라는 직업이 사람을 상대하는 일을 주로 하다 보니 그로 인한 어려움이 조금 있었던 기억이 납니다. 그럼에도 불구하고 제가 씩씩하게 그리고 건강하게 무사히 첫해를 보낼 수 있었던 이유는 또한 '사람'이었습니다. 되돌아보니 정말 감사하게도 제 주변에 참 든든한 사람들이 존재했고, 그분들이 온 마음을 다해 저를 응원하며 지지해 주었기에 제가 교직 생활 시작의 첫 발판을 잘 세울 수 있었던 것이 아닐까 생각해봅니다.

'미미네'가 맺어준 고마운 인연

영종고에서의 고마운 '사람'들을 전학공에서 만날 수 있었습니다. 앞서 영종고가 혁신학교라서 기대했다는 말을 했었는데요. 혁신학교의 특징 중 하나가 교사들 간의 전학공이 활발하게 이루어진다는 것입니다. 작년 영종고에는 돌아가면서 한 달에 한 번씩 모이는 학년별/교과별 전학공과 자유롭게 모이는 자율 주제형 전학공이 있었습니다. 학년별/교과별 전학공은 필수 활동이었고 자율 주제형 전학공은 선택 활동이었던 기억이 납니다. 3월 학교에 출근하여 어리버리하던 저에게 어느 날 선뜻 인사해 주셨던 따뜻한 분이 주제형 전학공에 계셨습니다. 그렇게 닿은 연으로 그 선생님이 회장으로 있으셨던 '미미네'에 들어가게 되어, 현재까지도 활발하게 활동하며 많은 위로를 받고 있습니다.

'미미네'는 영종고의 역사와 함께한 전학공 중 하나입니다. '의미 있고 재미있는 곳'이라는 뜻을 가진 '미미네'는 올해로 10년 차가 되는 아주 유서 깊은 전학공이기도 합니다. 그리고 정말 따뜻한 사람들이 모여 있는 전학공입니다. 저는 물론 지금도 많은 것이 낯선 새내기 교사이긴 하지만, 작년 3월에는 한 발 내딛는 것도 어려워했던 아기 교사였습니다. 학교 일도 새로운 일들의 연속이었고, 교사로서 완성된 모습을 보여야 하는 것도 익숙하지 않았습니다. 처음 알을 깨고 나온 입장에서 들었던 낯선 말들과 반응들이 다소 벅차기도 했습니다. 그런데 '미미네'는 달랐습니다. 편안하고 안정된 분위기에서 서로를 배려하며 다독여 주었습니다. 우리 모두가 불완전할 수 있다는 걸 인정하고 이해해 주었습니다.

"실수해도 괜찮아, 처음이니 모를 수 있는 것들이지. 이제부터 함께 고민해보자." '미미네' 선생님들이 전해 주셨던 말씀들입니다. 이뿐만이 아닙니다. 수업과 학생에 대한 고민, 교사로서의 성찰과 도전 등을 진솔하게 나누는 선생님들을 보며 저도 선생님들처럼 멋진 교사로 성장하고 싶다는 생각도 했습니다. 작년에는 학교에 적응하기에도 시간이 부족해 생각만으로 그쳤지만, 올해는 조금씩 실천으로 이어 나가고 있습니다. '미미네'에서 학습자 주도성에 대해 접하게 된 후 그것에 대한 전문성을 신장하고 싶어서 관련된 전학공에 추가로 가입하기도 했고, 교사로서의 능력을 키워나가고 싶어서 다양한 활동들에 참여하기도 했습니다. 아직은 부족한 점이 있을 수 있겠지만 이렇게 하나둘씩 배우고 완성해 가면서 멋있는 교사, 훌륭한 어른이 되고 싶은 게 현재의 제 꿈입니다. '미미네' 선생님들과 함께 영종고에서, 꿈을 이루어 나가겠습니다.

교사
박유진

'연암'과
함께 한
'주학서당'

서당 문을 열다

2017년 우리 학교에선 공개수업의 형태로 '제안수업'을 계획하였고 허윤영 샘이 맡아주셨어요. '제안수업'이라는 형태도 영종고에 와서 처음 접해봤습니다. 일반적인 공개수업과는 달리 최대한 많은 선생님들이 참관하실 수 있도록 해당 학급만 따로 남겨서 진행하는 터라 그것부터 긴장되었던 게 생각나네요. '다른 친구들은 다 집에 가는데 이 아이들을 정말 남기는 게 정말 괜찮을까?'라는 걱정도 되었고요. 제안수업의 또 다른 점은 수업 기획 단계에서 여러 선생님들이 함께 하신다는 부분이었어요. 윤영 샘과 같은 학년이었던 선생님들을 중심으로 제안수업 준비를 위한 모임이 꾸려졌습니다. 그때 수업 자료가「광문자전」이었던 걸로 기억해요. 연암 박지원의 소설이었죠. 다양한 과목의 선생님들이 모여「광문자전」을 읽고 학습지 구성에 대한 이런저런 의견을 내고 함께 고민해 보는 자리를 가졌습니다. 그러는 사이 선생님들이 자연스럽게「광문자전」이란 글 자체에 빠져들게 되고 박지원의 글을 좀 더 공부하고 싶다는 의견이 모아졌어요. 마침 학년에 한문을 담당하셨던, 박지원 글의 전문가이신 선생님이 계셨고 자연스럽게 제안 수업 준비 모임이 전학공이 되었습니다.

우리가 나눈 이야기들

박지원 전문가이신 같은 학년 선생님을 '훈장님'으로 모시고 모임 이름도 훈장님 이름을 따 '주학서당'이 되었어요. 함께 읽은 책을 나열해 보면『연암을 읽는다』(박희병)를 시작으로『삶과 문명의 눈부신 비전 열하일기』(고미숙), 『지금 조선의 시를 쓰라』(김명호 옮김),『한시미학산책』(정민),『열하일기 1~3』(김혈조 옮김)이 있네요. 박지원의 글로 시작한 터라 박지원의 글을 많이 읽었고 거기서 나아가 한시의 세계도 조금 맛보았어요. 이런 책을 읽을 수 있었던 건 역시 훈장님의 역할이 큽니다. 돌아가면서 작품의 배경 설명, 내용 요약, 궁금했던 점이나 더 알고 싶은 내용 등을 준비해서 함께 나눴고 부족한 부분은 훈장님이 채워주셨죠. 작품 하나하나 알기 쉽게 설명해 주시고 한 글자마다 뜻이 담겨 있는 한문 해석의 묘미를 어렴풋하게나마 느껴볼 수 있게 도와주셨어요. 또 백탑파의 활동 장소를 중심으로 글 속에서 만났던 곳으로 직접 답사를 갔던 것도 기억에 남네요. 그때는 또 훈장님께서 훌륭한 문화해설사 역할을 해주셨지요.

소중한 힐링의 시간

국어나 한문 교사들의 모임이 아니기 때문에 다소 어렵고 낯선 소재일 수 있는데, 꽤 오랜 시간 동안 '주학서당'이 이어질 수 있었던 건 책 선택의 탁월함도 한몫했던 것 같아요. 물론 책은 전적으로 훈장님이 골라주셨죠. 처음 읽은 『연암을 읽는다』라는 책은 연암의 글 한 편마다 저자의 해설이 담겨 있는 형식의 책이었는데 해설 자체도 딱딱하지 않고 하나의 문학 작품처럼 읽히는 글이었습니다. 덕분에 흥미를 잃지 않고 꾸준히 이어 나갈 수 있었던 것 같아요.

처음 1~2년은 당시 같은 학년이었던 선생님들 위주여서 친목의 역할도 컸어요. 고단함을 해소하는 '힐링'의 시간이기도 했습니다. 이후에는 함께 하고 싶다는 의견을 주신 선생님들이 여럿 계셔서 규모가 약간 커진 형태로 활동을 이어가게 되었어요. 다양한 과목의 선생님들이 모인 만큼 작품을 바라보는 시선과 이해하는 방식이 다르다는 점, 그런 다름으로 인해 더 풍부한 이야기들이 오고 갔던 시간들이 참 소중한 기억으로 남아 있습니다.

마지막으로 '주학서당'의 토대라고 할 수 있는 훈장님, 지금은 가정고에서 근무하고 계신 오주학 선생님의 한 마디를 끝으로 글을 마치겠습니다.

'주학 서당'은 우리 선인들이 남긴 글을 여러 선생님과 함께 읽으면서 인문학 소양을 기르는 한편 학교 공동체 구성원 간의 협력적 유대 관계 형성을 위해 시작하였습니다. 전학공의 명칭에 저의 이름이 들어가 부담이 되었지만, 교직 생활 중 가장 열정적으로 활동하였고 여러 선생님과 함께한 시간은 지금도 즐거운 기억으로 남았습니다. 다른 선생님도 열정적으로 활동하여 교내 전학공으로 시작하였지만 다른 학교로 전출 가신 선생님들이 계속해서 참여하는 교간형으로 확대되기도 하였습니다. '주학서당'은 읽는 것에 멈추지 않고 읽기와 관련된 공간을 답사하고 발표문을 작성하는 활동을 하였습니다. 이는 지금 우리 교육청에서 추진하고 있는 '읽걷쓰'를 이미 4~5년에 실행한 선도 전학공이었다고 자부합니다.

마지막으로 '주학서당'을 만들어 주신 허윤영 선생님을 비롯하여 함께 참여하신 모든 선생님에게 감사한 마음을 전합니다.

(가정고 교사 오주학)

가르치기가
두려운
교사

"교실에서 가르치는 수업은 아마도 우리 인류가 지금까지 발명한 것 중 가장 복잡하고, 가장 도전적이며, 가장 까다롭고, 미묘하고, 무서운 활동일 것이다. 사실, 가르침의 복잡성과 훨씬 더 높은 보상을 받는 직업, 즉 의학을 비교했을 때, 나는 의학이 교실 수업의 평균 하루의 복잡성에 접근하는 유일한 시간은 자연재해 때 응급실 상황과 비슷하다고 결론지었다."

-Lee Shulman, Educational Psychologist-

가르치는 것은 무섭고, 복잡하고, 마치 자연재해 때 응급실 상황과 비슷하다는 말은 무엇보다도 나를 위로했다. 늘 하는 수업이었지만, 종이 울리고 교실로 들어가는 그 순간 밀려오는 두려움의 원인을 찾기가 쉽지 않았다. 곧 수업을 시작하면 그 두려움을 잊고 예전에 내가 나의 선생님들에게 배운 대로 또 수업에 집중해서 한 시간을 보냈다. 이러한 두려움은 매번 잠시 잊을 수는 있었지만 사라지지 않았다. 이 두려움 앞에 내가 할 수 있는 일은 어떤 것인가? 그 고민의 결론은 교사의 전문성 신장이다. 두려움의 원인은 아마 내가 틀렸다는 것을 알고 있었기 때문일 것이다. 내가 아이들에게 전달하고 있는 이 지식의 쓸모와 가치가 어느정도인지를 이미 알고 있었던 것 같다. 내 선생님들이 학교에서 가르쳤던 그 수많은 지식은 내 삶에 많은 쓸모가 없었고, 나와 연결되어 있지 않았다. 나는 교사로 살며 많은 부분 탐구하거나 연구자의 모습이기보다는 전달자에 머물렀고, 언제든지 학생들은 나와의 신뢰를 깨고 나를 비판할 수 있다는 두려움이 내 마음속에 존재했다.

듀이는 어제 가르친 것처럼 오늘의 학생들을 가르치는 것은 그들의 내일을 빼앗는 것이라고 언급했다. 듀이의 말처럼 나는 나의 선생님들이 나에게 한 것처럼 그 아이들에게 쓸모없을 것 같은 지식을 주입하고 있었고, 그것이 나를 불편하게 했고 두렵게 했다.

교사는 어떻게 전문성을 향상시키는가

교사의 전문성을 향상하기 위해 어떻게 해야 할지 몇 가지 생각해 보았다.

가장 먼저 떠오른 것은 전학공이었다. 나와 동일한 고민을 가지고 있는 동료교사와 함께 연구하고, 상호피드백하는 활동을 통해 내 지식의 편협함을 보완하고 정교화할 수 있었다. 여기에 커다란 덤은 내 편이 가득 있는 그곳에서 늘 힐링을 받을 수 있다는 것이다.

둘째, 대학원 과정을 통해 교사로서의 전문성을 심화하는 것이다. 핀란드의 경우, 교사가 되기 위해 반드시 석사과정까지 마무리해야 하고, 그 석사과정에서는 교과 이론이나 내용이 아닌 교육심리학과 연구방법론을 깊이 있게 배운다고 했다. 이를 통해 교사는 자신의 전공 지식뿐만 아니라 학생과 관련된 총체적인 지식과 기술을 가지게 된다는 것이다.

셋째, 교사는 연구자이며 탐구하는 존재가 되어야 한다. 교사가 연구자여야 함을 인식한 것은 오래되지 않았다. 늘 교재 연구를 하고, 자료를 찾고 있었지만 충실한 지식 전달자의 입장으로 가르침에 성실했다. 요새는 늘 '왜?'에서 시작하는 교육에 관심을 가진다. 나에게 '왜?'가 중요한 것처럼 학생들에게도 마찬가지일 것이다.

넷째, 교사는 교과서에 의존하기 이전에 국가교육과정을 따라 반드시 가르쳐야 하는 것들에 대한 지침과 아울러 나의 교육과정을 만들 수 있는 능력과 자율성을 지니고 있어야 한다. 그리고 무엇보다 교사는 좋은 어른으로 인성을 갖춘 존재여야 하고, 행동하는 지성인이어야 한다. 교사는 지식만으로 전문성을 가진 존재라고 말할 수 없다. 지식이 현재 내가 행동하는 존재로의 방향을 정해주는 나침반과 같다면, 인성은 그러한 행동들이 존재하게 하는 근원이라고 생각한다.

교사는 어떻게 전문적학습공동체를 통해 성장하는가

교사 전문성 향상을 위한 몇 가지의 생각 중, 영종고에 와서 경험한 전학공 경험을 공유해 보고자 한다. 2020년, 학년 전학공을 포함해 총 4개의 전학공을 하고 있었다. 한 달에 한 번이지만 거의 매주 1회인 격이었다. 그때 내가 선택한 전학공은 학교와 사회문제에 대해 공부하는 '폐응', 정진 소장님과 함께 한 '회복적 생활교육', 이준원 교장선생님의 책 『내면아이』를 함께 읽으며 교사 내면 성장을 주제로 한 활동 등이었다. 세 전학공 모두 일과가 끝이 나고 진행되었고, 일과가 끝나는 7교시에는 피로함으로 눈이 반은 감겨 있는 상황이었다. 그 시간이면 집에 가고 싶다는 생각이 몰려왔었는데, 이상하게도 전학공을 할 때는 눈이 반짝반짝 빛나고 몸의 피로가 풀렸다. 그곳에서 나는 내가 감당하기 힘든 학생을 어떻게 지도해야 하는지를 배울 수 있었고, 동료 교사들에게 힘듦을 위로받고 격려받을 수 있었다. 그들은 한결같이 내 말을 진지하게 들어 주었고, 힘을 실어

주었다. 또한 교사로서 학생들을 인격적으로 대할 수 있도록 내 삶을 정돈해 주고 성찰할 수 있는 시간도 주었다. 학교를 작은 사회로 여겨 우리가 등한시했던 외부에서 학교와 교사를 바라보는 시각에 대해서도 고민해 보았다. 많은 것들을 배울 수 있는 것과 동시에 많은 정서적 지지와 위안을 받았고, 나를 성장시킬 수 있는 자양분을 받았다.

물론 모든 학교의 전학공이 이렇게 운영되는 것은 아니다. 때로 전학공 참여의 자율성이 없는 것에 대한 불만이 들릴 때가 있는데, 이는 아마도 학교 문화에 교사의 주도성에 대한 존중이 부족하기 때문이 아닐까. 스스로 전학공이 필요하다고 느낀다면 누가 시키지 않아도 자발적으로 참여할 것이다. 교사의 주도적 참여와 학교 문화라는 두 톱니바퀴가 만나서 전학공을 움직인다. 나는 우리 학교의 문화가 안정된 정학공의 뿌리 역할을 한다고 생각한다.

우리 학교에서 전학공을 경험하며 더욱 감사했던 것은 민주적인 학교 문화를 만들어 준 관리자의 리더십뿐만 아니라 교사 리더십이다. 코로나19로 인해 학교의 많은 시스템이 정비되고 새로워져야 했고 이러한 상황에서 학교의 리더 교사들은 나머지 교사들을 이끌어 주었다. 학교의 전학공 리더 교사도 그런 분들 중에서 한 분이었다. 우리 학교에는 현재 많은 교사 리더가 있고 누구든 힘든 동료를 도와주려고 팔을 펼치고 다가와 준다. 우리 학교는 참 좋다.

영종고가
부러운
이유

세월이 참 빠르다. 영종고를 떠나온 지 벌써 3년이 흐르고 있다. 새로운 환경에 적응되어 이젠 잊힐 만도 하건만 나는 아직도 가끔 영종고를 부러워한다. 나아가 깊이 감사히 여기며 심지어 자랑하기까지도 한다. 마치 아직도 내 학교인 양. 중학교를 졸업하고 학교 결정에 고민하는 학부모와 그 자녀에게 영종고를 더 자랑하고 권하고 있는 나를 보면 아직도 내 마음속에는 영종고에 대한 부러움이 남아 있는 탓이다. '부러우면 지는 법'이라는 데 그냥 지고 싶다. 영종고가 아직도 배우고 싶고 좋은 점이 많은 학교인 건 사실이니까.

내가 영종고를 부러워하는 이유는 두 가지다. 교사 소집단 문화가 어느 학교보다 활성화되어 있고, 문턱이 낮은 교실 수업을 누구나 넘나들며 끊임없이 소통하고 있다는 점이다. 대부분의 교사들은 자신의 수업을 여는 것을 많이 꺼리고 있다. 그러나 영종고는 치장하지 않은 민낯의 교실 수업을 누구에게나 언제든지 보여주었고, 서로 배우려 했었다. 또한 수업이 힘든 반을 위해 자신의 수업을 디자인해 달라고 요청하기까지도 했었다. 이런 학교 풍토가 정착되기까지 배움의 공동체라는 새로운 기조의 혁신학교 흐름의 영향이 컸지만, 꼭 그 이유만은 아니라고 여긴다. 혁신학교가 다 성공한 것은 아니었으니까. 영종고는 젊은 선생님들의 열정과 의지가 그 어떤 학교보다 넘쳐났고, 이를 믿고 조건 없이 지지해 주는 관리자와 묵묵히 잘 따라준 동료 교사들, 이 삼박자가 잘 맞았기 때문이라고 본다. 그리고 그 중심에는 내 교직 생활 중 절대 잊을 수 없는 말썽 꾸러기 학생들이 다수 있었다.

교사를 성장시킨 학생들

영원히 잊을 수 없을 것 같은 영종고 학생들에 대한 기억이 있다. 지금은 추억이라고 말하고 싶다. 전근 간 그해 3월 개학식 날, 강당 위의 상황에는 전혀 관심 없고 저마다 떠들고만 있는 학생들과 그냥 두고 보고만 있는 선생님들. 아니 이럴 수가…… 결국 교장 선생님이 다시 마이크를 잡고

"여러분, 이러시면 선생님들이 다 떠나십니다."라고 호소하시던 모습이 아직도 생생하다. 3월 첫 모의고사 보는 날, 시험지를 나눠주자 돌돌 말아 칼싸움하는 학생들과 화장지를 목에 서로 연결해 걸고 장난치는 학생들, 그 안에서 아무렇지도 않게 시험 보고 있는 소수 학생들의 조합…… 답안지를 들고 나와 한참이나 두근거리는 가슴을 달랬던 기억이 있다. '이 아이들을 어떻게 해야 하나……' 수업 중 상대학생 부모님 이름을 대며 쌍욕을 해대는 남녀 학생, 30분만 수업하겠다는 약속을 지키지 않았다고 유리창을 깨고 욕하고 나간 학생. 늘 가슴 떨리던 일만 벌어졌던 첫해에 어느 광고처럼 나도 "엄마, 나 학교 가기 싫어."가 되었다. 수업이 너무나 막막했기 때문이다.

학생들과 함께 성장하는 교사들

전혀 먹혀들지 않은 수업으로 한없이 자괴감에 빠져들자, 지푸라기라도 잡고 싶은 심정으로 먼저 수업을 열겠다고 용기를 냈던 것 같다. 그 후 이런저런 소집단 활동을 기웃거리게 되었고 그중 대표적인 활동이 수업 나눔 전학공 '미미네'였다. 그 안에서 위로를 얻고 이 학생들을 어떻게 대해야 하는지 배우게 되었다. 무엇보다 나부터 먼저 변화되어야 한다는 사실을 깨달았다. 그리고 그것은 수업 안에서 이루어져야 한다는 것을 알게 되었다. 후배 교사들의 수업디자인 도움을 받아 1학년 7반에서 수업을 공개했다. 김태현 선생님과 수업 나눔 시간, 선생님들의 한 마디씩의 위로에 눈물이 주르륵 흘렀다. 수업으로 인한 마음고생이 풀린 듯한 눈물이었나 싶다. 그 후 반 학생들을 대상으로 난민이란 주제로 공개수업을 하고 손우정 교수님의 수업 코칭을 받게 되면서 이제는 수업이 힘들지 않았고 교실 문을 들어서는 것이 두렵지 않았다.

그러나 무엇보다 가장 큰 변화는 학생들에게서 일어났다. 공개수업을 많이 한 학급의 학생들이 조금씩 변화·성장하고 있었다. 물론 많은 선생님들의 수업 참관 속에서 평소처럼 잠을 즐길 수도 장난을 칠 수도 없었겠지만, 스스로 존중받고 있다는 자존감이 학생들을 변화시켰던 것이다. 수업에 관심을 보이는 학생들이 늘어났고 눈빛도 초롱거렸다. 학생들은 행복해했고, 왜 우리 반은 공개수업이 없느냐는 볼멘 소문도 들렸다. 학생들의 학교에 대한 만족도가 차츰 높아진 것은 당연한 일이었다.

영종고의 이러한 성장의 원동력은 다양한 전학공 소집단 문화에서 시작되었다는 생각이 난 지금도 확고하다. 소집단 모임에서의 집단지성이 각 학년 전체의 전학공 시간으로 연결이 되고, 다시 학교 전체 교육 활동 속으로 침투되었다. 그 과정이 얼마나 중요했고 학교 성장의 큰 자산이 되었는지를 떠나와서 보니 다시금 실감을 한다. 수업디자인을 위해 매주 같은 날 꾸준한 모임을 가지던 국어과 선생님들의 화기애애했던 모습이 아직도 눈에 아른거린다. 그들은 그 안에서 충분히 행복해했고, 뜻을 같이 하는 교육 동지가 있다는 것의 소중함을 배우는 듯했다.

곁을 내어주었던 '영종고'

지금의 난 그런 면에서 참 많이 외롭고 아쉽다. 영종고처럼 수업의 변화를 주려는 소집단 모임 의지가 어디에도 보이지 않기 때문이다. 그래서 느끼고 또 깨닫는다. 어떤 교육철학을 가지고 출발하느냐가 더없이 중요하다는 것, 같은 교육철학으로 모인 교사 집단의 의지와 실천, 초심을 잃지 않은 끊임없는 새로운 시도, 갑론을박 속에서도 합의를 이끌어가는 열띤 토론의 장(場) 유무가 학교 성장의 큰 동력이 된다는 것을…… 영종고는 이 모든 것을 다 갖추고 있는 학교라는 생각에 부러운 것이다. 5년이란 세월 동안 똘똘한 후배 교사들로부터 많은 것을 배웠던 시절을 참으로 감사히 여긴다. 이제는 어디에 가도 원로교사로 대우를 받는 나이가 되어버렸다. 영종고 5년처럼 색다른 교육 활동을 해 볼 기회가 앞으론 없을 것 같다. 한참 후배인 교사들에게 이런저런 수업을 해 보자고 요구하기도 나서기도 어색하다. 후배 교사들이 이끄는 대로 묵묵히 따르고 때로 공감해 주는 선배의 자리만 지키고 있다. 그래서 영종고 시절이 더 소중하게 여겨질 뿐이다.

그저 내 수업에서만큼은 입시교육을 강요하지 않고 편히 공부할 수 있는 환경을 만들어 주고 있다. '수업 내용 다 몰라도 괜찮아, 자신을 사랑하는 것만은 놓지 말자. 선생님이 살아보니 참살이는 이런 것 같아.'라고 얘기해 줄 때 고개 끄덕거려주는 몇몇 학생들이 꼭 있다. 꽃 피는 시기가 다르듯이 각자 필 시기가 있음을 기다려 주겠노라고 토닥거려 줄 뿐이다. 이러한 너그러움도 영종고에서 배우고 느낀 깨달음의 실천이 아닐는지. 나를 여러모로 성장시켜 준 영종고야, 참으로 고맙데이!!!

정리
허윤영

중요한 건 학생을 위한 마음!

- 영종고 새내기 교사 수다회

우리 학교는 교사층이 상당히 젊은 편으로 신규 발령 교사, 저년차 교사가 많은 학교이다. 교직 경력 3년차 이하의 선생님들 몇 분과 둘러 앉아 영종고에 대한 수다회를 가졌다. 각 학년 담임과 비담임 교사가 적절히 섞이게끔 섭외를 하고 보니 의도치 않게 사회자 격인 필자를 포함해 국어과, 수학과, 사회과(일반사회, 지리) 교사가 각각 2명씩이어서 교과와 수업에 대한 다채로운 대화가 오갔다. 참석자는 솔쌤, 수쌤, 오쌤, 연쌤, 정쌤, 그리고 기록자인 나이다.

우리는 학교 근처 한 식당에서 수다회를 가졌는데, 다섯 시에 들어선 그곳에서 정신없이 수다삼매경에 빠졌다가 '삼십 분 뒤 마감입니다' 소리를 듣고서야 주섬주섬 자리를 정리할 수 있었다.

수다회가 끝난 후, 똑똑이 오쌤이 녹음 파일을 넣으면 텍스트 문서로 변환해주는 앱을 알려주셔서 신나게 변환했는데 무려 100페이지가 나왔어요! (네, 이것은 실화입니다. 망연자실⋯)

아무리 기승전결 있게 정리하려 해도 도저히 되지 않아, 우리의 수다를 그냥 시작도 끝도 없는 뫼비우스의 띠처럼 여기 풀어놓겠습니다. 정신없는 대화를 읽게 되신 여러분께 죄송하지만 저는 최선을 다한 거예요!

#1. 갑자기 수학 이야기

(사회과제연구 수업을 하는 오쌤이 수업 준비를 위해 방학 중에 통계 공부까지 하셨다는 이야기에 수쌤이 대학 때 통계 수업 들은 이야기를 하셨다.)

허쌤: 통계는 수학과 수업일 줄 알았는데 아니었나요?

수쌤: 대학마다 차이가 있는 것 같아요. 저희는 정경대학 안에 있었어요.

허쌤: 저는 수학과에서 통계를 많이 하니까 막연히 통계는 수학적 이론이라고만 생각하고 있었는데, 생각해보니 사회과에서 많이 사용될 학문이긴 하네요. 그래서 오쌤은 수업 준비 때문에 통계 강의까지 다시 들으신 거예요?

오쌤: 문과에서 논리적이라고 말할 수 있는 요소가 통계밖에 없는 것 같아서 통계를 제대로 이용하는 법을 알려주고 싶었어요. 사회를 가르치는 게 아니라 사회과학을 가르치는 거니까. 사회과제연구는 애들이 각자 원하는 주제를 정해서 탐구하는 과목이니까 코칭이 교사의 주요 역할인데, 애들이 대체로 그냥 주장만 하고 근거가 없는 경우가 많거든요.

수쌤: 사회 연구에서 숫자를 빼놓고는 사실 논리력을 얻을 수가 없어요.

정쌤: 무슨 말씀인지 약간 알 것 같은 게, 제가 수학을 좋아하는 이유가 수학의 정합성 때문이거든요. 제 주장을 하고 싶을 때 수학의 세계에는 다 같이 세계적으로 합의된 공리라는 게 있잖아요. 세계 국적을 불문하는 데 살다 보면 그런 건 거의 없죠. 가치관으로 다 대결하잖아요. 다 본인의 대표로서. 이건 예시일 뿐이지만 '그래도 담임이 여기까지 해야지' 전혀 그런 건 없어요. 어디에 적혀 있는 것도 아니고. 그러니까 설득력을 가지려면 객관적인 어떤 통계 자료가 있어야 하는 거죠.

허쌤: 근데 통계라는 것도 사실은 결국 해석에 달린 거잖아요.

수쌤: 그러니까 연구자들의 연구 윤리가 중요한 거죠.

오쌤: 사회과제연구의 목표는 데이터를 보고 믿는 게 아니

라 이거 모집단이 뭔데 그래서 표본은 몇 명인데 그걸 물어보고 이 데이터가 왜 믿을 만한가를 따지는 수업인데 애들이 그 과정을 되게 싫어하죠. 왜냐하면 따지는 건 저니까.

허쌤: 하하. 그렇겠네요.

오쌤: 데이터가 왜 이래? 이게 맞아? 하면서 끝없이 따지니까 애들이 질려 하죠.

허쌤: 근데 저는 숫자의 세계가 너무 약간, 뭐라고 해야 되지? 정확한 건 맞지만 숫자는 되게 추상적이잖아요. 그러니까 제 입장에서는 아무것도 설명해 주지 못한다는 생각이 되게 많이 들어요.

정쌤: 어떻게 보면 맞는 말이죠. 결국엔 다 인간의 뇌 유희라고 생각해요, 수학은.

허쌤: 맞아요. 수학이란 그러니까 진짜 인간이 만들어낸 정말 가장 고난도의 유희인 거잖아요.

정쌤: 애초에 순수 학문이라서 좋은 게 세상에 어떤 영향이나 아무런 그런 데 관심 없이 그냥 그 사실 추상적인 거 하나만 보고 하는 거라서 학문에 도움이 이런 건 관심도 없어요. 부장님이 느끼는 게 정확할 수 있을 것 같아요.

허쌤: 그러니까 나처럼 숫자에서 어떤 아름다움을 느끼지 못하는 사람은 저게 뭐가 좋은가 싶죠. 저는 학생 때

대표적인 수포자였거든요.

수쌤: 공감해요. 행렬을 배우는데 차원이 3차원이 넘어가게 돼버리면 머릿속으로 상상을 할 수가 없으니까. 그러니까 그냥 차원에 대한 걸 계산을 하고 결과를 써내려 나가다 보면 현타가 오기도 하죠.

허쌤: 저는 그래서 몇 년 전에, 수학의 매력을 느껴보고 싶어서 김민형 교수가 쓴 『수학이 필요한 순간』이라는 책을 샀는데, 못 읽고 지나갔어요.

정쌤: 저는 이상하게 수학 교양서적 읽으면 뭔가 공감을 하거나 매력을 느낀 적은 없는 게 수학의 매력을 교양서적에서 담아낼 수 없는 것 같은 생각이 들어요.

허쌤: 수학 교양서라는 건 대중서니까, 수학 전공자가 보기엔 당연히 재미없는 거 아니에요? 수학 생각보다 무섭지 않아, 해치지 않아요, 그런 느낌이니까.

정쌤: 수준 때문이라는 건 아니고요. 그냥 뭔가 이런 것 때문에 교수님이 수학 좋아하는 건가? 아닐 것 같은데, 약간 이런 느낌이에요. 교수님들도 본인이 생각할 때 매력을 느끼는 부분들을 100% 녹여내는 게 아닌 것 같다는 느낌을 받은 거죠.

연쌤: 알 거 같아요. 뭔가 수학을 좋아하는 척이라는 느낌? 그래서 저도 그런 책을 조금 지양하고, 실생활이랑 관련된 수학이 들어있는 책을 많이 읽어요. 예를 들어

영화에서의 수학, 암호로 해석하는 수학 그런 책들. 저번에는 애들 읽히려고 책을 하나 샀는데 거기에 위상 수학이 들어 있어요. 근데 위상 수학을 아이들이 쉽게 접하게 하기 위해서 위상 수학이라는 단어를 안 쓰고 그걸 좀 재미있게 그림으로 설명을 했거든요. 이과에서도 수학을 좋아한다는 친구들이 그 책을 좀 좋아하긴 했었어요. 그래서 실생활이랑 접목하면 아이들도 재미있어 하고 저도 그러는 것 같아요.

허쌤: 그런 책들은 수업에 활용할 거를 찾기 좋을 거 같아요.

연쌤: 그래서 이번에 수행평가 중에 일상에서 수학과 관련된 것을 조사해오는 게 있었는데 아이들이 영화나 연극에 관심 있는 친구들은 영화에서의 수학 이런 걸 찾아오더라고요.

#2. 정시 100%가 되면 학교는 어떻게 될까

허쌤: 저는 고등학교 때 수학 완전 포기였거든요. 그때는 수능으로 대학을 가니까 내신도 딱히 필요가 없었고.

정쌤: 그때는 그랬던 거죠? 예전에 내신이 대학 가는 데는 상관없던 시기가 있잖아요. 최근에 제가 애들이랑 얘기하다가 지금 갑자기 정시 100%로 바뀌면 학교는 어떻게 될까 뭐 그런 얘기를 한 적이 있었어요.

수쌤: 어떻게 될까요?

오쌤: 그러게, 자퇴가 많아질까요?

정쌤: 학교가 지금처럼 남아 있을 수 있을까? 하는 생각이 들어요. 생기부 세특이나 내신 성적조차도 다 대학이랑은 무관해지는 거잖아요. 중학교는 지금도 그렇지만 애들이 어려서 그런지 학교를 다니지만, 지금 저희 애들은 이제 너무 커버렸고. 옛날에 비해서는 너무 입시 의존도가 심각하고. 학교 선생님에 대한, 학교에 대한 존경심이나 학교 당연히 가야지 라든가 이런 게 아니잖아요.

솔쌤: 학교 이제 당연히 가는 곳이 아니죠.

정쌤: 예를 들어 저희들에게 생기부 작성을 안 시킨다거나 아니면 입시에 반영은 안 된다거나 했을 때 과연 애들이 학교에 의미를 둘까? 지금도 저희에게 반드시 배워야 대학을 갈 수 있고 수능을 볼 수 있을 거라고 생각하는 아이들이 많지 않잖아요. 저한테 배우는 것보다 인터넷 강의 듣는 게 낫다고 생각할 수도 있고. 그래서 저는 이 제도가 저의 직업을 유지시켜 준다? 그런 생각이 들기도 해요. 쓸쓸하죠.

허쌤: 근데 정말 그렇게 다 자퇴를 할까요?

수쌤: 오히려 그냥 정말 소속감을 얻고자 하는 친구들은 계속 남아 있게 될 거고 소수의 상위권 아이들은 자퇴하지 않을까요?

정쌤: 아니면은 과도기적으로, 예를 들어 저희 학교 다닐 때 두발 통제가 심했잖아요. 그때 샘들이 두발 자유를 반대했던 이유가 애들이 다 머리를 이상하게 할까 봐 그런 건데, 처음에는 그랬을지 모르지만 지금 저희 아이들을 보면 그렇지 않잖아요. 그런 것처럼 정시 100%가 되면 처음에는 자퇴하는 애들이 엄청 많아도 나중에는 안정을 찾을 수도 있을 것 같지만, 어쨌든 그래도 자퇴를 하는 애들이 지금보다 많을 것 같아요.

오쌤: 확실히 지금도 옛날보다 많잖아요. 지금 1학년 때 내신 보고 바로 밖에 나와서 하잖아요. 졸업장 받기 위해 다니는 애들은 크게 상관하지 않겠지만, 사교육에 의존도가 굉장히 높은 아이들은 안 다닐 수도 있을 것 같은 생각이 들어요.

허쌤: 정말 그럴까요? 다른 분들은 어떻게 생각하세요?

연쌤: 저는 그럴 것 같아요. 지금 출결조차도 대학 때문에 나오는 애들이 많으니까 만약에 출결도 반영이 안 됐다면 아이들이 진짜 얼마나 학교에 나올지.

허쌤: 근데 학교 안 다니면 뭐를 하죠? 3년 내내 입시 기관에 앉아 있나요?

정쌤: 뭔가 붕괴까지는 저도 아닐 것 같은데 연쌤이 말씀하신 것처럼 출결이 저희 때의 느낌이랑 좀 다르잖아요. 예를 들어 질병 결석을 진짜 아파서가 아니라 그냥 질

병으로 할게요, 이런 식이니까.

수쌤: 그게 최악의 시나리오 중에 하나라면, 만약에 그렇게 돼버리면 수업이 바뀌겠죠. 재미없는 수업이 아니겠죠.

솔쌤: 그게 그렇게 쉽게 되는 건가요?(웃음)

수쌤: 아무런 부담 없이 50분을 학생들하고 소통할 수 있게 되는 때가 되면 오히려 달라질 수도 있는 거 아닌가 싶어요.

허쌤: 제가 오늘 수업을 하는데, 1교시여서 그런지 오늘따라 애들이 막 픽픽 쓰러지는 거예요. 그래서 제가 괴로워 했더니 ○○이가 그건 국어라는 과목의 문제라는 거예요. 걔는 나를 위로하려고 해준 말이겠지만 희망이 없는 거잖아, 그러면. 그 순간 그렇게 재미가 없나, 이게 그렇게 싫은가 라는 생각이 막 드는 거예요. 물론 내가 말을 재미있게 못해서 그럴 수도 있겠지만 애들이 하고 싶지 않은 공부를 하는 이상 재밌는 수업이라는 게 가능한가 싶은데, 만약에 내신이 대입과 상관없어지면 듣고 싶은 과목만 해도 되면 오히려 좋지 않을까요?

정쌤: 전반적으로는, 비율로는 좋을 수도 있을 것 같아요. 그러니까 뭔가 오히려 학교가 좀 더 독립적일 수 있게 될 수는 있을 것 같아요.

수쌤: 질적인 측면에서는 좋아질 수도 있을 것 같고.

정쌤: 근데 아까 말씀하신 수업이 즐거울 수 있냐는 문제에 대해서, 이거는 시작할 때부터 즐거울 것 같다 이런 게 아니라 하다 보니까 즐거운 거잖아요. 저번에 선생님께서 공개하신 그 수업처럼, 진짜 그 순간은 즐거웠을 것 같아요. 아이들이 서로 의견 나누고 물어볼 때. 근데 그걸 만약에 시작 전에 선택권을 줘서 너네가 지금 이 수업을 들을래 아니면 저기 가서 컴퓨터 게임을 할래? 그러면 상대가 안 되는 거죠.

수쌤: 선택이라는 게 참 어렵잖아요. 고등학교 1학년 때 진로가 다 정해져서 오는 친구들은 제 생각에는 걔네들이 특이한 거거든요. 근데 고등학교 1학년 때 진로를 정해서 2,3학년 때 들을 과목들을 미리 생각해야 되고.

솔쌤: 학교에서 있는 체험 활동도 필요한 것들을 선택해서 해야 된다고 하죠.

수쌤: 대학교에서도 대학생들한테 수업 듣고 싶은 거 들어라 하면 꿀강 찾아서 듣는데.

정쌤: 확실히 진짜 그 경계를 못 찾겠어요. 저도 애들한테 선택권을 주고 뭔가 직접 고를 수 있게 하고 이런 걸 좋아하는데, 그렇게 하는 게 항상 최선은 아닌 것 같아요. 저희가 각자 다 의도치 않은 경험에서 얻은 어떤 뜻밖의 수확 이런 게 다들 있잖아요. 저는 수학을 중학교 때 안 좋아했어요. 그때의 저한테 고등학교 올

라갈 때 전 과목이 선택이니까 네가 듣고 싶은 거 골라 하면 저는 수학을 안 골랐을 거거든요. 그러면 지금 이 직업은 아니었을 거잖아요.

허쌤: 수학을 안 좋아했다고요?

정쌤: 물론 극단적인 얘기지만 이런 것처럼 어떤 게 아이들한테 선택권을 주는 게 좋고 어떤 거는 강제로도 있어야 되는 건가? 수업에서도 그런 고민이 들어요. 애들이 너무 수학 때문에 힘들어하는 걸 보면서 원치 않는 애들은 놔두는 게 맞는 건지 아니면 저처럼 혹시 어쩌다가 적성에 맞는 애를 위해서 끌고 가야 되는 건지 밸런스도 못 찾겠고.

#3. 학생들에게 교사를 권하시겠습니까?

솔쌤: 진로 이야기 하니까 생각나는데요, 교사를 하고 싶다는 애를 응원해야 될지 말려야 될지가 항상 고민이에요. 정말로 뭔가 뜻이 있고 좋아서 하겠다는 애는 응원을 하고 싶긴 한데 현실적으로 일단 임용 자체가 너무 어렵고 그거를 견디고 와서도 생각보다 현실의 장벽이 되게 많잖아요. 그랬을 때 애가 너무 많이 상처를 받지 않을까 그런 생각을 하게 되니까 너무 예쁜 애고 잘 됐으면 좋겠는데 응원을 해야 되나, 다른 길을 생각해봐라 해야 되나.

수쌤: 3학년에 ○○이가 교대 6개를 쓸까 아니면 다른 걸 쓸까를 고민하던 때에 교대를 쓴다고 했을 때 아무도 '그래 잘해봐'라고 하는 사람이 없었다는 거예요. 그래서 사범대도 알아보고 아예 다른 과도 찾아보고 그렇게 고민을 하더라고요.

오쌤: 올해 여러 사건도 있었고 하니까, 자기가 교대를 쓰고 싶다고 이야기를 했을 때 아무도 선뜻 '응원할게' 이렇게 얘기하지 않는 거죠.

허쌤: 쌤들은 다 어떠세요? 학생이 '선생님 저 교사 되고 싶어요' 상담하러 온다면?

정쌤: 저는 중학교 3학년 담임했을 때, 전교 1등에다가 제가 볼 때 이보다 더한 학생은 없다 싶은 애가 있었어요. 어떤 정도냐 하면 반장이 아닌데 매일 남아서 청소를 해요. 분리수거도 맨날 다 하는데 정말 무릎을 꿇고 반을 위해서 분리수거를 손으로 다 하는(다들 놀람과 경악, 네에~~?), 그냥 진짜 말도 안 되는 애예요. 걔한테 너는 뭐가 되고 싶어? 물었더니 수학 교사라고 해서, 제가 너한테는 최고의 직업이다. 넌 할 수 있어, 너 같은 애가 해야지 그랬어요.

연쌤: 저는, 그냥 하고 싶다고 하면 존중할 것 같은데 터무니없이 '공무원이 좋아서요' 이러면 '너는 다시 생각해봐' 이러겠죠. 근데 정말 사명감을 갖고 얘기를 한다

면 오케이.

정쌤: 솔쌤 말씀처럼 걱정이 될 만한 포인트가 있는 애가 있고, 그러니까 사바사(사람by사람)인 것 같아요. 기분 좋게 찬성할 수 있는 애가 있는가 하면, 말씀하신 것처럼 뚜렷하지도 않거나 아니면 얘가 과연 교사가 될 수 있을까부터 걱정이거나 교사가 되었을 때 스트레스를 너무 많이 받아서 이 적성에 안 맞을 것 같다거나 이러면.

허쌤: 어쨌든 직업적으로는 권한다는 거네요. 솔쌤은 이 직업이 진짜 권할 만한지를 고민하시는 거고.

솔쌤: 그게 저는 임용의 그 기억이 너무 많이 남아 있어서 그런 것 같아요. 그러니까 제가 고생했던 기억. 저는 제가 계속 교사가 되고 싶어서 확고하게 그걸 꿈을 꿨던 사람이고 그래서 계속 이걸 달려서 왔고 어쨌든 됐지만 그 과정이 너무 힘들었거든요. 자존감을 깎아먹는 시간이 너무 힘들었어요.

정쌤: 그걸 보상해 줄 만한 경험을 영종고에서 못하신 건가요?(웃음)

솔쌤: 저는 지금 되게 좋아요. 내가 중간에 포기하지 않아서 정말 다행이라는 생각을 해요. 내가 왜 교사가 되고 싶었지 하는 걸 올해 다시 느끼게 되는 것 같고 수업할 때 저는 너무 행복하거든요.

수쌤: 근데 왜 그런 말씀을?

솔쌤: 제가 첫 학교에 있을 때 가르친 애가 올해 초에 국어교육과를 갔다고 연락이 온 거예요. 걔가 원래는 이과반이었고 물리교육과 꿈꾸던 애였어요. 근데 저랑 문학이랑 독서 수업을 하면서 애가 막 눈이 반짝반짝 빛나면서 너무 재밌다고, 막 국교가 가고 싶대요. 그냥 그렇구나 그러고 말았었는데 진짜 갔다는 거예요. 진짜 갈 줄은 몰랐는데 근데 이건 좀 부담스럽다 싶었어요.

허쌤: 왜 부담스러워요?

솔쌤: 저는 내가 국어 교사가 되고 싶어서 이 길을 계속해서 왔던 사람인데도 임용을 하면서 어느 순간 원망을 했던 적이 있어요. 내가 국교를 간다고 했을 때 왜 아무도 안 말렸지 하고.

허쌤: 물리보다 국어가 나은 거 아니에요? 더 많이 뽑잖아요.

수쌤: 대신 적체가 많잖아요.

정쌤: 국어가 어떤 느낌이냐면 진짜 최악 중에 최악. 국어교육, 영어교육은 전국에 없는 대학이 없죠. 게다가 교직이수, 교육대학원까지 하니까 이만큼 쌓였는데, 갑자기 교육과정 바뀌면서 국영수 자리는 덜 필요해진 거예요.

오쌤: 영어는 일단 취직을 잘해요. 영교 동기 보니까 임용 공부하다 갑자기 스터디원들한테 미안하다고 취직했

다고 대기업 가고 막 그랬었어요.

정쌤: 수학은 일단 사교육 시장이 워낙 크고 다른 일이 많다는 거예요. 근데 국어는 지금도 유일하게 경쟁률이 10:1 넘고.

수쌤: 10:1이 뭐야, 20:1도 넘죠.

솔쌤: 맞아요. 그래서 저도 어느 순간 나를 왜 말리지 않았어, 그랬던 순간이 있었단 말이죠. 그러니 저도 모르게 그 아이가 걱정이 되더라고요. 어떻게 보면 오만일 수도 있죠. 걔는 그거를 다 견뎌내고 나갈 수 있는 애일 수도 있는데.

허쌤: 그렇군요. 저는 그냥 교사로서의 만족감을 생각하면 국어가 제일 좋은 거 같은데.

#4. 수학이냐, 국어냐

(말없이 듣고 있다가 깜짝 놀라는 오쌤을 발견함)

허쌤: 아니, 왜 이렇게 놀라요?

오쌤: 아 그게, 선생님이 수학을 별로 안 좋아하셨듯이 저는 국어가 제일 어렵다고 늘 생각해서…

허쌤: 진짜요?

오쌤: 아까 수학이 추상적이라고 하셨는데 저는 오히려 국어가 더 추상적이었어요. 수학은 누가 봐도 해석이 똑같은데, 국어는 이렇게 다른데 도대체 왜 정답을 고르

라는 건지. 수학은 누가 봐도 답이 하나잖아요.

정쌤: 저는 학교 다닐 때 국어, 문학 엄청 좋아했어요. 고전 문학도 좋아하고. 그래서 저번 공개수업도 너무 좋았어요. 다 같이 똑같은 거에 대해 생각하는 그 시간이 너무 좋은데, 제가 좋아하는 건 학생으로서 좋은 거지, 그걸 가르치라고 하면…

수쌤: 재밌죠. 그래서 더 못 가르치겠어요. 제일 가르치기 어려운 과목이 아닐까 해요.

허쌤: 저는 그냥 가르친다기보다, 같이 논다고 생각하는 편이에요.

솔쌤: 그죠, 그 안에서의 뭔가가 이렇게 딱 맞아들어갈 때 희열이 있지 않아요?

오쌤: 국어 빼고 다른 모든 과목은 다 답이 있거든요.

수쌤: 생각해 보니까 영어도 결국 어떻게 한국어로 잘 해석하냐가 어느 정도 답이 있는 것 같고 수학도 그렇고 사회도 그렇고 과학도 그렇고.

오쌤: 그러니까 국어가 제일 가르치기 어렵지 않을까 생각했는데, 근데 만족도가 높으시다니까 신기해서…

허쌤: 답이 있고 내가 가르쳐야 되는 내용이 있으면 솔직히 너무 답정너잖아요. 국어는 내가 하고 싶은 대로 해도 돼요. 내가 원하는 지문 가져오고.

솔쌤: 맞아. 맞아.

정쌤: 저도 그건 좀 재밌어 보이고 멋있어 보이긴 했어요. 우리 학교 쌤들이 유독 지문을 교과서 밖에서 가져와서 재밌는 질문을 하셔서 이건 진짜 우리 애들이 복받은 거다 생각해요.

수쌤: 맞아. 맞아.

솔쌤: 저는 우리 학교가 되게 좋다고 생각을 한 게, 작년에 처음 왔을 때 2월에 국어쌤들끼리 줌으로 만나서 얘기를 한번 했잖아요. 그때 계속 물어봤었어요. 교과서 진짜 안 써도 돼요, 외부지문 가져와도 돼요? 제가 그냥 막 재구성해도 돼요? 이런 거를 막 물어봤었는데 너무 자연스럽게 받아들여지는 분위기여서, 정말 너무 좋았어요. 작년에도 올해도 진짜 하고 싶은 수업 마음껏 하고 있어요.

수쌤: 1학년 교무실에서 자주 그런 얘기들 하고 계시죠.

솔쌤: 올해도 그렇게 같이 해주시는 분들이 있고, 그거에 터치가 별로 없고 그런 게 너무 좋았어요. 내가 해보고 싶은 수업을 할 수 있는 분위기. 저는 최근에 문법 수업에서 모둠 활동이 되는 게 너무 감동적이었어요. 보통 문법은 강의식을 많이 한단 말이에요. 근데 우리 1학년 국어쌤들끼리 모둠식으로 하자고 해서 애들한테 한 주제씩 던져주고 너네가 그걸 탐구하고, 이걸 모둠별로 돌아가면서 설명해 보자, 근데 애들이 너무

잘하는 거예요. 진짜 감동 먹어가지고 사랑에 빠졌잖아요. 애들한테.

허쌤: 짝사랑이야.(웃음)

수쌤: 맞아요. 외사랑이죠.

솔쌤: 그쵸. 맨날 나만 진심이고, 나만 쳐다보고ㅎㅎ

정쌤: 솔쌤 작년에 반에다가 애들이랑 편지 써놓고 막 그러셨잖아요.

솔쌤: 올해는 그건 안 하지만 확실히 수업에서의 만족감이 오니까 나 진짜 역시 교사 하길 잘했어, 이런 생각을 많이 해요.

허쌤: 거봐요, 국어라는 과목이 그렇다고요. 와~ 저 오늘 진짜 현타 왔어요. 저는 그동안 수학쌤들 힘들겠다, 애들이 수학 너무 힘들어하니까 그랬는데.

연쌤: 근데 수학은 그런 게 있어요. 희열 같은 거. 저는 사실 수업할 때 되게 행복한 게 제가 풀고 제가 답을 내면 제가 되게 희열을 느끼거든요. 그러니까 애들이 몰라도 저 자체로 행복한데 만일 그때 한 명이 호응을 해주거나 답을 해. 그러면 정말 너무 좋은 거예요. ○반에 ○○이가 어릴 때부터 코딩을 계속 해온 애가 있거든요. 걔가 수학적인 머리가 있어서 수학적인 대화가 되는데 그게 너무 재밌는 거예요.

오쌤: 저 대학 동기들끼리 그런 토론도 해봤는데. 논리력을

증가시키는 건 수학인가 국어인가.

정쌤: 무조건 수학이죠. 과목 특성이 아예 논리 그 자체예요. 우리가 뇌를 건드릴 수가 없잖아요? 그런데 뇌를 움직일 수 있는 가장 효율적인 방법이 수학이에요. 근육을 키우고 싶으면 운동을 하는 것처럼, 뇌를 발달시키는 건 수학을 하는 거죠.

연쌤: 수학이 반론하기에도 되게 좋은 게, 명제라는 단원이 있거든요. 참과 거짓을 따지는데, 거짓임을 주장하려면 또 예를 들어야 되는 거예요. 그래서 꼭 참일 때만이 아니라 거짓일 때도 얘기를 할 수 있기 때문에 논리력이 길러지죠.

허쌤: 그건 근데 논리학 아닌가요?

연쌤: 꼭 명제 단원이 아니어도, 나머지 문제들도 이렇게 화살표를 따라가면서 답을 찾아가는 과정 자체가 맞아야 되기 때문에 논리적 사고를 못하면 수학을 할 수가 없어요.

허쌤: 내가 수학을 못하는 이유가 논리적 사고를 안 해서 그렇구나.

#5. 영종고는 어떻게 혁신학교가 된 거죠?

솔쌤: 우리 학교는 처음에 어떻게 행복배움학교가 된 거예요? 그때 계셨어요?

허쌤: 아니에요. 저는 없을 때, 2016년에 우리 학교가 지정이 됐어요.

연쌤: 그때 먼저 사업을 제안하신 게?

허쌤: 아마 교장쌤일 거예요. 나도 잘 모르는데 여기가 2016년에 지정이 됐으면 2015년에 준비교라는 걸 했어요. 그때만 해도 혁신 교육이 지금보다 좀 더 대세여서 혁신학교 하고 싶은 학교들을 신청을 받은 거예요. 준비교 하던 학교 중 혁신학교 지정하는데, 신청한다고 다 되는 것도 아니고 막 떨어지고 그랬었대요. 그때 같이 경쟁했던 학교가 C고.

연쌤: C고는 떨어진 거예요?

허쌤: 떨어졌다기보다, 학부모들 반대로 신청 취소를 했다고 들은 것 같기도 하고. 정확한 건 아니에요.

솔쌤: 왜 반대하는 걸까요?

허쌤: 혁신학교에 대한 편견? 그런 게 있는 거 같아요.

정쌤: 정말 그건 편견이라고 생각하는 게, 당장 우리 학교만 생각해 봐도 혁신학교가 아니었으면 더 좋았을 것 같진 않은데.

솔쌤: 맞아. 학부모 입장에서도.

허쌤: 모르면 편견을 갖게 되잖아요. 시작 전에는 그럴 수 있는 거 같아요.

#6. 영종고에서 교사로 산다는 것

허쌤: 저는 우리 학교가 혁신학교라서 온 거고, 우선전보로 왔는데 그때 주변 사람들이 다 말렸었어요. 쌤들은 어때요?

정쌤: 주변 사람들이 좀 약간 '고생한다' 이렇게 해 주시는 거 같아요. 영종고 힘들겠더라, 그러면서.

수쌤: 제가 올해 2월에 딱 그 소리를 들었었어요. 영종고 발령 받았다고 하니까 그 학교 너무 힘들다고. 제가 발령 전에 기간제로 있었던 학교에서 영종고 이미지가 좀 그랬었어요.

정쌤: 멀리 갈 것도 없이 영종도 안에서의 영종고 이미지도 좀 그래요. 저도 인사발령 뜨고 나서 전화가 왔어요. 교무부 선생님한테서. 원하시는 대로 고등학교 발령이다, 그런데 축하해야 될지 모르겠다고 해서 왜요? 했더니 영종고라고. 그래서 제가 좋아해야 할지 말아야 할지 헷갈리더라고요. 제가 중학교에 있을 때 분위기가 좀 그랬어요. 제가 와서 보니까 실상 그렇지 않은데. 그래서 제가 전에 학교 쌤들 만나면 영종고 홍보를 엄청나게 해요.

허쌤: 다른 분들은 어떤지 궁금하네요. 오쌤은 우리 학교가 신규 발령이고 그 전에 다른 학교 경험도 없으시죠? 우리 학교 왔을 때 어떠셨어요?

오쌤: 예상보다 덜하다 생각했어요.

허쌤: 아니, 어디서 뭘 듣고 다 예상을 하시는 거야.

오쌤: ○○위키에 그런 게 써 있었대요. 신규의 무덤이다.

허쌤: 진짜요?

오쌤: 그래서 정말 최악을 생각했었어요.

솔쌤: 얼마나 최악을?

수쌤: 애들이 바닥에 막 침 뱉고 그런 거?

오쌤: 대안학교에 한번 봉사활동을 가본 적이 있어서 그 정도인 줄 알았어요. 거기는 수업하고 있는데 애가 갑자기 미술실 카드 들면 그냥 그대로 미술실 가고 그렇거든요. 교사의 수업을 듣든 말든 상관이 없어요.

허쌤: 와, 그 정도일리는 없죠.

오쌤: 하하 그렇죠. 그러니까 한마디로 정리하면 '이론과 현실이 다르다'였는데, 첫 번째 달랐던 건 고교학점제. 이론적으로는 애들이 다양한 수업을 선택할 수 있고 좋은 것 같아요. 근데 현실은, 저는 요즘 고민인 게 제가 수업하는 선택과목이 한 반은 25명, 한 반은 21명, 한 반은 9명이에요. 그러면 이게 평가가 공정한가, 피드백 기회가 수적으로도 질적으로도 다를 텐데, 근데 고교학점제는 이런 점까지 고려할까 이런 생각도 들고. 제 수업은 애들이 피드백 받는 게 핵심인 과목이니까요. 학생 숫자가 영향이 크죠. 또 한 가지 다른

건, 제가 다른 동기들한테 들은 전학공은 이런 시간이 아니었거든요. 완전 형식적이라고 들었는데, 근데 여기 현실이 이론 같네, 이런 생각도 하고.

연쌤: 아, 그건 저도 공감. 저도 완전 전학공을 쉬는 시간 그렇게 알고 왔는데, 다른 학교는 대부분 그렇더라고요.

수쌤: 근데 분명 임용 공부할 때나, 면접 때는 전학공이 완전.

오쌤: 맞아요. 모든 대답이 다 전학공, 전학공.

솔쌤: 맞아, 맞아.

오쌤: 그래서 저는 전학공 백서까지 읽고 제일 하고 싶은 거 가져 와서 이거 그대로 하겠다고 까지도 정했었는데, 다른 학교 얘기 들으면 그냥 이론이라고만 생각했거든요. 근데 진짜 여기는 마음 먹으면 할 수 있겠구나.

정쌤: 근데 그 정도로 마음 놓고 할 수 있는지 모르겠어요. 생각보다 다들 바쁘고 또 수학을 그 정도로 좋아하는지도 잘 모르니까, 이번 학기에는 뭐를 공부해 볼까 이런 제안을 하기가 좀.

허쌤: 진짜 생각보다 그걸 할 동료를 만나기가 어렵긴 해요. 저도 우리 학교에서도 순수하게 국어 교과를 탐구하는 전학공은 계속 못했어요. 수업 준비만 계속 하고. 근데 작년에는 제안을 했더니 딱 맞아 떨어져서 좋았죠. 지금도 아쉬운 게 우리 1학년 국어쌤들이 계속 모이긴 하는데 수업 준비에 치여서 진짜 하고 싶은 공부

를 못 하고 있어요.

솔쌤: 맞아요. 작년처럼 못하는 게 아쉬워요.

허쌤: 그냥 작품을 읽든 교육학이든 하면서 그냥 순수하게 수업과 별개인 국어교육에 대한 걸 하고 싶은데 수업 준비 때문에 그걸 못하고 있죠.

정쌤: 저도 딱 그런 걸 하고 싶어요. 엄청 좋은 논문이나 칼럼 같은 거 읽으면 이런 게 전학공 주제로 좋지 않나 이런 생각을 많이 하는데 사실은 전학공에서 뭔가 부담을 드리는 거잖아요. 정말 다 같이 즐길 수 있는 주제가 아닌데 또 서로 존중해 주는 분위기니까 누군가는 억지로 하게 될 수도 있고. 그러니까 뭔가 제가 또 갑자기 슬퍼지네요.

솔쌤: 하하, 왜요.

정쌤: 왜냐면 수업 준비하다 보면 모르는 게 있잖아요. 아니면 제 스스로 호기심이 들어서 그걸 해결하고자 할 때, 그래서 공부를 하다 보면 시간이 한참 걸리거든요. 시간이 한참 걸려서 정작 수업은 한 차시면 끝날 엄청 적은 양을 위해서 저 스스로 너무 피폐한 거예요. 못 푸는 문제 있으면 안 되니까 문제집도 공부를 해야지 막 열심히 하고, 교과서에 나온 것 말고 다르게 푸는 법도 알려줘야지 하면서 막 열심히 공부를 해서 딱 갔더니 그 설명을 들을 애가 없어요. 그러면 가

끔은 막 준비해 온 판서나 개념 정리를 하려다가 갑자기 이걸 내가 쓰는 건 이게 누구를 위한 거지? 그냥 이거 하지 말까, 근데 옆 반에서 했으니까 공정하긴 해야겠지만 옆 반에는 들을 애가 있었잖아. 지금은 들을 애가 없는데. 혼자 고민하다가 한숨이 툭 나오면서 갑자기 이 직업에 환멸을 느끼는 그런 때가 올해 유독 많았어요.(다 같이 공감과 위로)

오쌤: 근데 저는 오히려 정쌤과 좀 반대거든요. 왜냐하면 사회과제연구는 교과서도 없고 국가에서 주는 아무 자료가 없어요. 그러면 정말로 애들은 자기가 관심 있는 사회 문제를 탐구하게 된단 말이에요. 근데 저는 그 문제에 관심이 없죠. 그러니까 애들이 저보다 전문가예요. 근데 걔랑 맨날 1대1로 토론을 해야 되는 거예요. 그러다 보면 제가 많이 부족하구나 느껴요. 정말로 교사는 질문만 하는 직업이 되지 않을까 이런 생각도 하고.

허쌤: 근데 교사가 질문만 해도 괜찮은 거 아니에요?

오쌤: 맞아요. 근데 저도 질문하기가 어려운 게, 애들의 사고 과정을 듣고 저도 진위 여부를 우선 확인을 못 했으니까 순수하게 제 머릿속에서만 논리적으로 생각해 봤을 때 이게 맞나 막 그래야 되는 거라서….

연쌤: 저도 이번에 수업 공개했을 때 주제 탐구로 하는 수행

평가를 했거든요. 각자 관심사와 관련된 수학을 발표하는 거였어요. 어떤 아이가 DNA를 조사할 때 수학을 쓴다고 하면서 그걸 쓴 거예요. 근데 사실은 수학내용 자체에 대한 참과 거짓은 제가 알 수 있지만 이게 실제로 그렇게 사용되는지 아닌지는 지금 알 수가없는 거예요. 그래서 제가 오히려 물어봤어요. 이거를학교에서 배웠어? 그랬더니 배우고 있대요. 그러니까그러냐 하고 제가 끝내버리더라고요. 왜냐하면 저도모르니까. 그래서 이게 다양한 분야에 대한 진위 여부를 가리려면 진짜 교과 간의 융합이 있어야 되구나,많이 깨달았어요.

오쌤: 저는 그걸 계속 해야 되니까 제가 이것저것 찾아서 공부해서 가고, 논문 보고 '아니던데?' 하면서 산업통상자원부 봤는데 여기 보도자료 이거 아니던데? 이런식으로.

정쌤: ○○이가 그러더라고요. 오쌤은 이상한 것까지 다 알고 있다고. 모르는 게 없다고.

솔쌤: 우와, 모르는 게 없다는 소리를 들을 정도면 진짜 얼마나 준비를 하시는 거예요.

오쌤: 그러다 보니 수업 준비에 개인 시간을 엄청 많이 쓰고스트레스를 많이 받죠.

정쌤: 저도 연쌤이 말씀하신 탐구 발표 그런 거 안 좋아하는

게, 저는 제가 모르는 거 하는 거 싫어해요. 제가 수업 하는 안에서는. 탐구 발표하면 정말 하나의 주제만 발표해도 바로 모르는 게 나오잖아요. 근데 제가 임기응변이 엄청 약해요. 그래서 그런 상황이 너무 두렵고, 오쌤이 말씀하신 그런 수업을 제가 맡는다 생각하면 저는 너무 공포거든요.

허쌤: 좀 궁금한 게 수학과 관련된 관심사를 발표할 때, 교사가 알아야 되고 평가를 해야 되는 거는 이게 수학적으로 제대로 됐는지이지, 연관 분야에 대해서 내가 꼭 알아야 되는 건 아니지 않아요?

정쌤: 그래서 사실은 개인적으로 과연 탐구 발표가 수학 수행평가에 적합한가에 대해서부터가 고민이에요. 성취기준이랑 맞지가 않고 어떻게 보면은 수학적인 평가가 아닌 상태로 운영이 되고 있고 대학 입시 속에서 세특용이라고 보는 게 맞아서 개인적으로는 좀 그래요.

연쌤: 정쌤은 뭔가 과학고가 어울리실 거 같아요.

정쌤: 그런 얘기 많이 듣긴 하는데, 거기도 또 너무 힘들다고 들어서….

허쌤: 제가 아는 수학 선생님 과학고에 갔었는데 수업 준비가 너무 힘들긴 하지만 진짜 수학적인 것을 하는 그런 재미가 있대요.

정쌤: 느껴보고 싶긴 해요. 근데 한편으로는 도망가는 것 같

기도 하고.

허쌤: 어디서? 영종고에서요? 도망가도 돼요.

정쌤: 교사의 어떤, 뭐라고 해야 될까, 성직관적인 관점에서
봤을 때 이건 외면이고 도망이다 라는 생각, 그리고
내가 더 필요한 곳은 여기 아닌가 그런 생각이 들면
서도, 또 막 울 것 같은 상태로 퇴근하고 오면 성직관
이고 뭐고 내가 살아야겠다 이러고. 올해는 계속 그런
반복이네요.

#7. 당신의 선택은?

허쌤: 좋아. 그러면 물어볼게요. 만약에 올해 원하는 학교로
옮길 수 있는 기회가 있다! 그러면 어떻게 하시겠어요?

정쌤: 음… 어… 받아만 주신다면….

솔쌤: 어어, 좋아한다, 좋아한다.(웃음)

허쌤: 좋아. 그럼 수쌤은요?

수쌤: 저는 아직은 여기서 좀 더 하고 싶은 게 많아서…

정쌤: 어? 이럼 안 되는데?

수쌤: 제가 전 학교 있었을 때는 이렇게 선생님들끼리 모
여서 이야기하고 하는 게 별로 없었어요. 교과협회
의는 시험 문제 낼 때만 했었거든요. 특히 제가 느꼈
을 때는 국영수 선생님들이 더 그게 심했었어요. 뭐
랄까 각자도생 같은 느낌? 여기서 여기까지 진도 나

갑시다, 하면 그 다음은 그냥 알아서. 수행평가도 그동안 해오던 게 있으면 그냥 그걸로 해서 쭉 가는 느낌이었거든요. 그러다 보니까 수업에 대해 다른 선생님들하고 공유하는 게 전혀 없었는데 올해는 선생님들이 탕비실에서 그냥 점심 먹고서 이야기하거나 할 때 수업 이야기들을 하는 걸 보니까 너무 좋더라고요. 이번에 주제통합수업 한 것도, 1학기 끝날 때쯤에 지혜 부장님하고 솔쌤하고 얘기하다가 플라스틱 아일랜드에 관련한 이야기가 나왔는데 재밌더라고요. (1학년 국어, 영어, 사회 수업에서 환경을 주제로 느슨한 통합수업을 2학기 초에 했었다) 물론 저도 그걸 끝까지 잘 끌고 가지 못해서 그게 좀 많이 아쉬운데, 또 연말에 수업량 유연화 때 주제 탐구 수업 같은 거 하자 이렇게 얘기하는 게 좀 재밌는 것 같고, 그리고 제대로 아직 못 해본 것 같아서 그것 때문에 아직은 여기서 조금 더 해보고 싶어요.

허쌤: 좋아, 그럼 오쌤은요?

정쌤: 잘 생각해 봐요, 학교를 고를 수 있어요.

솔쌤: 하하 정쌤 지금 진심이다.

허쌤: 정쌤 지금 약간, 나만 도망칠 수 없지 이런 느낌?

정쌤: 영종고 정말 좋은데요, 그러니까 솔직히 고민을 1초도 안 하지는 않습니다. 진짜로.

오쌤: 저도 안 옮길 거 같아요. 이유는 아직 우리 학교 수업도 되게 어렵거든요. 준비하는 과정에서. 근데 우리 학교 장점 중 하나가 평가에 부담이 조금 덜한 편이어서, 제가 생각하는 방향을 조금 더 아이들과 경험해볼 수 있는 기회가 되는 것 같아요. 아직 제대로 해보지 못한 것 같고. 말하자면 여기서 조금 수련하는 느낌? 생활지도는 우리 학교에서 가장 센 걸 겪으면서 수련하고, 평가는 아직 저도 해보고 싶은 게 있어서.

허쌤: 솔쌤은요?

솔쌤: 저도 아직은 여기서 더 있고 싶어요. 수쌤이랑 좀 비슷한 의견인데 해보고 싶은 게 아직 많고 어느 학교나 장단점이 있다고 생각을 하는데 이 학교의 장점은 그런 시도를 많이 해볼 수 있는 거, 그리고 마음 맞는 또래나 이런 생각을 공유하는 사람들이 많은 것 같아요. 다른 학교에 비해서는 교과융합 같은 것도 제약이 덜한 것 같고. 그래서 여기서 할 수 있을 때 뭔가 다 해보고 싶은? 그리고 전학공도, 내가 아직 너무 부족한 게 많으니까 아직 좀 더 배우고 싶은데 그런 면에서 배움의 기회가 되게 많은 것 같아요.

허쌤: 연쌤은요? 연쌤은 작년에 다른 학교에 있었으니 더 비교가 될 것 같은데.

연쌤: 저는 영종고가 너~무 좋아요. (강렬한 어조에 다들 깜놀)

제가 20년도에 여기에 교사로는 아니고 실무사로 있다가 다른 학교에서 교사를 시작해서 다시 여기로 온 건데 그 이유가, 이전 학교는 그냥 모든 일반적인 학교 같아요. 분위기가 일단 엄청 권위적이고 뭔가를 시도하려고 하면 그걸 다 막아버려요. 아이들은 그냥 성적만 잘 내서 대학만 잘 보내면 끝, 이거라서 너무 아이들을 기계적으로 대한다는 느낌이 있었어요. 그리고 샘들의 마인드도 좀 다른 거 같아요. 다른 학교는 뭔가 샘들이 빨리 집에 가야 되고 무조건 교사가 편해야 되고, 그래서 현장체험학습이나 수학여행이나 이런 것들이 모두 다 교사 위주예요. 게다가 애들도 엄마 아빠 말을 항상 듣고 자랐던 아이들이라서 그냥 다 받아들이고.

근데 제가 여기 와서 너무 깜짝 놀랐던 게, 아이들의 자율성이 너무 좋은 거예요. 왜냐하면 선생님이 말을 했을 때 그냥 네네 하는 게 아니라, 그렇다고 반항하려는 것도 아니고, 정말 논리적으로 저한테 얘기를 하니까 '그래, 그렇게 생각할 수도 있네' 그렇게 받아들이게 되는 거죠. 근데 저는 그게 다 우리 학교 교육과정 때문이라고 생각하는 게, 다양한 캠프가 있고 다양한 활동이 있고 심지어 점심시간에도 놀지 말라고 뭘 자꾸 하잖아요. 식사도 안 하시고 막 일을 하고. 우리 부장님, 효곤샘만 봐도. 제가 처음에 이 학교 왔을 때 효곤샘을 보고 다시 교사를 해야겠다는 생각이 들었던 게 너무나 제가 원하는 교사상이신 거예요. 저는 정말 학생 중심으로 하고 싶거든요. 이 학교에 있을 때 그런 게 너무 느껴져서 다른 곳에 갔다가 다시 왔던 거였고.

그리고 여기 아이들은 시내 아이들이랑 달라요. 꾀가 없어요. 밖에 아이들은 어떻게든 꾀를 쓰고 어떻게든 본인들이 이기려고 정보도 가지고 오고 엄마 아빠도 대동하고 이러는데 여기 아이들은 그냥 순수하게 재밌으면 깔깔깔깔 하고. 그게 근데 제가 봤을 때 여자애들이 있어서 그런 거 같긴 해요. 남자애들이 좀 대들고 이겨 먹으려고 하고 그러면 여자애들이 그러지 좀 마 이렇게 누르잖아요. 그런 것들이 좋았던 것 같아요.

그리고 세 번째는 수업공개가 되게 자유롭고 활성화되어 있고, 선생님들끼리 전학공이 정말 활성화되어 있다는 거. 다른 학교에서는 이렇게 대화를 할 수 있는 장이 없는데 대화를 통해서 서로 뭔가 위안도 받을 수 있고, 내가 이만큼을 개선해야겠다고 느낄 수 있고 이 선생님은 이렇게 배울 점이 있구나 이런 것도 느낄 수 있어서 그런 부분이 좋았던 것 같아요.

수업공개, 전학공, 그리고 아이들에게 주는 다양한 교

육 활동, 이 세 가지가 가장 큰 장점인 것 같아요.

허쌤: 아니, 연쌤, 나 모르게 어디서 영종고가 좋은 이유 보고서 쓰고 왔어요?

솔쌤: 그러게요, 진짜 술술 나와요. 놀랐어요.

허쌤: 근데 저 연쌤 말에 공감하는 게, 일반적인 고등학교가 정말 그런 면이 있어요. 저는 이 학교가 네 번째 학교인데 이 학교가 제 교직인생 중 가장 좋은 학교인 이유가 바로 이런 점들 때문이에요. 그전에 학교에서도 좋은 동료들을 많이 만났고 애들도 좋고 다 좋은데 어떤 한계가 있었어요. 학교 문화 자체가 굉장히 권위적이고, 또 고등학교라서 더 그렇다고 생각하는데 너무도 폐쇄적이고 협력하려 하지 않고.

연쌤: 맞아요. 그래서 오히려 부장님 같은 분들이 소수이시니까 그분들이 더 길을 못 펴고 그냥 차라리 포기를 하시더라고요.

수쌤: 밖으로 나가셔서 그냥 외부 활동하시고.

연쌤: 말을 꺼내면 왜 일을 만드냐, 이런 소리 듣고.

오쌤: 어깨동무 문화. 교육학에서 나오거든요. 한 명이라도 나가면 어깨동무는 깨지니까 다르게 하면 지탄을 받죠. 그런데 우리 학교는 다른 면을 되게 존중하는 느낌이 있어요.

정쌤: 저는 우리 학교 샘들 보면서 진짜 신기할 때가 많아

요. 그래서 그런 샘들을 보면 나도 어디 가면 잘할 수 있는데, 잘하고 싶다 막 그런 속상함이 드는 거지 영종고가 싫은 건 아닙니다.

허쌤: 잘하고 싶어서 힘든 거죠. 잘하고 싶은 게 아니면 어딜 가든 편하겠죠.

정쌤: 아까 오쌤이 우리 학교는 다른 면을 존중한다고 하셨잖아요. 사실 샘들이 보면 가치관이 다 엄청 다르거든요. 심지어 성향이 비슷해서 같이 있는 분들 사이에서도 디테일한 부분까지 들어가서 논의하면 다르고 그거에 대해 조금 조심스럽지 않게 접근했을 때 약간 분위기가 싸해질 수도 있는 순간들이 생기잖아요. 그럴 때 저는 그의 의도와 행동의 목적이 뭐냐를 생각하는데, 만일 목적이 동의가 되면 존중이 되는 거예요. 중꺾마(중요한 건 꺾이지 않는 마음)? 그런 것처럼 '중요한 건 학생을 위하는 마음'인 거죠. 그런 차원에서 생각할 때, 영종고에서는 사실 너무 감탄을 하게 되는, 괴물 같은 분들이 많잖아요. 이분은 하루가 48시간인가 싶은 그런 분들이.

오쌤: 아, 맞아요. 그래서 엄청 다양한 프로그램이 있고. 요새 3학년 면접 지도 하면서 새삼 느껴요. 저희 학교에 유독 환경 프로그램이 많잖아요. 프로그램이 많이 열리니까 애들이 많이 참여했어요. 그러다 보니 저절로

'나는 환경을 좋아하는 아이' 이렇게 된 거예요. 생기부에 온통 환경 이야기니까. 그냥 신기해서 한 건데 면접 때는 왜 이렇게 환경에 관심이 많니? 이렇게 되는 거죠.

수쌤: 하하, 그렇게 볼 수도 있구나.

오쌤: 그러니까 이제 자기도 콘셉트가 돼서 "녹색 위기를 다루는 외교관이 되겠습니다" 이렇게. 하하.

끝없이 이어지던 우리의 수다는 식당문 닫는 시간이 되어 채 마무리를 하지 못하고 갑작스레 끝이 났다. 아마 아무리 시간이 있어도 마무리를 못 짓지 않을까? 꼬리에 꼬리를 무는 이야기들은, 그만큼 학생과 학교, 수업에 대해 끊임없이 고민하는 새내기 쌤들의 열정을 보여주는 것 같다. 학생들이 있는 한 우리의 이야기는 끝나지 않겠지. 좀 오글대지만 정쌤이 말한 대로 '중요한 건 학생을 위한 마음'이라고 제목을 붙여 본다. 힘들 때도 즐거울 때도 서로 토닥이고 격려하며 앞으로 나아가는 좋은 동료를 만난, 좋은 가을 밤이었다.

3

너와 내가
만나
'우리'가 되다

윤리적 생활공동체 이야기

교사
신혜영

사랑이
넘치는
영종고

저는 영종고등학교에서 교사로서 3년을 생활하면서 동료 교사분들과 학생들에게 받았던 사랑을 나누고자 합니다.

영종고등학교에서 교직 인생 처음으로 담임을 맡게 되었습니다. 그래서 기대도 컸고 한편으로는 걱정도 가득했던 것 같습니다. 그러나 처음 담임을 맡게 된 저를 부장님을 비롯한 같은 학년 선생님들께서 하나부터 열까지 챙겨주셨습니다. 시험감독 시 유의사항, 생활 지도할 때 확인해야 할 사항들, 교사로서 아이들을 대하는 방법 등 많은 부분에 있어서 좋은 말씀과 마음을 아끼지 않고 주셨습니다. 더불어 동교과 선생님들께서도 제 문제를 검토해 주시고 시험 문제 관련 연수자료들을 나누어 주시면서 시험 문제 출제를 처음 해보는 제가 성장할 수 있도록 힘써주셨습니다.

많은 분들의 사랑과 응원으로 한 걸음씩 나아갔지만, 인생 첫 담임으로서 아이들과 소통하고 함께 생활하는 것이 쉽지만은 않았습니다. 아이들의 성향이 너무나 다양하고 교사 지도에 대한 반응들도 다채로웠기 때문입니다. 또한, 제가 아이들을 대하는 태도와 지도 방식이 과연 그 학생에게 적절한 방법이었을까에 대한 고민이 많았고, 말과 행동에 문제가 없었는지에 대한 염려도 많았습니다. 교사로서의 부족함이 많은 저였음에도 불구하고, 아이들은 저의 진심과 마음을 알아주었고, 학년 말, 학급에서 가장 저를 힘들게 했던 학생에게 선생님과 함께할 수 있어 행복했다는 내용의 긴 편지를 받게 되었습니다. 그 시간을 통해 사람의 마음과 정성이 보이지는 않지만, 우리가 서로 느낄 수는 있구나, 교사는 주는 직업이라고만 생각했는데 이렇게 받는 순간들도 오는구나, 어쩌면 내 생각보다 더 많은 것들을 받는 직업이겠다는 생각이 들었습니다. 그렇게 감사하고 고마운 순간들이 쌓여 앞으로 나아갈 수 있는 힘을 얻었습니다.

물론, 학칙을 준수하지 않고 마음속 어려움으로 인해 방황하고 본인의 아픔을 거칠게 표현하는 학생들도 있었습니다. 하지만 함께 지내다 보니, 그들의 기저에 깔려 있는 감정과 어린 시절 겪어온 환경들을 알게 되면서 거칠고 투박

했던 행동들을 이해할 수 있는 마음이 점점 생기기 시작했습니다. 이해가 되기 시작하니 아이들을 향하는 태도와 마음이 이전보다 조금씩 부드러워졌습니다. 그러면서 아이들과의 라포가 형성되었고, 그 과정을 통해 아이들이 저를 대하는 태도가 처음에 비해 점점 유연해진다는 것과 아픔이 있던 아이들 또한 본인의 마음과 정을 표현함을 느낄 수 있었습니다.

이제 3년차가 되어가는 저는 아직도 어려움이 많고 여전히 아이들을 가르침에 있어서 정답이 무엇일까에 대한 고민을 계속하고 있습니다. 간혹 답이 보이지 않는 상황 속에서 지치기도 했지만, 동료 교사분들과 아이들에게 받은 사랑은 제가 계속 나아갈 수 있게 해준 큰 원동력이 되었습니다. 사랑을 하려면 사랑을 받고 배워야 하는데, 저에게는 그 공간이 영종고등학교였습니다. 영종고등학교는 제 생각보다 크고 깊었으며 사람을 품는 아름다운 곳이었습니다.

교사
이원순

영종고
학생생활지도에
관한
좋은 추억

영종고와의 어색한 첫 만남에서

내가 우리 영종고등학교에 처음 출근했을 때(2017년 3월 초) 우리 학교 학생들을 처음 본 것은 출근길 버스에서였다. 부천에 살던 나는 부평구청에서 통근버스를 타고 출근을 하였는데, 옆에 같이 탔던 연수원에 근무하던 친구가 나에게 "야! 저기 좀 봐! 애들 담배 피운다!"라고 알려주어 그곳을 보았더니 인근 아파트 놀이터에서 여러 명의 아이들이 모여서 연초를 피우고 있었다. 나에게는 다소 흥미로운 장면으로 기억되고 있으며, 앞으로도 내가 치매에 걸리지 않는 한은 영원히 기억에 남을 것 같다. 그 다음으로 인상에 남은 장면은 출근 후 1교시, 강당에서 입학식을 하기 위해 학생들을 직접 만났던 일이다. 나는 2학년 담임으로 배정이 되었고, 당시 3학년 학생들이 선생님들을 친구처럼 편하게 대하는 모습과 두발, 복장, 화장, 장신구 착용 등 화려하면서 자유분방한 모습이 뇌리에 남는다. 시내에서 근무했던 이전의 학교에 비하여 매우 '날라리(?)'처럼 보였던 우리 학생들의 언행이나 외모에 처음에는 꽤나 적응이 안 되었다.

영종고에 조금씩 스며들며

2017년 처음 우리 학교에서 맡은 임무는 2학년 2반 담임 교사였고, 학년에서는 학년 회생(공동체 회복을 위한 생활교육, 또는 회복적 생활교육) 임무를 맡았다. 전 학교에서는 회생이라는 개념이 없던 터라, 회생이라는 단어조차 나에게는 무척 생소했던 기억이 남는다. 사실 우리 학교 시스템이나 학생들 모두 처음에는 나에게 굉장히 낯설었다. 더욱이, 그 당시 나는 2월에 갓 출생한 아들을 처음 키워야 했던 터라 아빠의 삶에도 적응이 안 되었던 상태였고, 모든 게 다 뒤죽박죽이었던 때였다. 학년부장 선생님에게 "회생이란 무엇인가요?"라고 질문을 하였더니 "선도위원회에 바로 보내지 않고, 회생할 기회를 주는 거예요. 우리 학교에서는 주로 백운산에 올라가요."라고 대답해 주셨다. 바로 선도로 보내지 않고 말 그대로 다시 태어날 '회생'의 기회를 주다니 참 좋은 제도라고 생각했다. 지금은 흡연을 하면 바로 선도위원회로 보내 징계를 내리지만, 당시에는 흡연 학생이 너무 많아서 그랬는지 처음에는 회생을 보내어 징계 받기 전에 한 번의 기회를 주었던 걸로 기억한다. 흡연, 휴대폰 미제출, 월담 등 기타 교칙 위반 학생들을 데리고 학년부장 선생님과 함께 백운산에 올라가는 일이 처음에는 낯설고 체력적으로도 힘들고 이상하게 생각되었지만, 하다 보니 다리에 힘도 생기고 올라가서 맛있는 간식도 나눠먹으며 이런 저런 이야기도 나눌 수 있어 보람차다는 생각이 들게 되었다. 처음 회생했을 때인가 봄에 하산해서 학교로 돌아오는 길에 만난 동학년 선생님들이 '우리 학년에는 야자하는 애들보다 회생가는 애들이 더 많다'며 재밌게 놀리던 기억이 잊혀지지 않는다. 2017학년도에 1년 간 회생지도를 받은 아이들이 2학년에만 100명이 넘었을 것 같다.

다음 해에는 내가 회생 임무를 맡지는 않았지만, 가끔 산에 따라 올라가고 싶을 때가 있어 동행했었던 기억이 난다. 시간이 지나며, 회생 담당 교사나 학년부장님 외에도 여러 선생님들이 함께 산에 올라가는 문화가 생긴 것 같다. 2019년에 1학년 담임을 하면서 회생 임무를 맡았을 때는 문덕순 학년부장 선생님을 비롯하여 학년에서 되도록 많은 선생님들이 백운산을 같이 올라가는 풍습이 생겼고 학교로 돌아와서 교실에 모여 간식을 먹으면서 반성문을 적고, 낭독을 했다. 또한 어떠한 교칙위반을 하였는지 이야기하고 무엇을 반성하는지, 나 때문에 학급에 피해를 입은 학생들이나 우리 선생님, 부모님께 미안한 점 등을 나누는 소중한 시간을 가졌던 점이 인상 깊었다. 그 해에는 학년 선생님들 대부분이 등산을 같이 하며 친목도 다질 수 있어서 회생이 아주 좋았던 추억으로 남아있다.

영종고를 이끌며

나는 갑자기 의도치 않게 2022년부터 학생생활지도를 담당하는 부서에서 담당부장(학주?) 임무를 맡게 되었다. 현재 2023년에도 여전히 이 업무를 하고 있다. 2017년 이후 2022년 전에 중간 중간에 학생생활지도에 관한 규정이 개정된 적이 두어 번 있는 것 같다. 두발과 용의 복장에 관한 규정, 휴대폰 등 통신 전자기기 휴대에 관련한 규정 등이 주요 주제로, 학생, 학부모, 교사의 대표들이 의견을 수렴하여 여러 차례 만났으며, 공청회 및 3주체 회의 등을 통하여 열띤 토론을 거쳐 현재의 규정을 만들어 나간 것으로 알고 있다. 염색, 파마, 머리길이 제한 등 두발 규정과 액세서리, 써클렌즈 착용의 자유에 관한 규정은 완화된 것으로 알고 있으며, 휴대폰 등의 전자기기 휴대에 관한 규정은 기존대로 학교에서는 사용하지 않는 것으로 하고 있다. 대신, 사복을 입는 행위는 철저하게 단속하기로 하였다. 두발, 화장, 액세서리 규정이 완화되고 애들이 사복을 입고 다니면, 성인

인지, 대학생인지, 고등학생인지 구분이 되지 않기 때문에 술, 담배를 살 수 있고 비행 행동을 해도 우리 학교 학생인지 알아보기 어렵기 때문이다. 가끔은 고깃집이나 음식점에서 술을 마시다가 경찰에서 연락오는 경우가 있는데 이러한 경우를 방지하기 위해서라도 학생들은 교복을 꼭 입고 다녀야 할 것 같다.

최근 들어 회생이나 선도 처분 징계 지도를 위하여 백운산 등반을 할 때, 몸이 불편하다고 정상까지 못 올라간다고 떼를 쓰는 학생들이 많이 늘어나고 있다. 체력은 국력이라는 말이 있듯이 우리 아이들이 장차 커서 이 나라의 커다란 일꾼이 되기 위해서는 백운산 정상 등반 정도는 거뜬히 해내야 할 것 같다. 힘들어도 정신력을 발휘한다면 끝까지 올라갈 수 있다. 우리 영종고등학교 아이들이 한 명의 낙오자도 없이 모두 정상까지 올라갈 수 있기를 바란다.

교사
최경호

서로의 이름을 불러주기
- 사제동행 스포츠 활동

2016년 3월 2일 인천대교를 건너 처음으로 학교에 출근하는 날.

교문 앞에는 선생님들이 두 줄로 길게 서서 등교 맞이 행사를 하였다. 학생들은 선생님들의 등교 맞이가 어색한지 눈을 마주치지 못하고 어색한 웃음을 지으며 교문 안으로 들어섰다. 전에는 볼 수 없었던 생소한 경험이었다. 이러한 광경은 학교 공동체의 소속감을 바탕으로 학교에 대한 비전과 철학을 선생님들이 함께 실천하는 과정으로 보였다.

2016년의 영종고

영종고에 전근 오기 전부터 생활교육에 어려움이 많은

학교라는 말을 주변으로부터 많이 전해 들었다. 당시 나는 학교폭력, 선도위원회, 안전 업무를 담당하였다. 경험이 많은 업무였기에 업무에 대한 자신감은 있었으나 새로운 아이들과의 만남이 걱정도 되었다. 그동안의 경험에 비추어 보았을 때 학생들을 대함에 있어 존중하고 공감하는 마음으로 선입견 없이 대할 때 학생생활교육 임무는 원활히 진행되었다.

하지만, 학교폭력과 선도위원회 횟수가 시간이 지나며 증가하기 시작하였다. 혁신학교라는 자율적 교육과정으로 인한 개방적인 학교문화 때문인지 아니면 학생들의 생활규정 완화 때문인지 학교 내에서 출결문제, 흡연, 이성문제, 교권침해 등 다양한 사건들이 안전생활부로 신고되었다. 이러한 원인을 해결하기 위해 우리 동료교사들은 부서회의, 전학공, 교과협의회 등을 통해 현재 일어나고 있는 상황들에 대해 함께 고민하게 되었다.

명확한 해답은 없었지만 영종고등학교의 교훈대로 자기사랑과 열정을 가진 학생으로 자라날 수 있도록 우리가 함께 뛰며 함께 실천하자는 것에 대부분의 교사들이 공감하였다. 학교폭력, 선도위원회를 오랫동안 담당하며 느낀 것이 있었다. 학교에서 발생하는 사건, 사고들은 사람과의 관계에서 소통과 공감의 부족에서 일어난다는 점이다. 즉, 인간다움을 갖춘 사람으로 우리가 이끄는 것이 너무나 중요한 일이며 교사와 학생, 학생과 학생 간에 존중과 배려를 통해 인간으로서의 가치와 존엄을 인식하며 함께 성장할 수 있는 방법을 찾아가는 과정이 필요함을 알게 되었다.

사제동행 체육활동의 시작

2016년 4월 어느 날 남교사 모임에서 나는 선생님들께 건의를 드렸다. "우리가 아이들과 함께 뛰면 어떨까요?" 당시 나는 저경력 교사였으며 경력이 많은 남교사가 대다수였다. 한치의 망설임도 없이 선생님들께서는 흔쾌히 동의하셨고 아이들이 좋아하는 운동종목을 선정해 함께 하기로 의견을 모았다.

선생님들은 매주 수요일 점심시간 운동장에 모여 축구시합을 하기 시작하였다. 나이가 많은 원로교사부터 교감선생님까지, 당시 학급수가 많지 않아 교사수가 부족함에도 불구하고 대부분의 남교사들이 무거운 몸을 이끌고 함께 참여하였다. 이러한 모습이 이색적인지 아이들 또한 운동장으로 모여들기 시작했다. 한 주씩 번갈아 가며 학년별로 운동을 하였고 자연스레 관중석에는 이를 구경하고자 많은 아이들이 모여 응원하고 관람하였다.

운동시합 중에 넘어지면 일으켜주기도 하고 상대가 잘한 모습에 박수를 치기도 하며 서로를 격려하였다. 함께 하는 시간이 지속되면서 아이들과의 유대관계가 쌓이기 시작했다. 특징적인 것은 이러한 스포츠활동에 참여하는 학생들 대부분이 학년에서 힘깨나 쓰는 친구들이었다. 스포츠를 통해 학교생활에서 또 하나의 흥미요소가 이들에게 생겨난 것이다. 수요일이 되면 출결이 좋지 않던 학생들도 이날만큼은 나와서 함께 뛰었다. 운동 후에 만나서 이 학생들과 자연스러운 대화가 오고 가며 근황을 묻고 학교에서 자주 보고 싶다는 말을 전하곤 하였다.

사제동행 체육활동의 확장

교육은 지식을 주입하는 것이 아닌 스스로가 흥미를 느끼고 본인이 하고 싶은 일을 찾아갈 수 있도록 도와주고 지원하는 역할을 해야 한다고 생각한다. 이러한 역할을 하기위해 학교는 학생들에게 다양한 경험을 제공하고 소통과 공감을 통해 인간다움을 길러주는 것이 무엇보다 중요하다고 생각하였다. 사제동행 체육활동을 통해 아이들은 선생님들과 더 가까워졌고 함께 땀 흘리고 부딪히며 서로에게 존중감을 표현하였다.

"내가 그의 이름을 불러주었을 때, 그는 나에게로 와서 꽃이 되었다." 김춘수 시인의 「꽃」에 나오는 구절이 생각났다. 서로에게 힘이 되어주고 학생으로서 교사로서 동등한 입장에서 정정당당하게 경기함으로써 서로를 알아보는 소중한 시간여행이었다. 이러한 경험을 계기로 2017년부터 스포츠 종목을 확대하여 배구, 농구, 핸드볼, 배드민턴, 빅발리볼 등 여학생들도 함께할 수 있는 종목으로 학생들의 참여를 유도하였고 영종고등학교의 하나의 문화로 자리잡게 되었다.

내가 경험한 영종고는 교사들의 집단지성과 자발적 노력으로 끊임없이 발전하였다. 활기찼던 분위기가 코로나로 인하여 잠시 멈춰서긴 했지만, 우리 공동체는 이를 극복하고 다시 힘찬 날갯짓을 하며 일어서고 있다. 영종고는 적은 학급과 인원수로 출발하여 현재는 인천 관내에서 대규모 학교로 성장하였다. 또한, 혁신학교 8년차로 결대로자람학교의 교육 철학을 통해 교육 구성원들과 함께 학생들이 결대로 자라날 수 있도록 현장에서 많은 노력을 하고 있다. 이러한 자발적 참여와 좋은 교육을 위한 노력은 인천의 모든 학교들에게 귀감이 될 수 있을 것이며 아이들에게 희망이 될 것이다. 학교의 철학과 비전을 담은 우리 공동체의 노력들은 학생들에게 자양분이 되어 민주시민으로 성장하고 미래사회에 자신의 행복한 삶을 위해 증진할 수 있는 큰 힘이 될 것임을 확신한다.

함께의 가치를
실현하는
'골(GOAL) 때리는
녀석들'

학교는 공동체적 성장의 공간이다. 학생과 교사 모두 공동체의 구성원으로서 서로 존중하고 배려하며 행복한 배움과 다채로운 성장이 일어나는 공간이 곧 학교이다. 하지만 과거의 권위적이고 일방향적인 사제 관계는 긍정적인 관계 맺음과 상호작용을 제한하였고, 이는 교육주체 간 불신의 기제가 되어 갈등의 요인으로 작용하기도 하였다. 우리 인천영종고는 교육공동체의 갈등을 전환하고 상호존중하고 배려하는 학교문화를 만들어가기 위한 일환으로 사제동행 스포츠활동을 수년간 운영하고 있다. 신체활동은 스포츠맨십 함양을 통한 건강한 관계 형성에 있어 매우 중요한 역할을 한다는 것은 주지의 사실이다. 이에 본고에서는 필자가 경험한 사제동행 스포츠활동 '골(GOAL) 때리는 녀석들'에 대해 이야기하고자 한다.

함께의 가치를 만들어가는 '골(GOAL) 때리는 녀석들'

1. '골(GOAL) 때리는 녀석들'이란?

'골(GOAL) 때리는 녀석들'은 한 방송국의 인기 스포츠예능 프로그램 '골 때리는 그녀들'에서 아이디어를 얻어 붙여진 이름이다. 인천영종고는 점심시간을 활용하여 학생들이 주도적으로 운영하는 런치리그 스포츠활동을 운영하고 있다. 빅발리볼, 배드민턴, 야구, 축구 등 학생들의 희망에 따라 다양한 종목이 개설되어 운영되고 있으며, 이는 학생들의 공동체성 함양과 학업으로 인한 스트레스를 해소하는 긍정적 효과로 이어지고 있다. 이러한 다양한 프로그램 중 축구리그전인 '골 때리는 녀석들'은 교사들이 참여하여 사제동행 경기를 진행하는 것이 다른 프로그램과의 차별점이라고 할 수 있다.

2. 어떻게 운영되고 있나?

코로나19 팬데믹을 넘어 전면등교가 진행된 2023년도에는 런치리그전 운영이 더욱 활발해지고 있다. 먼저 학기 초, 전 교직원 및 학생 대상 홍보를 통해 런치리그

전 운영 안내 및 참여를 유도하였다. 이를 바탕으로 참가팀을 접수한 결과 1학년 2팀, 2학년 1팀, 3학년 1팀, 교사 1팀, 총 5개의 참가팀이 구성되어 축구 리그전이 운영되고 있다.

대회 운영은 풀리그전 형식으로 총 2라운드로 구성하여 매주 금요일 점심시간에 경기를 진행하고 있다. 남자 교원의 비율이 높고, 흔히 말하는 '라떼 세대'와 'MZ 세대'가 골고루 분포되어 있는 인천영종고등학교의 교사 팀은 높은 참여율을 보이며 학생들과의 상호작용을 촉진하고 있다. 특히, 교사와 학생의 축구 경기는 경기에 참여하지 않는 학생들의 관전 열기를 뜨겁게 하며 학교 구성원 모두가 즐거워하는 축제의 장이 되고 있다.

3. '골(GOAL) 때리는 녀석들'만의 장점

첫째, 사제동행 프로그램의 지속성이다. 기존의 사제동행 프로그램은 일반적으로 교내 체육대회, 축제 등에서 일회성 이벤트로 진행되었다. 이것 또한 긍정적인 효과를 거두고 있지만 관계 형성과 상호작용의 지속가능성 면에서 부족한 점이 존재하는 것 또한 사실이다. '골(GOAL) 때리는 녀석들'은 매년 4월~11월에 걸쳐 장기적으로 이어지며 사제동행활동의 지속성과 확장성을 높이고 있다.

둘째, 교사 참여의 자발성이다. 보통 사제동행 스포츠 활동은 학생들의 참여에 비해 교사들의 참여도는 낮은 편이다. '아이들 앞에서 실수하는 모습을 보이지 않을까?' '교사로서의 권위가 손상되지 않을까?'라는 걱정이 존재하는 건 부정할 수 없는 사실이다. 인천영종고 교사들은 그러한 것을 두려워하지 않고 아이들 앞에서 망가짐을 마다하지 않는다. 또한 자신의 학창시절을 추억하며 학생들과 축구 경기를 가지는 것에 대해 즐거움을 느껴 자발적 참여도는 더욱 높아지고 있다.

4. '골(GOAL) 때리는 녀석들'의 효과는?

첫째, 교사와 학생의 긍정적 상호작용이 증가하고 있다. 아이들은 선생님과 함께 호흡하고 땀 흘리는 과정에서 선생님을 어른이자 권위적인 존재만이 아닌 학교 안에서 함께 더불어 살아가는 공동체원으로 인식하고, 교사 또한 학생과의 건강한 경쟁을 통해 친밀감이 높아지는 경험을 하고 있다. 이러한 소중한 경험들이 서로를 존중하고 학생들이 올바른 시민으로 자라날 수 있는 민주적이고 윤리적인 공동체 문화를 만드는 밑바탕이 되고 있다.

둘째, 교사세대 간 이해와 소통의 장이 되고 있다. 교사 팀 구성원은 교장, 교감을 비롯하여 20~50대까지 다양한 연령대로 구성되어 있다. 교원들은 신체활동을 통해 서로가 가까워지고 직위와 세대의 벽을 허무는 장을 만들어가고 있다. 이는 최근 증가하고 있는 교원세대 간의 갈등을 해결할 수 있는 좋은 모델이 되고 있으며, 민주적이고 수평적인 학교조직 문화를 만들어가는 기반이 되고 있다.

셋째, 코로나19로 인한 신체 건강·사회성 결손 회복을 촉진하고 있다. 코로나19는 학생들의 심리·정서, 사회성, 신체 건강 등 전방위적인 결손을 초래하였다. 특히, 사회적 거리두기로 인한 관계의 단절은 공동체성 함양의 기회를 제한하였다. 단체경기를 수행하는 과정에서 팀원들과 함께 호흡하고 상호작용함은 물론 상대와 경쟁하는 과정에서 신체 건강 증진, 정서적 스트레스 해소, 사회성 함양 등 교육 회복을 실현하는 계기가 되고 있다.

넷째, 학교체육 활성화에 기여하고 있다. 사제동행 스포츠활동뿐 아니라 본교에서 운영하고 있는 다양한 런치리그 활동은 학교 스포츠클럽활동의 우수 모델을 제시하고, 일반화 및 확산의 가능성을 높이고 있다. 또한, 학교체육에 대한 긍정적인 인식 전환 및 필요성을 모두가 공감하며 모두가 즐기는 학교체육 활동의 저변을 넓혀가고 있다.

아이들은 학교 안에서 더불어 살아가는 삶을 실천하는 시민으로 성장한다. 교사와 학생이 공동체 안에서 함께 살아가는 시민임을 자각할 때 서로를 존중하고 공존하는 학교문화가 형성될 것이다. 사제동행 스포츠활동은 이러한 문화 형성과 관계중심 생활교육에 핵심적인 역할을 해오고 있다. 지금까지의 성과를 바탕으로 여학생·여교사 프로그램 개발, 학부모팀 참가 등 사제동행 스포츠활동의 지속 가능한 발전을 위한 노력이 지속되어야 할 것이다.

부흥고
교사
김옥진

책과
함께한
사제동행

2020년, 코로나로 인한 혼란이 막 시작되었던 해였습니다. 상당 기간 재택근무를 하면서 개학도 늦어졌던 그런 정신없던 시기. 고3을 시작으로 학교가 조금씩 돌아가기 시작했던 평소보다 늦어진 학기 초, 인문사회부의 업무를 살펴보니 부장님께서 '사제동행 독서'라는 이름의 활동을 계획해 놓으셨더라구요. '사제동행 독서'는 영종고에서 처음으로 시도한, 앉아서 하는(?) 사제동행 프로그램이라고 할 수 있겠네요. 이전까지는 사제동행 스포츠 활동만이 활발했거든요. 그때의 기억을 더듬어 보다가 아무래도 처음 기획을 하신 분의 이야기를 들어보는 게 좋을 것 같아 2020년 인문사회부 부장을 맡으셨던, 지금은 부흥고에서 근무 중이신 김옥진 선생님의 이야기를 들어

보기로 했습니다.

사제동행 독서를 기획하게 된 계기

폐응 전학공에서 '독서 동아리 100개면 학교가 바뀐다'는 책을 읽고, '이거 애들한테 좋겠다'는 생각이 들었다. 학교에서 친구들과 시시한 얘기가 아닌 책과 관련된 진지한 대화가 오고 갈 수 있다는 게 근사할 것 같았다. ENFP답게 생각이 듦과 동시에 구체적인 계획도 없이 부장회의에서 인문사회부의 '그해 새로운 사업'으로 발표해 버렸다. 막상 계획을 세우려니 현타가 왔다. 우리 부서끼리 할 수 있는 일이 아니었다. 애들 꼬시기도 어려운데, 선생님들의 적극적인 협조도 필요했다. 다행히도 책을 함께 읽어 달라는 학생들의 부탁을 거절하신 선생님은 없으셨다. 역시 선생님들은 학생들에게 약하다. 자신들이 학생들에게 도움이 된다면 기꺼이 시간을 할애해 주셨다. 생명과학 선생님들 중에는 진로와 관련된다는 학생들의 말에 거절을 못하시고 3팀을 맡아주기로 하신 분들도 계셨다. 너무나 감사한 일이었지만 현실적으로 어려움이 예상되어, 한 팀은 다른 학년의 생명과학 선생님께 조심스럽게 부탁을 드렸다. 흔쾌히 독서 동아리를 맡아주셨다. 학교를 옮겨 회상해보니, 영종고 샘들의 협력하는 문화가 새삼 대단하게 느껴진다. 어느 학교나 한 분 한 분의 선생님들을 들여다보면 죄다 능력자들이시다. 하지만 뭉치지 않는다. 그저 아쉬울 따름이다.

아쉬운 이야기

독서 동아리 계획서를 제출하고, 선생님도 섭외하고, 책도 선정하여 독서 동아리를 구성했음에도 최종 보고서를 제출하지 못하는 동아리가 한두 팀 정도 계속 발생했다. 시작은 창대하나 끝이 미약한 나를 닮은 아이들로 구성된 동아리였을 텐데…. 안타깝다. 교사의 지원과 관심은 한계가 있단 생각이 든다. '학생 운영단을 조직해서 선배, 동기들이 끌어주었다면 낙오되는 팀 없이 함께 완주할 수 있지 않았을까'라는 아쉬움이 있다.

사제동행 독서 동아리 발표회 등을 통해 다른 독서 동아리가 어떻게 활동했는지 공유할 수 있는 시간을 마련해주지 못한 게 또 하나의 아쉬움으로 남아 있다. 학생들이 다음 해 활동을 구상하는 데, 성장하는 데 도움이 되었을 텐데….

뿌듯했던 기억

사제동행 독서 활동에 참여했던 학생들은 선생님들과 자신들이 특별한 관계를 맺고 특별한 시간을 공유하고 있다고 느끼는 것 같았다. 선생님과 학생의 구분 없이 삶에 대해, 사회에 대해 그리고 세상에 대해 이야기를 나눌 수 있는 기회를 마련했다는 점과 어떤 학생들에게는 또래들끼리

만으로는 어려울 수 있는 문제를 조금 다르게, 조금 더 깊이 있게 생각할 수 있도록 선생님들께서 하이터치를 해 주셨다. 또한 아이들이 서로 자신의 생각과 느낌을 주고받으며 혼자 읽는 것보다 함께 읽는 것이 더 재미있다고 이야기한 것이 기억에 남는다.

한 자리에 모이는 것에 제약이 있던 시기여서 팀 구성이나 활동의 상당 부분을 온라인으로 진행했던 기억이 나네요. 아이들에게 신청 링크를 보내면서 과연 책 읽기 활동에 영종고 아이들이 관심을 보여줄까 걱정도 했었지만, 결과적으로 40개 이상의 팀이 꾸려졌어요. 책으로 하는 활동에 자발적으로 이만큼의 아이들이 움직였다는 게 놀랍기도 하고 고맙기도 했습니다. 우리가 읽고 있는 책을 홍보하기도 하고, 직접 고른 책에 대해 애착을 좀 더 갖도록 책을 다양하게 활용해 사진에 담아 전시하는 사진 공모전도 진행해 보았습니다. 처음 하는 활동이라 시행착오도 많았고 욕심만큼 다양한 활동을 제공하지 못한 게 아쉬움으로 남아 있긴 하지만, 그래도 그때의 '사제동행 독서' 프로그램이 지금 훨씬 더 짜임새 있게 진행되고 있는 다양한 사제동행 프로그램의 발판 역할을 해 주지 않았나 생각해 봅니다.

교사
박선희

텃밭에서
희망을 보다

텃밭 담당자가 된 나

나는 올해로 결대로자람학교(예전 행복배움학교)인 인천영
종고에서 5년째 근무중이다. 4년간 담임을 해오다 올해 처
음으로 비담임이 되었고, 수리과학부에서 수학 관련 업무
및 텃밭 활동 업무를 맡게 되었다.

내가 텃밭 업무를 하게 되다니… 나는 사실 텃밭에 작물
을 심어본 적도 없고, 얼마 전까지는 집에서 식물을 키우기
만 하면 죽이는, 식물 키우는 것에 대해서는 정말 문외한이
었는데 말이다. 그래도 내가 맡은 업무이니 어쩌겠는가…
작년, 재작년에 했던 텃밭 활동을 참고해서 하나하나 계획
을 세워보았다.

처음에는 일단 작물을 심는 것부터 시작해야겠다고 생각했지만, 작물을 심기 전에 먼저 텃밭에 퇴비를 주어 흙에 영양분을 공급해야 한다는 것을 알게 되었다. 작물을 심기 2~3주 전 주무관님의 도움으로 텃밭 상자에 퇴비를 주는 것으로 나의 텃밭 활동이 시작되었다.

모둠으로 길러볼까?

그리고 학생들에게 작물을 그냥 기르는 것이 아닌, 무언가 도움이 되는 활동을 하게 해주면 어떨까 하는 생각이 들었다. 모둠별로 주제를 정해 그것에 맞는 텃밭을 구성하여 과학적·인문학적·예술적 소양을 기를 수 있도록 하면 좋겠다는 아이디어를 얻게 되었고, 다른 학교의 사례를 참고로 모둠별 예시자료를 만들어 학생들에게 안내했다. 친환경 방충제 실험, 패랭이꽃 심지 화분 만들기, 친환경 제초제 만들기, 상자 화단을 이용한 공간 디자인, 식물 세밀화로 성장 과정 표현하기, 텃밭에서 기른 배추 등을 활용한 김장, 내가 키운 작물 나눔하기…. 이런 안내 자료에 힘입어 두세 명씩 모둠을 만든 아이

들이 기르고 싶은 작물과 이유, 하고 싶은 활동들을 정하여 텃밭을 신청했다. 1학기에는 18모둠, 2학기에는 9모둠이 참여하여 각 모둠마다 자신들의 탐구 주제를 직접 설정하고, 주제에 맞게 작물을 기르고 관찰하여 학기말에 탐구 보고서를 제출하였다. 우주식물 기르기 등 실험적인 시도들도 있었고, 성공 여부와 상관없이 아이들은 즐겁게 텃밭 활동을 했다.

열성적인 텃밭 가꾸미들

학생들뿐만 아니라 우리 학교 교직원의 신청도 받았는데, 교감 선생님을 비롯한 많은 선생님들, 행정실장님을 비롯한 많은 행정직원들이 참여해 주셨다. 1학기에는 26명이 총 104개의 텃밭 상자를, 2학기에는 32명이 총 108개의 텃밭 상자를 가꾸었다. 1학기에 심은 작물은 상추, 깻잎, 고추, 토마토, 당근, 감자, 비트 외에도 총 35가지를 심고 길렀다. 매일 자신의 텃밭에 물을 주고 작물을 수확하는 기쁨이 정말 생각보다 너무 컸다. 상추와 깻잎은 얼마나 잘 자라는지 2,3일에 한 번씩 수확할 정도였다. 예전엔 느껴보지 못한 수확의 기쁨을 느끼게 해주었다. 특히 우리 학교의 새내기 선생님이 보내준 메시지를 읽고 큰 보람과 감동을 느낄 수 있었다. 선생님이 보내신 메시지는 다음과 같다.

선생님 안녕하세요
2학년부 ○ ○ ○입니다 ㅎㅎ
어제 수확하신 상추 등등 주셔서 넘넘 감사했습니다!
다음에 커피라도 들고가서 인사드릴게요 ㅎㅎ
덕분에 텃밭에 쏠쏠한 재미를 붙이며 학교생활 즐겁게 하구있습니당.
감사합니다!
좋은 목요일 되셔요! *^^*

씨를 뿌리니, 싹이 났어요!

2학기에는 가을 작물인 동치미 무, 대파, 쪽파, 국화를 심고 기르고 있다. 1학기에는 주로 모종을 심었는데 2학기에는 쪽파와 국화를 제외하고는 씨를 뿌렸다. 과연 씨에서 싹이 날까 염려했었는데 시간이 흐르니 얼마나 이쁘게 싹이 나던지. 신기하고 아름다웠다. 이제 그 작물을 열심히 길러서 겨울 전에 동치미와 깍두기를 담그는 게 나의 마지막 목표이다. 부디 잘 자라 주어 마지막 미션까지 잘 해결될 수 있길 바란다.

　아직 1년이 다 지나지는 않았지만 텃밭 업무를 하며, 나는 희망을 보았다. 학생들에게서도 선생님들에게서도. 우리 학교 학생들은 겉으로 볼 때는 조금 거칠어 보이지만 어떤 활동이든 열심히 한다. 자신이 설정한 탐구 주제에 대해 성실히 임하고 끝까지 매진하는 모습에서 다시 한 번 느꼈다. 또한 우리 학교 선생님들은 다른 학교에서는 느껴보지 못한 열정이 가득하신 분들이다. 텃밭도 얼마나 열심히 가꾸시던지…. 텃밭뿐만 아니라 학생들과 하는 다양한 활동들, 학생들에게 대하시는 진심 어린 모습들을 보면 그래서 우리 학교가 이만큼 성장했구나 느낄 수 있다. 이 희망으로 더 성장하는 우리 인천영종고등학교가 되길 빌어 본다.

교사
김효곤

사랑과 나눔으로 만들어가는 전통

코로나로 위기를 맞이한 사랑의 반찬나눔 봉사단

2020년 1월, 전 세계에 코로나가 유행하였다. 코로나에 감염된 환자들만큼이나 코로나에 대응하기 위한 정보와 매뉴얼들이 쏟아졌다. 초유의 사태 속에 개학 또한 미뤄지고 대한민국 교육사에서는 볼 수 없었던 본격적인 원격 수업이 시작된 시기였다. EBS, Google, Zoom을 활용한 원격 수업을 해나가기 위해 기술을 습득하고, 수업 준비로 정신이 없었던 2020년 학기 초였다. 코로나에 대한 대응으로 3학년 등교, 1·2학년 격주 등교, 코로나 환자 발생 시 원격으로 전환 등 다시 생각해도 겪고 싶지 않은 혼란이었다. 이러한 상황에서 사랑의 반찬나눔 봉사단을 운영해야 한다는 것은, 생각하는 것만으로도 가슴이 턱 막히는 기분이었다. 코로나로 인해 운영이 어렵기 때문에 2020년은 사랑의 반찬나눔 봉사단 운영을 포기해야겠다는 생각이 합리적이고, 옳은 판단이라는 생각도 했다.

그런 생각을 가지고 있을 때 중구자원봉사센터 담당자와 연락을 하게 되었다. 담당자와의 대화에서 사랑의 반찬나눔 봉사단을 통해 반찬나눔을 받으시던 지역사회의 어르신들이 코로나로 인해 더 어려움을 겪고 계시고, 반찬 봉사단을 통해 받으셨던 나눔의 기쁨을 더 그리워하고 계신다는 이야기를 듣게 되었다. 어르신들이 봉사단의 아이들과 나눔을 기다리신다는 이야기를 듣고 나니 쉽게 포기할 일은 아니라는 생각이 들었다. 할 수 있는 방안을 찾아보자는 마음으로 먼저 기존 봉사단 학생들에게 의사를 물었다. 코로나 상황에 아이들도 어렵지 않을까 생각했는데, 그런 내 마음이 부끄러울 정도로 아이들은 시작하면 바로 참석하고 싶다는 의사를 표현했다. 신입생 중 봉사단 지원자가 있을까 고민했지만, 봉사를 위해 모이는 학생들이 코로나 이전과 비교해 달라질 것 없이 많이 모였다. 학부모님들 역시 마찬가지로 봉사단 운영 소식만을 기다려 오셨다고 한다. 결국 담당 교사였던 나만 현실을 운운하며 봉사를 포기하려고 했다는 사실이 부끄러웠다. 그렇게 사랑의 반찬나눔 봉사단은 학생, 학부모, 지역사회의 기대로 코로나의 위기를 넘어서고 있었다.

달라진 봉사단의 모습, 달라지지 않은 봉사의 마음

코로나 이전에는 토요일 아침 일찍부터 모여 음식 레시피를 공유하고, 모둠별로 학부모, 학생, 교사가 모여 두런두런 이야기를 나누며 기쁘게 시작했던 사랑의 반찬나눔 봉사단이었다. 하지만 코로나 상황이 되자, 봉사의 마음이 컸기 때문에 모였더라도 코로나 안전 수칙을 지키는 것이 굉장히 중요했다. 신청자 중에서도 코로나와 관련해 조금이라도 의심되는 상황이 생기면 참여가 어려웠고, 실내에서 활동할 수 있는 인원이 제한되어 있어 참여 인원 또한 많이 모이기도 어려웠다. 뿐만 아니라 봉사 장소 입구부터의 손소독, 발열 체크, 마스크 착용 및 대화 자제 등으로 인해 코로나 이전에 보던 즐거운 봉사단의 모습은 어디론가 숨어 버릴 수밖에 없었다.

말 그대로 어려운 상황이었고, 이렇게까지 봉사를 해야 하나 싶은 상황이었다. 하지만 이 또한 봉사단원들은 견디고 참아냈다. 그래야 안전하게 반찬을 만들어 지역사회 어르신들께 나눔을 할 수 있기 때문이었다. 제약이 많은 상황에서 봉사를 해야 했지만 마스크 위로 나와 있는 눈에는 웃음이 있었고, 눈빛은 봉사의 열정으로 빛이 나고 있었다. 안전 수칙을 준수하라는 이야기를 하기도 전에 서로가 조심하고 있었고, 학생들은 진정한 봉사자의 마음이 무엇인지 배워나가고 있었다. 모둠별로 재료를 손질하며 함께 하나의 음식을 만들어 나가는 정성을 모으며 학생, 학부모, 교사는 하나의 교육공동체를 완성해 나가고 있었다. 코로나로 봉사의 환경은 달라졌지만, 봉사에 참여하는 교육공동체의 마음은 변함이 없었다. 오히려 봉사의 사명감으로 가득 차게 되었다.

나눔의 기쁨

어렵게 만든 반찬을 들고 어르신들을 찾아뵙는 순간이 사랑의 반찬나눔 봉사단의 꽃이라고 생각한다. 코로나 이전에는 반찬을 들고 찾아뵙고, 말벗도 해드리고, 안마도 해드리며 시간을 보냈다. 하지만 코로나로 인해 나눔의 장면 또한 변할 수밖에 없었다. 반찬을 받으시는 어르신들께 방문 예정 시간을 미리 전화로 안내해 드렸다. 어르신들이다 보니 코로나에 더 취약하셔서 특정 장소에 반찬을 놓고 대면은 하지 않는 것으로 방침을 정했다. 그렇게 학부모님들과 학생들도 팀이 되어 반찬 배달을 가고, 나도 학생들과 한 팀을 이뤄 전소에 있는 어르신을 찾아뵙기 위해 길을 나섰다. 반찬을 들고 가면서도 마음이 조금 무거웠다. 코로나 때문에 예전처럼 해드릴 수 없었기 때문이었다. 그래도 이렇게나마 나눔을 할 수 있는 것이 다행이라 생각하며 전소에 도착했다. 약속된 장소에 반찬을 놓기 위해 갔는데 저 멀리서 어르신이 우리에게 손을 흔들고 있는 모습이 보였다. 마스크를 쓰시고, 구부정한 허리로 거동이 불편하셨을 텐데 혹시나 학생들에게 코로나로 어려움을 주시진 않으실까 저 멀리서 손만 흔드시며 반가움을 표현하셨다. 혹시나 어르신들께 피해를 끼칠까 걱정되어 학생들도 다가설 수는 없었다. 기쁘기도 했고, 안타깝기도 했다. 마스크 뒤로 어르신의 목소리가 나왔다. 작게 들렸지만, 최선을 다한 듯한 목소리로 "고마워요. 이렇게 찾아와줘서 고마워요."라고 말씀하셨다. 코로나로 인해 찾아주는 사람들이 더 적어진 탓에 누군가의 방문이 그렇게 기쁘셨던 것 같다. 예전 같지 않지만 예전만큼이나 서로가 나누는 정을 느낄 수 있었다. 그렇게 서서 연신 서로에게 인사만 나누다 발길을 돌려 학교로 돌아왔다. 나눠보는 사람만 느낄 수 있는 진정한 기쁨이 그 속에 있었다.

함께 지켜낸 전통, 이어져 나갈 미래

2023년은 인천영종고 개교 10주년, 혁신학교 8년이 되는 해이다. 그동안 사랑의 반찬나눔 봉사단은 학교의 전통으로 학생, 학부모, 교사가 하나의 교육공동체로 성장하며 지역사회와 연계할 수 있는 역할을 해왔다. 이러한 전통이 코로나로 인해 위기를 맞이했지만, 봉사단의 열정과 사랑으로 코로나의 위기 속에서도 전통을 지켜냈다. 2020년~2022년 사랑의 반찬나눔 봉사단 운영을 담당하며 힘들고 어려웠던 만큼 함께한 학생 및 학부모님들과 끈끈한 유대감을 가질 수 있었고, 어르신들과의 만남에서 큰 보람을 느낄 수 있었다. 앞으로 인천영종고는 개교 20주년, 30주년으로 계속 나아갈 것이다. 혁신학교의 정신을 바탕으로 계속 교육활동을 이어갈 것이다. 그 속에서 사랑의 반찬나눔 봉사단이 빛을 내길 바란다. 앞으로 사랑의 반찬나눔 봉사단을 이어갈 학생, 학부모, 교사가 내가 느꼈던 기쁨을 계속 느끼길 바란다. 그렇게 인천영종고의 전통으로 사랑의 반찬나눔 봉사단이 운영되길 바란다.

'반찬나눔'을 통한 행복 더하기

영종고등학교에 처음 입학했을 때, 봉사 시간을 주는 여러 가지 활동이 있었고 그중 하나가 사랑의 반찬나눔 봉사단 활동이었습니다. 저는 어렸을 때부터 요리하는 것을 좋아했고 집에서도 맞벌이를 하시는 부모님 대신에 요리나 집안일을 맡아서 하고 있었습니다. 그것이 사랑의 반찬나눔 봉사단을 선택한 계기가 되었다고 생각합니다. 그저 봉사 시간을 받고 마는 활동이 아니라 제가 잘할 수 있는 것으로 남에게 도움을 줄 수 있다는 것이 매우 뜻깊었고 저는 이 활동에 더욱 몰두하게 되었습니다.

처음 봉사활동에 갔을 때는 처음 본 친구들과 선배들, 어머님들 속에서 낯을 가렸었습니다. 하지만 그 어색함은 점차 요리를 하며 지워져 나갔고, 어르신들이 드실 맛있는 반찬을 만드는 데 몰두하게 되었습니다. 그리고 반찬을 만드시는 어머님들이 부르시면 최대한 찾아가 도움을 드렸습니다. 그 영향 때문인지, 봉사단에 남학생이 별로 없어서 그랬는지는 몰라도 어머님들은 저에게 많은 칭찬과 일거리를 주셨습니다. 오히려 그 많은 일거리가 저에게 성취감을 안겨주기도 했습니다. 또한 봉사활동을 하면서 친구들과도 친목을 다지고 후배들도 알게 되어 즐거운 시간을 보낼 수 있었습니다. 무엇보다도 어머님들께서 항상 칭찬을 해주셔서 스스로도 자존감이 높아지고 뿌듯해지는 경험이었습니다. 음식을 만드는 실력도 반찬봉사 활동을 통해 더 향상되었고, 만든 반찬을 어르신들에게 가져다 드릴 때도 항상 고맙게 맞아주셔서 많은 분들에게 선한 영향력을 드린 것 같아 다시 한 번 뿌듯함을 느끼게 되었습니다.

고3이 되어서는 입시 준비로 많은 활동에 참여를 하진 못했지만 간간이 참여를 하려고 노력하였고, 수능 전 마지막 활동이 끝나고는 선생님들과 어머님들 모두 아쉬워하시고는 졸업하고도 계속 와주었으면 좋겠다는 농담도 건네셨습니다. 이제 다시 오지 않을 학교생활이 끝날 날도 머지않았는데, 학교생활에서 가장 많은 가치를 배운 활동으로도 기억에 남을 것 같습니다. 혹시라도 졸업하고도 계속 참여를 할 수 있다면 기꺼이 봉사활동을 이어 나가고 싶습니다.

마지막으로 사랑의 반찬나눔 봉사활동을 이어 나갈 후배들에게도 항상 즐겁고 스스로 뿌듯함을 느끼면서 활동했으면 좋겠다는 말을 전하고 싶습니다. 감사합니다.

꿈길걷기 프로젝트를 통한 가치, 같이!!

다시 시작하는 걷기 또 걷기

꿈길걷기 프로젝트는 인천영종고등학교의 오랜 전통으로, '영종도보순례'라는 명칭으로 2015년 10월 23일 첫 걸음을 떼어 2019년까지 무려 5년 동안 진행된 활동에서 시작되었다. 1박 2일 일정으로 첫째 날은 영종도의 랜드마크라 할 수 있는 백운산-용궁사-구읍뱃터-씨사이드파크 등 하늘도시 코스를 걷고 학교로 돌아와 친구와 교사가 한데 어우러져 삼겹살도 구워 먹고 담소를 나누며 취침을 하였다. 둘째 날은 아침부터 서둘러 준비하여 다같이 용유-을왕-왕산 코스를 완주하여 총 50~60㎞를 걷는 그야말로 순례를 떠나는 대규모의 행사였다. 2020년부터 코로나바이러스의 유행으로 대규모 집단 모임이 금지되는 등 환경적·사회적 여건에 어려움이 많아 2년간 잠시 쉬어가는 시간을 가졌다. 다시 시작된 2022년. '꿈길걷기 프로젝트'라는 새로운 명칭을 달고 교사와 학생, 학부모가 한마음 한뜻으로 협력하여 맥을 이어가고 있다.

나를 넘어 영종도를 품다

꿈길걷기 프로젝트의 취지가 무엇일까? 아이들과 교사가 한마음이 되어 대규모 프로젝트를 진행하는 것이기에 무엇보다 동기 부여가 필요했고, 그 취지도 아이들에게 분명히 전달해야 했다. 영종도에는 아직 옛 지명을 그대로 쓰는 동네가 많다. '전소' '넙디' '돌팍재' '구읍뱃터' '잔다리' '서당골' '논골' '은골' 등 친숙한 우리말이 정겹게 느껴진다. 사전적 의미를 찾아보니 돌팍재는 돌멩이가 많은 언덕이나 고개를 이르는 말이라고 한다. 이처럼 지역의 특성을 살려 아직까지 그대로 쓰는 지명에서도 느낄 수 있듯이 옛 정취가 많이 남아있고 아름다운 자연경관을 매력으로 꼽을 수 있는 곳이 영종도이다. 영종도 곳곳을 직접 찾아보고 걸으며 지명의 유래도 찾고 내가 살고 있는 고장에 대한 애향심을 고취하고 함께 도우며 나누는 활동을 통해 나의 한계를 뛰어넘고 성취감과 협동심, 연대감을 높이고자 하는 목적과 필요성을 골자로 하여 '인천 바로 알기'와 연계하여 추진하였다.

아는 만큼 보인다? 준비하는 만큼 얻는다!

자신이 관심 있는 분야 한 가지를 선택한 후 참가하면 학생들에게 더욱 의미있고 주체적인 활동이 될 것이라는 기대로 꿈길 걷기 프로젝트에 맞는 6가지 공모전을 준비하였다. 캐치프레이즈 및 사행시 공모전, 랜드마크 및 로드맵 공모전, 티셔츠 디자인 공모전, 꿈길걷기 포스터 제작, 배지 만들기, 꿈길걷기 보고서 및 사진 공모전이다. 이 중에 몇몇 공모전은 점심시간을 활용하여 학생들이 부담 없이 참여하도록 유도하여 즐겁게 활동하였으며, 티셔츠 디자인 및 배지 만들기, UCC제작 공모전과 같이 많은 시간이 소요되고 부담되는 공모전은 다소 참여가 저조하기도 하였다. 또한 꿈길걷기 프로젝트가 유의미한 활동이 되기 위해 많은 선생님들께서 적극적인 협조를 해주셨는데 2학기 평가 계획 작성 시 '인천 바로 알기'라는 주제를 고려하여 사회, 국어, 한국지리, 세계지리, 고전과 윤리 등 18개 교과에서 관련된 학습 주제를 뽑아 연계 교육을 실시할 수 있도

록 계획안을 수립하였다. 1학년의 경우 지역 명사를 모셔서 인천의 역사와 영종도의 특색에 대한 강의를 듣고 질의 응답을 통해 지역에 대한 호기심을 불러일으키고 영종도의 옛 정취를 그릴 수 있었다.

중요한 건, 꺾이지 않는 마음

2023년 9월 22일부터 23일까지 이틀 동안 본격적인 도보 순례가 진행되었다. 첫날 백운산이 난코스라 걱정이 많았는데 날씨도 맑고 대다수가 등산을 완주하였다. 이틀 동안 모두 완주한 학생은 1, 2학년 49명으로 모두 즐거운 마음으로 자신의 한계를 넘어서고 꺾이지 않는 마음으로 자아성찰 및 발견을 통해 자아효능감과 성취감을 높이는 계기가 되었다. 부상자 없이 안전하게 마무리되어 프로젝트를 준비한 실무자로서도 뿌듯함이 가득했다.

'줄탁동시(啐啄同時)'란 병아리가 알에서 깨어나기 위해서는 어미 닭이 밖에서 쪼고 병아리가 안에서 쪼며 서로 도와야 일이 순조롭게 완성됨을 의미하는 말이다. 아이들의 내부적 역량과 학교에서 교사와 학부모의 외부적 환경이 적절히 서로 조화되어 새로운 힘이 창조되었음을 믿는다. 훗날 힘들고 포기하고 싶은 일이 생겼을 때 이날의 모습을 떠올리며 포기하지 말고 끝까지 해내고자 하는 마음을 잃지 않기를 소망해 본다.

손잡고
함께 걸어간
꿈길

꿈길은 길기도 하구나

꿈길걷기 1일 차에는 첫 시작이 백운산 등산이었다. 등산을 제대로 해보는 것은 처음이기도 했고 친구들과 산을 오르는 경험도 처음이라서 등산 초반에는 친구들과 떠들며 신나는 분위기로 등산을 했다. 하지만 걷다 보니 속도가 느려져 앞 반과 격차가 벌어지게 되어 앞 반과 거리를 유지하기 위해 걸음 속도를 올렸다. 이후, 조금씩 힘들어지더니 친구들의 말도 줄어들고 각자 조용히 걷고만 있었는데 반 친구 중 한 명이 신나는 음악을 갑자기 틀어주었다. 신나는 음악을 들으니 말을 하지 않던 나와 친구들은 노래를 흥얼거리며 조금 더 가벼워진 걸음으로 정상에 생각보다 빨리

도착할 수 있었다. 정상에 도착하여 보이는 풍경은 꽤 아름다웠지만 반 친구 중에서 너무 많은 체력을 써 몸 상태가 좋지 않았던 친구가 있었다. 우리 반은 평소에도 다 같이 사이가 좋고 서로 챙겨주기로 소문이 났던 반인데 역시 이 상황에서도 반 친구 모두가 아픈 친구를 걱정해 주고 물도 챙겨주는 것을 잊지 않았다. 원래도 사이가 좋았던 우리 반이 꿈길걷기를 시작한 지 얼마 되지 않았지만 더 사이가 돈독해진 것 같아서 은근히 기분이 좋았다.

친구의 몸 상태가 괜찮아진 후, 이번에도 노래를 틀며 산을 내려갔다. 노래 덕분인지 정말 빨리 산에서 내려온 기분이었다. 산에서 내려와 용궁사에서 모든 반이 모여 쉬고 다시 출발해 박석공원으로 향하는 길에 김양선 선생님께서 우리 반 친구들이 듣던 노래를 블루투스 마이크에 연결해 주셔서 우리 반 친구들뿐만 아니라 앞뒤 반 친구들도 다 같이 신나게 노래를 부르면서 갔었는데 이 순간이 정말 기억에 남는 순간이었다.

마지막 코스에 가까워질수록 중도 포기한 친구들이 다른 반엔 많아지기 시작했다. 그러나 우리 반은 한 명도 빠짐없이 완주해 우리 반이 너무 자랑스러웠다. 담임선생님께서 편찮으셔서 꿈길걷기를 함께 하지 못하셨었는데도 불구하고 규칙을 잘 지키고 모범을 보였던 우리 반! 꿈길걷기를 완주한 친구들과 선배님들이 너무 멋졌다. 꿈길걷기를 시작하기 전에는 정말 힘든 경험일 것만 같고 두려웠고 걷는 과정에서도 힘들었는데, 완주하고 나니 너무 기억에 남고 일상에서는 쉽게 경험할 수 없는 일이다 보니 다음에도 꼭 완주해야겠다는 목표를 가지게 되었다. 영종도에서 오랫동안 살면서 꿈길걷기에 있었던 코스들을 제대로 방문하거나 경험해 본 적이 없었는데 영종도의 랜드마크를 꿈길걷기를 통해 걸어보고 선생님들께 랜드마크에 관련 설명도 들으며 걸어서 정말 흥미로웠던 꿈길걷기 1일 차였다.

걷고, 줍고, 또 걷고

꿈길걷기 2일 차에는 첫 시작이 소무의도였다. 버스를 타고 소무의도로 향하는데 가는 길에 창문으로 보이는 바다가 너무 깨끗해서 아름다웠다. 무의도에서 출발하여 계속 걷다 보니 마시안 해변에 도착했고, 마시안 해변에서 '해양 쓰레기 줍기'를 실시하였다. 단지 걷는 것뿐만이 아니라 쓰레기 줍기 봉사도 하니까 줍는 내내 뿌듯했다. 큰 쓰레기도 많고 작은 쓰레기도 많았다. 2학기 개학한 후로 국어, 영어, 사회 수업에서 환경 문제를 배우며 쓰레기 섬의 심각성과 쓰레기들이 생물에게 끼치는 영향에 대해 적지 않은 충격을 받았는데, 직접 쓰레기를 주워보니 해양 생물들에게 끼칠 영향을 조금 줄여준 것 같아서 사소하지만 뿌듯한 경험이었다.

꿈길걷기 2일차를 경험하며 전교 부회장으로서 인터뷰라는 새로운 경험도 해보고 2일차를 참여한 학생들 앞에서 소감 발표 시간도 가졌다. 이런 경험을 통해 한층 더 성장한 나를 발견할 수 있었고 내년에도 이틀 다 참여하고 싶다는 목표가 생겼다. 내가 많은 학생에게 모범을 보여줬었던 꿈길걷기 참여자 중 한 명이었으면 좋겠다.

교사
허윤영

사람이 살고 있었네
─운서마을교육 이야기

'마을'이라는 말은 어딘가 모르게 동화적이다. 삐죽하게 솟은 고층 아파트, 널찍한 8차선 도로, 황량해 보이기까지 하는 공터. 우리 학교를 둘러싼 환경은 어떻게 보아도 '마을'이라는 단어와는 썩 어울리지 않는 느낌이다. 비단 우리 학교만이 아니다. 아파트가 보편적인 주거 형태가 되고 프랜차이즈 가맹점이 즐비한 상가가 대부분인 현대사회의 도시 공간은 '마을'이라는 말과는 거리가 멀어 보인다. 단층 주택이 나란히 늘어서고 마치 그림책에서처럼 옆집 사람과 일상을 공유하는 동네라야 마을이라고 부를 수 있을 것 같다.

그래서 마을연계교육이라는 것이 빛 좋은 개살구처럼 느껴지던 때도 있었다. 공립학교 교원은 5년 단위로 근무지를 옮기기 때문에 교사들에게는 학교가 있는 동네가 주거지가 아닌 경우가 많고, 자가용으로 출퇴근을 하다 보면 어떤 동네에 있더라도 주변 환경과는 무관하게 학교를 일터로만 인식하게 되기 십상이다. 게다가 교육과정 재구성에 있어 자율성을 발휘할 여지가 큰 초등학교나 중학교에 비해, 심화 과목이 대부분이고 대학입시와 직접적으로 연결되는 고등학교 교육에서는 더욱 그렇다.

그래도 우리 학교는 영종도에 위치해 있어 여러모로 환경의 특수성이 두드러지는 편이다. 우리나라 최대 국제공항이 인접한 동네이고, 바다로 둘러싸인 섬이라는 점, 공항 건설을 위해 바다를 메우고 네 개의 섬을 연결하여 만든 땅이라는 것도 독특하다. 이러한 특성을 성취기준과 연결 짓기 쉬운 교과라든지, 진로직업교육 등에서는 마을과의 연계성을 높이려는 시도가 꾸준히 있어 왔다. 더불어 학교에서의 배움이 학생들의 삶과 연계되는 것이 중요하다는 인식이 확산되고 지역 및 학교의 특색을 살린 학교자율교육과정이 강조됨에 따라 마을연계교육의 중요성은 날로 커지고 있다.

마을과 만나니 깊어지는 이야기들

2021년 하반기에 운서주민자치회와 우리 학교를 비롯한 관내 학교가 MOU를 맺고 '운서마을교육자치회'를 만들었다(고 한다). 2022년에 해당 업무를 맡게 되었지만 운서마을 교육자치회를 조직할 당시의 상황을 모르기도 하고 운서주민자치회와도 직접적으로 만나본 적이 없는 상태여서 전혀 감이 없는 상태였던 어느 날 운서주민자치회의 교육분과장이라는 분과 통화를 하게 되었다. 중구청에서 예산을 확보해 마을교육사업을 하려고 한다는 것, 특히 운서지구는 마을교육자치회가 있는 만큼 적극적인 참여를 바란다는 내용의 공문을 접수한 뒤였다. 학교 입장에서도 지역과 교류하여 지역의 특성을 살린 교육을 학생들이 경험하게 한다는 것은 상당히 반길 만한 일이었다. 우리 학교측 담당자인 나는 아무 준비가 되어 있지 않았지만, 운서주민자치회는 이미 인근의 초, 중학교와 연계하여 마을교육프로그램을 운영하는 등 경험치를 쌓아오고 있었다. 운서주민자치회 분들 덕분에 우리 학교 학생들의 관심사를 고려한 마을연계 항공진로캠프, 세계평화의 숲 영문 안내판 만들기, 바리스타 체험 교육 등을 할 수 있었던 것은 돌이켜봐도 참으로 감사한 일이다.

우리 학교 학생들은 공항 인접 지역에 사는 만큼 항공 분야에 관심이 많은 편이다. 진로에 대한 관심은 자라면서 주변에서 보고 들은 것에서 시작되기 마련이기에, 항공 분야 종사자가 많은 지역의 특수성이 한몫했을 것이다. 보통 항공 분야라고 하면 조종사와 승무원 정도만 떠올리지만, 우리 학교 학생들은 항공 분야에 대한 배경지식이 있어서 그런지 관제사나 정비사 등에 대해서도 관심이 많다. 마침 운서주민자치회 교육분과장님(2022년 당시)도 현역 항공사 승무원이셔서 항공업계 인맥을 활용하여 현직 항공 종사자들을 강사로 모신 항공캠프를 여러 차례 운영하신 상태였다. 인근 중학교와 운영했던 항공캠프를 고등학교 특성에 맞게 진로특강의 의미를 강화하여 계획하고 학생들을 모집해 여름방학 중 이틀 동안 '마을과 함께 하는 항공진로캠프'를 열었다. 영종도의 특성, 항공업계의 전망 등에 대한 강의를 비롯하여 조종사/관제사/승무원/정비사 4개 분야로 세분화한 직업 특강, 국립항공박물관 조종관제체험 및 재능대 항공운항과와 연계한 실습까지 포함하는 알찬 프로그램이었다. 프로그램 내용 구성은 물론 강사 섭외, 체험장소 섭외 등을 모두 주민자치회에서 맡아주셔서 업무담당자인 나는 예산 사용 및 학생 관리에만 신경 쓸 수 있었다. 무엇보다 좋았던 것은 여느 진로직업 특강과 달리, 강사가 영종도에 거주하는 현직 종사자여서 학생들의 눈높이에 맞으면서도 실질적인 이야기들을 해주셨다는 점이었다. 대부분 진로직업 프로그램은 업체와 연계하여 이루어지기 마련이고 그래서 강의를 들어보면 내용도 형식도 대체로 정형화되어 있다. 그에 비해 운서주민자치회와 함께 한 항공진로캠프의 강의는 생생하고 다채로웠다. 비유하자면, 밀키트로 만든 깔끔하지만 밋밋한 음식과 엄마 손맛으로 만든 집밥의 차이랄까? 강의를 들은 학생들의 만족도도 상당히 높았고 소규모로 진행되다 보니 강사분들과 친밀하고 자유롭게 질의응답을 할 수 있는 것도 큰 장점이었다. 학생들의 반응이 좋았는데 여름방학 중이라 3학년 학생 위주로 참여했던 점이 아쉬워서 2학기에 같은 프로그램을 한 번 더 진행했다. 참여 학생 수는 적었지만 만족도는 최상이었다. 마을 분들이 아니었다면 결코 진행하지 못했을 프로그램이다.

세계평화의 숲을 세계로

2022년 가을, 운서주민자치회의 제안으로 의미 있는 활동을 한 가지 더 할 수 있었다. 바로 영종도의 명물인 세계평화의 숲에 영문 안내문을 만드는 것이었다. 이 활동은 아이디어부터 세계평화의 숲 및 중구청과의 협의 진행까지 구체적인 부분들을 운서주민자치회에서 주도해 주셨고, 나는 본교의 세계시민영어동아리와 주민자치회를 연결하는 역할만을 했다.

2회째 항공캠프를 진행하고 있던 가을, 주민자치회 김종욱 교육분과장님이 전화를 걸어와 혹시 학교에 영어 동아리가 있는지 물어보셨다. 세계평화의 숲이 운서동을 넘어 영종도의 자랑거리이고 지역의 특성상 외국인 관광객 비율이 높은 편인데도 세계평화의 숲 안내문이 한글로만 되어 있는 게 많다고 하시며, 우리 손으로 한번 영어 안내문을 만들어 게시하면 어떻겠냐는 말씀이셨다. 나는 한 번도 생각하지 못했지만 정말 필요하고도 의미 있는 일이겠다는 생각이 들었다. 게다가 우리 학교에는 에너자이저 임지혜 선생님이 담당하는 세계시민 영어 동아리 '영글아이'가 있지 않은가! 이보다 더 딱 맞는 동아리는 없을 것이었다. 동아리의 기존 커리큘럼이 있을 텐데 갑작스레 이런 프로젝트를 하는 게 가능할까 걱정도 되었지만, 임지혜 선생님께 물어보니 아주 흔쾌히 동의하시며 동아리 성격과 딱 맞는 프로젝트여서 오히려 반갑다고 말씀해 주셨다. 세계시민 동아리 예산이 있어 원어민 감수까지 받을 수 있다며, 다가오는 동아리 시간에 세계평화의 숲을 방문하고 그 뒤에 학생들이 번역을 한 후 감수 작업을 해서 안내문 내용을 전달해 드리면 어떻겠냐고 즉석에서 진행 아이디어를 구체화하여 들려주시는 것이 역시 에너자이저이자 아이디어 뱅크 임지혜 선생님다웠다. 김종욱 분과장님과 임지혜 선생님의 추진력 덕분에 일은 척척 진행되었다.

이전까지 세계평화의 숲에 대해 막연히 벚꽃 명소로만 인식하고 있었는데 이 프로젝트를 계기로 조금 더 자세히 알게 되었다. 세계평화의 숲은 인천국제공항 조성과 연계하여 만들어진 생태공원이다. 복권기금으로 조성된 산림청 녹색자금, 인천국제공항공사 및 기업과 시민들의 기금으로 조성되었다고 한다. 또 한 가지 몰랐던 점은, 세계평화의 숲의 운영 및 관리를 '세계평화의 숲 사람들'이라는 NGO 단체가 하고 있다는 것이었다. 이 단체에 소속된 숲 지킴이이자 숲 생태 해설가들이 시민 참여형 숲 조성 및 관리, 생태적이고 쾌적한 도시 숲 만들기, 숲 가꾸기 활동, 환경 정화 활동, 그린 트러스트 운동과 기업 및 학교 자원봉사 활동 등을 하고 있다고 한다. 프로젝트를 구체화하기 위해 운서주민자치회, 중구청 시설 담당자, 세계평화의 숲 NGO 대표 등과 만나 회의를 하면서 위와 같은 사실도 알게 되었고, 영문 안내판을 어떤 식으로 게시할 것인지 의논하다가 QR코드의 형태로 게시하는 것으로 가닥을 잡았다.

그리하여 어느 날씨 좋은 동아리 활동일, '영글아이' 동아리원들은 세계평화의 숲 해설가님과 함께 세계평화의 숲을 탐방하고 무수히 많은 세평숲 안내문 중 어떤 것을 영문으

로 번역할지 직접 정하였고, 이후 임지혜 선생님의 지도로 영문으로 번역하여 운서주민자치회에 보내드렸으며, 이것은 QR코드로 제작되어 각 안내문에 부착되었다.

마을연계교육이라는 단어만 들었을 때는 한없이 추상적으로만 느껴졌었는데, 운서주민자치회와 만나 프로그램을 진행하면서 벽이 많이 허물어졌다. 우리가 생활하는 곳은 그곳이 아파트 단지이든 주택가이든 마을이라는 것, 그곳에는 나의 가족, 나의 친구만이 아니라 많은 이웃들이 살고 있고 약간의 계기만 있으면 쉽게 소통할 수 있다는 것이 학생들에게도 전달되었기를 빈다. 그리고 학생들이 영종도라는 지역을 더 알고, 사랑하고, 그래서 이곳에서 미래를 계획할 수 있기를 빌어본다.

4

오색실로
엮어낸
우리 학교

창의적 교육과정 이야기

영종고는 좋은 학교입니다

'좋은 대학'이라는 말에 학벌주의가 담겨 있는 것 같아서 저는 이 표현을 좋아하지 않는데, 정작 '영종고는 좋은 학교입니다'라는 말은 자주 하는 편입니다. 그 이유를 모두 나열하기에는 시간도, 지면도, 필력도 부족하여 일부만 소개하고자 합니다. 다른 분들께서 느끼신 감정과 크게 다르지 않을 것이니 다른 글을 통해 제 마음이 다 전달되기를 바랍니다.

학생을 존중하는 교육과정

영종고의 교육과정은 학생의 선택을 최대한 존중하는 방향으로 구성되어 있습니다. 듣고 싶은 과목은 될 수 있으면 전부 수강할 수 있도록 교과 선택이 자유롭습니다. 그러다 보니 과목을 그룹 지어 선택하도록 하는 학교와 비교할 때 비효율적이거나 행정적 처리가 어려운 부분이 있습니다. 한 예로 영종고는 시험 시간표가 복잡한 편입니다. 고사가 진행 중인 교실 내에 자습하는 학생과 시험을 응시하는 학생이 섞여 있고, 학생마다 응시 과목이 다르기도 하며 고사실 이동도 잦은 편입니다. 그룹 지어서 과목을 선택하도록 하면 같은 과목을 선택한 학생들끼리 학급을 편성할 수 있어서 고사장 운영이 편리한데, 영종고는 한 학급 내에서도 학생마다 선택한 과목이 다르기 때문입니다. 이것 외에도 학생의 선택을 존중하기 위하여 많은 불편과 희생이 따르기에 반대하는 의견이 있을 수도 있지만, 개인적으로는 불편을 감수하더라도 학생만을 바라보는 모습이 정말 멋지다고 생각합니다. 정작 학생들이 이러한 부분을 모른 채로 시험 시간표에 대해 불평을 쏟는 경우가 있는데, 그 배경에 대해 설명해 주었을 때 수긍하지 않는 학생은 없었습니다.

학생들이 원하는 과목을 가르쳐주실 선생님이 학교에 안 계신 경우, 온라인으로 과목을 수강할 수 있도록 '온니유 클래스'가 마련되어 있고 '꿈두레 공동 교육과정'과 '온라인 보충과정'에 대해서도 안내가 잘 되어 있어 학생들이 원하는 과목을 놓치는 일이 없도록 하고 있습니다. 또한, 학교에서 자체 연수를 통해 담임선생님들의 교과 선택 지도 역량을 높여주시고 담임선생님들께서 열정적으로 학생들의 교과 선택을 위해 상담해 주십니다. 이처럼 영종고의 교육과정은 결대로자람학교로서의 이름값을 제대로 하고 있다고 생각합니다.

다양한 활동과 경험

영종고에는 정말 다양한 활동이 있습니다. 조회를 들어가기 전에 학급함을 살피면 늘 행사, 프로젝트 등에 관한 안내문이 있습니다. 가끔은 안내해야 할 것이 너무 많아 조회 시간이 빠듯할 정도이며 학급 게시판은 그러한 안내문들로 늘 꽉 채워져 있습니다. 이러한 활동 중 일부만 참여해도 생기부 내용이 부족할 일은 없을 것 같다는 얘기를 학생들에게 자주 하는데, 실제로 그래서인지 영종고 학생들은 입학 성적 대비 대학 진학 결과가 좋은 편입니다.

입시를 위한 활동만 있는 것은 아닙니다. 영종도 도보순례 활동인 '꿈길걷기 프로젝트', 사랑의 반찬나눔 봉사, 텃밭 가꾸기, 행복탐구 사제동행 프로젝트, 사제동행 스포츠 활동인 '골 때리는 녀석들' 등 일일이 전부 나열하지 못할 만큼 좋은 프로그램이 많습니다. 큰 규모의 프로젝트 외에도 '세월호 참사 9주기 추모 글쓰기', '세계 식량의 날 기념 식용 곤충 간식 챌린지'처럼 일회성 행사도 다양하게 진행되고 있습니다.

좋은 사람들

위에 언급한 활동 중 사랑의 반찬나눔 봉사는 좋은 취지의 활동이지만 주말에 진행된다는 점이 부담되어 작년에는 참여하지 않았습니다. 올해에도 참여할 생각이 없었는데, 허윤영 선생님의 홍보글에 적힌 '일 년 동안 딱 한 번만 나오셔도 괜찮습니다.'라는 문구가 부담을 덜어주어 정말 딱 한 번만 참여할 생각으로 신청을 했습니다. 그렇게 처음 참여했던 날, 반찬을 만들고 청소를 하며 귀한 주말에 힘들게 고생하면서도 해맑게 웃는 학생들, 학부모님들, 선생님들을 보며 말로 다 표현하기 어려운 감동을 느꼈습니다. 좋은 사람들이 이렇게나 많다는 것이 느껴지니 그 모습들을 바라보는 것만으로 힐링이 되었습니다. 한 학생은 고3이었는데, 제가 인근 중학교 근무 당시 가르쳤던 제자였습니다. 사춘기 시절의 모습이 기억에 생생한데 묵묵히 재료를 손질하고 설거지하는 모습을 바라보면서 참 잘 자라주었다고 생각했습니다. 결대로자람학교의 이름을 빌려 '결대로 잘 자랐다'고 말해주고 싶네요. 학업 성적이 우수하진 않은 학생이었는데, 세상이 이 학생을 성적이라는 잣대로만 평가하지 않기를 소망했습니다. 분명 한 번만 참여할 생각으로 시작했지만, 다시 또 그때의 감정을 느끼고 싶은 마음에 이후로도 계속 참여하고 있습니다. 자신의 힐링을 위한 봉사라니 참여 의도가 다소 불순한 것 아닌가 싶기도 하지만,

좋은 사람들과 함께하며 선한 영향력을 받다 보면 저도 변해가지 않을까 싶네요.

끊임없이 고민하는 선생님들

영종고의 선생님들과 대화하다 보면 학생들을 위하시는 선생님들의 마음에 감탄하고 자신을 반성하는 일이 잦습니다. 전학공 '미미네'에서 허윤영 선생님의 수업 공개 후 수업 나눔을 했던 때가 생각나네요. 허윤영 선생님께서는 문학을 가르치실 때 학생들에게 '정답'을 제시하는 것에 대해 주저함이 생긴다고 하셨습니다. 문학에서는 독자마다의 해석이 다를 수 있고 모두 저마다의 의미가 있을 텐데, 정답이 제시되면 학생들은 자신의 해석을 '오답'으로 여기고 정답만을 기억할 뿐이니까요. 그저 공부만 하는 시간이 아니라 정말 문학 작품을 음미하는 시간이 될 수 있도록 노력하시는 것 같았습니다. 그러면서도 고등학교의 입시 체제 속에서 정답을 제시하지 않을 수는 없는 것이 현실이다 보니 고민은 깊어질 수밖에 없는 노릇이었습니다.

저는 여기에 제 고민을 추가하였습니다. 학생들의 진정한 배움을 위해 고민하여 진행한 수업의 결과로 시험에서 좋은 성적을 받지 못하게 된다면 이것이 바람직한지 말이죠. 그러면서도 한편으로는 교과의 교육 목표나 성취기준 같은 것이 아니라 입시에 대한 영향으로 인해 수업이 제한

받게 되는 것이 과연 옳은 교육인가 하는 의문이 생깁니다. 이처럼 교육에 관해 무엇이 옳은 방향일까를 고민하다 보면 고민이 꼬리에 꼬리를 무는 것 같습니다. 정답이 하나로 정해지기 어려운 주제여서일까요. 이상과 현실의 차이 때문일까요. 선생님들과 시간 가는 줄 모르고 수업에 대하여 의견을 나누었습니다. 순식간에 3시간 정도가 지나갔지만 이렇다 할 결론을 내리지는 못했던 것으로 기억합니다. 그런데 이상하게도, 끝이 나지 않았다는 찝찝함이 아니라 오히려 마음이 풍요로워진다는 느낌을 받았습니다.

평소 성격으로는 결론을 내지 못하는 상황을 몹시 싫어하는데 왜 그랬을까요? 결론을 내는 것이 사실 불가능할 수 있는, 부정적인 관점에서 볼 때 소모적이라고도 표현할 수 있는 상황임에도 학생들에게 더 좋은 교육을 제공하고자 포기하지 않고 의견을 나누는 선생님들의 모습이 너무 감동스러웠기 때문인 것 같습니다. 정답을 얻어내지는 못했지만, 선생님들께서 고민하는 모습들이 분명 어딘가에 영향을 미치고 그렇게 작은 영향이 쌓여 큰 차이를 만들어낼 것이라고 확신합니다. 지금도 계속되고 있을 영종고 선생님들의 고민을 존경하고 응원합니다.

영종고가 학생들을 위하는 좋은 학교로 운영될 수 있는 것은 위에 언급했던 다양한 것들이 실현되기 위한 재정적,

행정적 지원, 규정 등이 뒷받침되기 때문이고, 결대로자람 학교이기에 가능한 부분이 있을 것입니다. 그러면서도 영종고가 좋은 학교임에 가장 큰 기여를 하는 것은 역시나 선생님들이라고 생각합니다. 알아주길 바라는 마음으로 노력하시는 게 아니라는 걸 알지만, 괜히 제가 나서서 학생들에게 자주 얘기하곤 합니다. '선생님들께서 여러분들이 생각하는 것보다 더 학생들을 위해 노력하신다'고 말이죠.

저는 연수나 모임에서 다른 학교 선생님들께 소속 학교를 밝힐 때마다 강한 자부심을 느낍니다. 마치 영종고에서 이루어지는 교육을 제가 해낸 것이라는 듯 속으로 으쓱해하는데요. 마치 손흥민 선수가 골을 넣을 때 정작 응원밖에 한 게 없는 제가 괜히 대한민국 국민임이 자랑스러워지는 그런 느낌과 비슷합니다. 손흥민 선수 같은 역할을 해주신 영종고의 선생님들께 깊은 존경과 감사를 표하며 글을 마칩니다.

교사
허윤영

수업을 열다, 마음을 열다

새내기 교사, 연구수업을 하다

인천영종고에서의 수업공개 이야기를 하기에 앞서, 내가 교직 인생 최초로 수업공개를 했던 때를 떠올려본다. 그때는 수업공개가 아니라 '연구수업'이라는 이름이었고, 나는 신규교사였기에 연구수업이 뭔지도 모른 채, 하라고 하니까 그냥 했다. 국어과 선배 교사들 몇 분이 바쁜 와중에 시간을 쪼개어 들어왔던 것 같고, 아마 교감 선생님도 들어오셨을 것이다. 돌이켜 보면 그 수업은, 나의 (망한) 원맨쇼였다. 긴장과 흥분이 은은히 깔린 상태로 50분을 보내는 동안, 수업을 하는 나든, 수업 참관에 들어오신 다른 선생님들이든, 그 교실에 있는 어느 교사도 학생들을 보고 있지 않았다. 아이들이 제대로 배우고 있는지, 이 수업에서 얻어야 할 것이 무엇인지 알고 있는지, 다들 머리를 꼿꼿이 세우고 있지만 사실은 딴생각에 빠져 있는 것은 아닌지 살피지 않았다. 단지 교사인 내가 높임말을 쓰는지, 학습 목표를 칠판에 적어 두었는지, 말이 너무 빠르지는 않은지, 형성평가까지 넣어서 마무리는 제대로 하는지. 그런 것에만 신경을 썼다. 연구수업이 끝나자 나는 해치웠다는 후련함을 느꼈고, 국어과 교사가 둘러앉은 자리에서 아마 어정쩡한 덕담과 조언을 들었던 것 같다.

연구수업이 아니라 수업공개, 뭐가 다른데?

그로부터 이십 년, 지금은 수업공개 혹은 수업나눔이라는 말이 제법 일반화가 되었다. 누군가는 공개수업이 연구수업과 뭐가 다르냐고 물을지도 모르겠다. 다르지 않다. 수업을 열고, 교사들이 함께 모여서 어떻게 하면 더 좋은 수업을 만들 것인가, 어떻게 하면 아이들이 더 잘 배우게 할수 있을까를 고민하는 자리로서, 수업을 들여다보고 연구하는 것이니까. 그러나 말은 내용을 담는 형식으로서 때로는 그 내용물을 지배하기도 한다. 그리고 말의 원래 뜻과 상관없이, 사용되는 맥락 속에서 어떤 그림자를 달고 다니면서 때로는 내용을 바꾸어 버리기도 한다. 오랜 기간 연구수업이 형식화되었던 전적이 있기에 연구수업이라는 말의 본질이 흐려졌고, 그래서 수업공개, 수업나눔 등의 말을 쓰게 된 것이리라.

기존의 형식화된 연구수업과 최근 일반화된 수업공개의 가장 중요한 차이는 관찰의 대상이 교사가 아니라 학생이라는 점이다. 학생들이 수업 안에서 어디에서 주춤거리고 어디에서 깨닫는지, 어떤 맥락에서 배움이 일어나는지를 살핌으로써 수업의 효과성을 만드는 구조를 파악하려고 애쓴다. 또 다른 점은 연구의 대상이 수업하는 교사가 아니라 수업의 디자인이라는 것. 교사의 발성이나 태도도 물론 중요하지만, 가장 중요한 것은 어떻게 학생이 배울 수 있도록 수업이 어떻게 짜여져 있는지, 그리고 어느 부분이 주효했고 어느 부분이 실패인지를 통해 수업의 디자인을 다듬어가는 것이다.

수업 잘하는 교사라서 공개하나요?

상술한 것과 같은 공개수업을 한 것은 영종고에 와서 얻은 경험이다. 직전 학교에서도 일상수업 공개를 한 번 정도 했었지만, 그때는 수업 협의를 어떤 방식으로 해야 하는지도 막연하여 그저 수업공개에 대한 부담감을 낮추는 정도의 경험이었다면, 영종고에 온 첫해에 했던 두 번의 수업공개는 한 발 더 나아간 것이었다.

2017년 1학기에 한 수업공개는 사실 공개가 목적이 아니었다. 배움 중심 수업을 해보겠다고 각 반마다 모둠을 만들어 끙끙거리는데 매일매일 수업은 폭망, 나는 절망.(라임 느껴지십니까?) 도저히 안 되겠기에 특히 모둠 수업이 힘든 반을 대상으로, 같은 반에 수업을 들어가는 두 분 선생님께 쪽지를 보냈다. 두 분 다 교과는 달랐지만 같은 아이들을 대상으로 수업을 하기에 내 수업이 자꾸 망하는 이유가 뭔지 찾아주실 거라고 생각했던 것이다. '선생님, 내일 1교시에 *반 수업 좀 들어와 봐주실 수 있나요? 모둠수업이 너무 안 돼서 뭐가 문젠지 보시고 조언 좀 부탁드려요.' 살짝 부탁드렸는데 하필 그중 한 분이 당시 연구부장이셨던지라, 쪽지를 보자마자 냅다 전화를 걸어왔다. "샘, 차라리 이거 공개수업으로 하면 어때요? 몇 명 들어올지 모르지만 제가 기안하고 홍보할 테니 공개수업으로 합시다, 기왕 수업 여는 거." 그렇게 얼떨결에 한 공개수업에 열 분 남짓한 선생님들이 들어와 주신 덕분에 아이들은 분위기 타서 열심히 수업에 임했고(수업공개의 단기적인 효과), 수업 후 모둠 수업에 대한 조언도 얻을 수 있었다.

그 해 두 번째 공개수업은 2학기에 제안수업 형태로 이루어졌다. 전문적학습공동체의 날에 한국배움의공동체연구회 손우정 교수님을 초청해서 내 수업을 공개했고, 영종고의 거의 모든 선생님들이 참관을 들어왔다. 모든 선생님들이 들어올 수 있도록 다른 학생들은 다 귀가하고 수업하는 반만 남아서 수업을 하는, 말하자면 임상수업이었다. 내가 대단히 수업에 대한 열정이 강하다거나 혹은 수업을 잘해서라기보다는, 그저 얼굴이 좀 두껍고 학년 전학공 담당이라는 이유로 얼떨결에 하게 된 것이었다. 준비하는 내내 부담도 상당했고 걱정도 많이 되었지만, 덕분에 얻은 것도 많았다. 그해 야심차게 시작한 모둠수업은 1학기 내내 죽을 쑤고 결국 2학기에는 거의 모둠수업을 포기하다시피 했음에도, 제안수업을 하기로 했던 학급에서만은 그럴 수가 없어서 다양한 방법으로 모둠 구성을 바꿔가며 한 학기 내내 꾸준히 모둠수업을 하면서 모둠수업의 노하우를 얻을 수 있었다. 또 손우정 교수님의 수업코칭은 '단 한 명의 아이도 놓치지 않는다'는 말을 실천하는 것이 어떤 것인지를 깨닫게 해주었다. 무엇보다 그날 수업을 참관해 주신 동료 선생님들의 격려와 칭찬, 그리고 수업 협의에서 각자가 배운 것을 나누는 시간이 참으로 값지게 남았다.

내가 한 해에 수업공개를 두 번이나 하니, 옆자리 선생님이 "선생님은 수업에 자신감이 있으신가봐요."라고 말했는데, 당연히 전혀 그렇지 않다. 그 뒤에도 나는 매년 수업공개를 했는데 두 번 다 상당히 망하고 끝났다. 모둠대화에서 전체 대화로 이어지는 흐름을 제대로 잡지 못해 장님 코끼리 만지듯 이야기가 헛돌기도 했고, 수업과제가 너무 어려워서 아이들이 한 시간 내내 헤매기만 하다가 끝나기도 했다. 그래서 수업 참관하러 오신 분들께 죄송한 마음이 컸지만, 부끄럽지는 않았다. 입장을 바꿔서 내가 다른 분의 공개수업을 참관한다면, 나는 그분을 평가하는 것이 아니라 응원하는 마음으로 수업을 참관할 것이니까. 내가 진짜 부끄러운 것은 학생들 앞에서이다. 수업 준비가 허술해서 한 시간 내내 헤매거나, 아이들의 수준을 잘 가늠하지 못해 터무니없는 수업을 만들어내고 나면 학생들에게 너무 미안하고 부끄럽다.

멈출 수 없는 이유, 바로 당신입니다

완벽한 수업은 없다. 완벽한 교사도 없을 것이다. 경력이 많은 베테랑 교사도 매일 매시간 수업이 새롭고, 떨리고, 실패와 성공을 오간다고 한다. 수업이 망하면 자괴감에 빠졌다가도, 다음 수업에서 학생들이 열심히 배우는 모습을 발견하면 보람을 느낄 테지. 그렇게 성공과 실패를 거듭하는 수업의 길에서 가장 중요한 것은 함께 고민하고 서로 조언하는 동료가 아닐까?

제안수업은 다수 교사를 대상으로 수업을 공개하는 것이기에 부담이 큰 만큼, 일상수업 공개와는 급이 다른 성장을 경험할 수 있다. 열심히 준비한 수업에 많은 분이 시간을 내어 와주시고, 아이들도 열심히 참여하는 모습을 보면 그 순간만큼은 아, 교사 되길 잘했구나, 생각하게 될지도 모른다. 물론 일상수업 공개 역시 소중한 경험이다. 조금 더 의미를 얻고 싶다면, 수업 전에 과연 내가 이 수업을 준비할 때 무엇이 어려운지 스스로 성찰해 보고 그 점에 대해 참관자 선생님들께 미리 공유하는 것, 그리고 공개 후에는 반드시 어떤 형태로든 수업협의회를 하는 것이 중요하다. 영종고에서 근무하는 5년 간, 매해 수업공개를 하면서 얻은 나만의 팁이랄까?

올해도 공개수업을 하면서 "무슨 마가 씌었나 봐요."라고 농담을 했는데, 수업공개의 마라면 굳이 퇴마하고 싶지 않다. 앞으로도 퇴임하는 그날까지 매해 한 번 이상 수업을 공개하고 동료 선생님들의 조언을 얻는 것, 그것이 나의 작은 목표이다.

전쟁사 수업 어떻게 진행할까?

- 구슬, 지구본, 기억카드로 진행하는 전쟁사 수업

역사교육의 나침반

역사 교과에는 유난히 '일타 강사'들이 많은 것 같다. 물론 직업이 역사 교사인 만큼 더 체감되는 부분도 분명히 있겠지만 역사 일타 강사들의 콘텐츠들은 인터넷 강의를 넘어 대중 매체에서도 쉽게 접할 수 있다. 이들의 강의는 '배경-전개-결과'라는 내러티브의 형식을 갖춘 채, 학생과 대중들을 이야기 속으로 끌어들인다. 흡입력 있는 서사를 갖추게 되면 '잘 가르친다'는 평가를 받는다. 사실 내러티브는 역사학의 기본적인 특성이기도 해서 역사 이야기를 잘 만든다는 것은 역사 교사에게 꼭 필요한 능력이기도 하다.

2016년 설레는 마음으로 역사 교사로서 첫 발을 내디뎠을 때, 나는 그러한 수업을 꿈꿨다. 교과서에도 등장하지 않는 여러 이야기들을 수집하고, 이를 기반으로 '배경-전개-결과'라는 구조를 만들었다. 그리고 중간중간 적절한 사진 자료와 흥미 있는 영상을 수업에 더했다. 그렇게 45분을 막힘없이 '나 혼자' 수업하고 스스로를 칭찬했다. 더 솔직하게 표현하면 '난 역시 수업을 잘해'라는 자만감으로 충만했던 시절이었다.

하지만 이러한 자만감은 나의 두 번째 발령지, 인천영종고등학교에서 무너지고야 말았다. 일단 영종고 발령 첫 해에 담당한 '동아시아사'라는 교과는 이야기 수업 자체가 불가능했다. 동아시아사는 동아시아 지역의 역사를 '주제사' 중심으로 조직하여 거시적인 안목에서 구성한 새로운 시도의 교과였기 때문이다. 내러티브 구조의 수업 방식에 익숙한 나는 수업 구성에서부터 헤매기 시작했다. 겨우겨우 '억지로' 이야기 형식을 만들어 수업을 진행해도 정작 나의 이야기를 들어주는 학생은 학급당 1~2명뿐이었다. 그리고 그 학생들마저도 20분을 넘기지 못하고 수면의 세계로 빠져들었던 것 같다. 새 학교 적응도 힘들었는데 수업은 더 고난의 연속이었다.

사실상 이때부터 역사 수업에 대한 고민을 시작했던 것 같다. 신규 시절에 이런저런 새로운 수업 시도를 해봤어야 했는데 당시에는 수업을 잘한다는 착각에 빠져 '이야기 수업'밖에 경험해 보지 못한 것이다. 수업에 새로운 시도가 필요했고 수업 방식에 대한 고민을 시작했다. 그리고 이 고민은 다른 고민으로, 다른 성찰로 확장되었다. 수업 방식에 대한 고민은 당연히 '무엇을 가르칠 것인가'에 대한 고민으로 이어졌고, '과연 상위권 학생들만이, 소위 말하는 모범생들만이 수업을 듣는 현실이 옳은 것일까'라는 무거운 성찰도 하게 되었다. 답은 당연히 '아니다'였고, 그렇다면 '무엇(내용)을 어떻게(방식) 가르칠 것인가'에 대한 다른 차원의 접근이 필요했다. 거창하게 표현한다면 '역사교육에 대한 철학'이 필요했고, 수업의 구성과 방식에 대한 나름대로의 나침반을 만들어야 했다.

이 고민에 대한 나침반은 '반전(反戰)과 평화, 그리고 인권'이었다. 적어도 내 수업을 듣는 학생들이라면 수많은 역사적 사건들 속에서 '전쟁은 이토록 끔찍한 것이구나', '평화란 이토록 소중한 것이구나', '자유와 평등이라는 가치 앞에서 수많은 사람들이 희생되었구나' 정도는 알았으면 했다. 딱 이 정도만 느낄 수 있어도 그 수업은 성공이라는 생각을 하게 되었다. 그래서 암기해야 하는 수많은 역사적 사실들 속에서 '반전, 평화, 인권'이라는 나침반으로 수업 내용을 선정하고, 수업 방식을 구성했다. 내 나름대로 역사교육에 대한 철학이 생겼고, 이러한 철학을 가지고 있었기 때문에 특히나 '전쟁사' 수업을 정말 잘 하고 싶었다. 단순히 '배경-전개-결과'로만 구성되지 않는, 평화의 가치가 넘실대는 전쟁사 수업을 하기 위해 고민했고, 그 고민의 과정과 결과를 2020학년도 2학년 동아시아사 수업을 통해 공개했다.

전쟁사 수업 PART1: 구슬꿰기 수업

2차 세계대전은 이미 대중적으로 널리 알려져 있듯이 나치의 부상과 히틀러의 집권으로부터 시작되었다. '혐오'에 기반한 나치즘은 놀랍게도 합법적인 선거를 통해 권력의 정상에 도달했다. 안타깝게도 혐오에 기반한 대중 정치는 오늘날에도 종종 그 모습을 드러내고 있는 만큼, 학생들이 나치즘의 선전 정치에 대해, 그 본질에 대해 날카롭게 꿰뚫고 있어야 한다고 생각했다. 따라서 당연히 교사가 그 본질을 직접 가르쳐서는 안된다고 판단했다.

그래서 활용한 수업 방식이 '구슬꿰기' 수업이었다. 구슬꿰기 수업이라고 해서 진짜 구슬을 꿰는 수업은 당연히 아니다. '구슬'이라는 상징을 활용하여 여러 가지 역사적 '단서'를 제공하고, 그 단서들을 서로 '연결'하여 설명할 것을 요구하는 수업이다. 이를테면 구슬1에는 1930년대의 독일의 실업자 수치를 제시하고, 구슬2에는 히틀러의 대중 연설을 제시하는 것이다. 이렇게 구슬 5-6개를 제시한 다음, 모둠별로 이 구슬을 연결하여 나치즘이 등장한 배경에 대해 학생들이 직접 설명하도록 했다.

놀라운 것은 교사가 나치즘에 대해 그 어떤 설명도 하지 않은 상황에서 학생들이 제시된 구슬을 나름대로 연결하며 나치즘의 작동 방식을 설명했다는 점이다. 게다가 모둠별로 구슬을 연결하는 순서나 방식이 모두 달랐기 때문에 각모둠의 발표 역시도 흥미롭게 들을 수 있었다. 교사는 모둠별 발표가 끝나고, 정리 발언 정도만 해도 이미 충분한 수업이었다.

전쟁사 수업 PART2: 지구본 수업

2차 세계대전은 말 그대로 '세계' 대전이었다. 전쟁의 규모는 유례가 없을 만큼 컸고, 핵이 사용된 첫 번째 전쟁이자 마지막 전쟁이었다. 따라서 전쟁의 과정을 수업할 때 핵심은 전쟁의 규모라고 생각했다. 이 전쟁이 얼마나 큰 규모로 전개되었는지, 그래서 얼마나 많은 희생자가 발생했는지를 학생들이 스스로 파악할 수 있도록 수업을 구성해야 했다. 하지만 기존의 수업은 전쟁의 과정을 화살표로 연결하며, 사실상 암기만 하는 수업이 대다수였다.

그래서 '지구본'을 활용했다. 학생들이 수업 시작과 동시에 교과서와 학습지를 통해 전쟁의 과정을 미리 공부할 수 있도록 했다. 일정 시간이 지나면 학습 자료를 책상 속에 넣고, PPT 화면에 퀴즈를 제시했다. 이를테면 '일본은 미국의 경제 봉쇄 조치에 반발하며 (   )의 미국 함대를 공격

하였다'라는 문장을 제시한다. 이후 학생들은 빈칸에 들어갈 지역을 추론한 다음, 지구본에서 일본과 하와이를 끈 스티커로 이어주면 된다. 전쟁의 침략 과정을 모두 표시한 수업 후반부가 되면 지구본은 스티커로 범벅이 되어 있는데, 이미 이것만으로도 학생들은 2차 세계대전의 규모를 강렬하게 체감했을 것이다.

사실 이 수업의 아이디어는 신규 시절 S고 수석교사 수업 공개에서 얻은 것이었다. 직접 지구본에 스티커를 부착하여 북극 항로의 길이를 계산해야 하는 세계 지리 수업이었는데, 무엇보다 학생들이 '몸을 움직이며' 재미있어 하던 기억이 난다. (슬프게도) 자리에서 일어나 지구본에 스티커를 부착하는 것만으로도 학생들은 충분히 재밌어 했다.

하지만 동시에 전쟁사 수업은 마냥 '재미'로만 구성되어서는 안된다. 그래서 학생들이 지구본에 침략 과정을 표시한 다음 그와 관련된 영상을 제시하여, 침략 과정에서 진행된 반인륜적 범죄나 전쟁의 참상에 대해 기억할 수 있도록 수업을 구성했다.

전쟁사 수업 PART3: 기억카드 제작 수업

전쟁의 배경도, 과정도 사실은 모두 전쟁의 '결과' 때문에 학습하는 것이 아닐까? 전쟁의 결과보다 더 중요한 역사적 사실은 없다고 생각한다. 2차 세계대전은 5,000만 명이라는, 상상하기조차 힘든 희생자가 발생한 전쟁이었다. 더 안타까운 점은 유대인 학살과 같은 민간인 희생자도 많았다는 것이다. 하지만 교과서에는 '커다란 피해와 고통을 당하였다', '5,000만 명이 희생되었다', '~곳에서 민간인들이 희생당했다'라는 단편적인 서술뿐이다. 이러한 서술은 사실 냉정하게 보면 학생들에게 희생자들이 암기해야 할 '숫자'로만 보여질 수도 있다고 생각했다.

파리 지역을 여행하던 중 쇼아(홀로코스트) 기념관에 방문한 적이 있다. 이곳을 방문하는 관광객은 입구에서부터 압도당하는 경험을 하게 되는데, 그 이유는 희생된 유대인 한 분, 한 분의 사진을 입구 전체에 전시해 두었기 때문이다. 이 광경에 압도당한 관광객은 600만 명이라는 숫자에 가려진 희생자 '개인'의 삶을 기억하게 된다. 그래서 전쟁의 결과 수업으로 '5,000만 명이라는 숫자 대신에 희생자 한 분, 한 분을 기억해 보면 어떨까?'라는 생각을 하게 되었다. 파리의 쇼아 기념관처럼 기억카드를 제작해 보는 것이다. 학생들이 2차 세계대전으로 희생된 분들을 찾아, 그분의 이름과 희생된 장소를 카드로 제작해 보는 수업을 구성했다.

학생들도 그리고 나도 힘들었지만 우리는 결국 동아시아사 수강자만큼의 희생자분들을 찾았다. 그리고 그분들의 사진을 찾아 인쇄했고, 이름과 사망연도, 희생된 장소 등을 기재했다. 사진이 없는 분들의 경우 학생들이 직접 그린 그림으로 대신했는데, 이 기억카드는 오히려 사진보다 더 묵직한 감정을 전달했다. 당시에는 동아시아사 수강자가 많아 이렇게 모인 카드만 200여 장이 넘었다. 이 기억카드는 전시공간을 따로 만들어 파리의 쇼아 기념관처럼 전시해두고 싶었으나 코로나로 시도 때도 없이 등교중지가 이루어지던 시절이라 아쉽게도 진행하지 못했다.

기억카드는 당연히 수행평가에 반영되었는데, 이때 기억카드를 제출하러 온 학생이 '선생님, 이 카드 진짜 의미있는 것 같아요!'라고 했던 기억이 난다. 아마 교사의 설명으로는 절대 전해질 수 없는 무언가를 이 학생뿐만 아니라 다른 학생들도 느꼈을 것이라 생각한다. 이미 대학생이 된 이 시기의 제자들이 앞으로도 평화의 가치를 잊지 않고, 평화를 실천하며 살기를 바란다.

교사
김희수

열정 가득!
함께 성장하는
수업 공개

나는 올해 인천영종고등학교에 발령받은 초임 교사이다. 교단에 서본 경험이 없는 것은 아니지만, 나의 첫 발령 학교라는 생각에 자연스레 의욕이 넘쳤다. 학년의 2/3 정도가 지난 시점에서 여러 일들이 많았는데, 그중 전문적학습공동체(이하 전학공)와 수업 공개에 대한 나의 경험을 이야기하고자 한다.

덜컥 맡게 된 수업 공개

나의 전학공은 1학년 부장 선생님께서 이끌어 주시고 올해 영종고에 처음 오신 선생님들과 함께 운영하는 '처음처럼'이다. 어렴풋이 '학교 적응을 돕는다'라는 목적만 알고 있는 전학공의 첫날, 역할 분담이 이루어졌다. 다양한 역할이 있었지만, 나는 무언가에 홀린 듯 수업공개 역할에 손을 들었고 (큰 무리 없이) 역할을 배정받을 수 있었다.

전학공이 끝나고 나서야 내가 무슨 일을 저질렀는지 깨달은 나는 허겁지겁 통합사회 교과서를 펼쳐 목차를 훑었다. '무슨 단원을 하지?', '어떤 수업을 하지?' …… 그제서야 미뤄뒀던 걱정이 밀려 들었다. 물론 하고 싶은 수업 방식은 있었다. 항상 실천하고자 마음만 먹던 토의·토론식 수업이다. 통합사회 단원의 대부분은 1) 사회 현상 제시, 2) 문제점, 3) 해결방안 순으로 구성되어 있다. 1)과 2)는 수업 시간에 교사가 가르치기 쉽다. 하지만 3) 해결방안은 정답이 정해져 있지 않고 다양하다 보니, 교사가 학생의 다양한 사고를 한정 짓는 수업은 적합하지 않다고 생각한다. 그렇다 보니 토의·토론식의 수업이 필요하고, 기왕이면 이 수업을 공개해서 다른 선생님들의 피드백을 받고 싶었다.

학사 일정, 수업 진도, 시험 범위 등을 고려하다 보니 수업공개를 할 만한 시기는 기말고사 이후 여름 방학 전 1주일뿐이었다. 다행히 이 시기는 3단원의 '산업화, 도시화로 인한 문제점과 해결방안'을 배운 직후였기 때문에 이때를 목표로 수업공개를 계획하게 되었다.

수업 구상 과정

수업 단원과 토의·토론식 수업이라는 방법을 정해진 상태, 나는 좀 더 구체적인 준비가 필요했다. 여러 사회과 수업 모형들이 머리를 스쳐 지나갔지만 1차시에 진행할 만한 수업 진행 방식을 찾기가 어려웠다. 고민 끝에 내가 수업에 사용한 모형은 '비전 프레임' 모형이다. 간단히 말하자면 '사진 분석 틀'을 이용하는 수업이다. 굳이 '사진'을 분석하는 이유는 사진은 텍스트에 비해 시각적 요소로 인해 학생들의 흥미를 유발하기 쉽기 때문이다. 그리고 요즘 학생들은 사진을 너무 쉽게 접하다 보니 그 속에 담긴 의미를 비판적으로 사고하는 경험이 적을 것 같다는 생각에 비전 프레임을 사용하기로 했다.

조별로 산업화·도시화로 인한 문제점을 보여주는 사진을 한 장씩 받으면 비전 프레임을 활용해 해당 사진을 샅샅이 분석해서 질문에 답변하는 방식으로 수업을 구성하였다. 수업 모형이 정해지고 난 뒤로는 수업 준비에 탄력이 붙었다. 여러 가지 도시 문제는 이미 학생들이 배웠기 때문에, 도시 문제를 대표할 사진만 찾아서 활동지를 작성하면 끝이었다.

여기서 나는 한 가지 고민이 있었다. 그것은 '학생들이 사진을 받으면 이를 바로 분석할 수 있을 것인가?'였다. 아직 사진 분석에 서툰 학생들에게 사진 한 장만 덜컥 던져주게 되면 결국 수박 겉핥기에 그칠 우려가 있으므로 나는 단계를 나누기로 했다. 사진의 12시 방향에는 '사진에서 눈에 보이는 것에 대한 질문', 3시 방향에는 '사진 속 사람들의 입장에 대한 질문', 6시 방향에는 '도시 문제 해결을 위한 질문', 9시 방향에는 '10년 뒤 변화에 대한 질문'을 배치했다. 학생들이 12시부터 시계방향으로 질문에 답하며 사진에 대한 분석 수준이 심화되기를 의도한 것이고, 단계별로 점차 추상적인 질문을 배치하였다. 아래는 실제 수업에 사용했던 활동지의 일부이다.

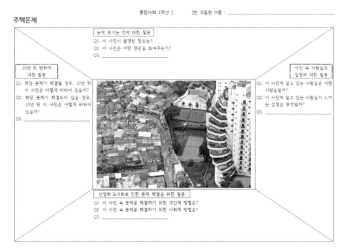

비전 프레임을 이용한 도시 문제 해결 방안 활동지

또한 단계별로 질문의 예시를 2개씩 제시하여 학생들이 헤매는 일이 최대한 적도록 노력했다. 활동지까지 완성하고 나니 수업 공개에 자신감이 생긴 것 같았다. 물론 이 자신감은 오래가지 않았다.

결국, 함께 성장한 수업

수업공개 며칠 전부터 이런 이야기를 들었다. "기말고사 끝나고 수업공개를 하는 것은 처음 보네.", "이 시기에 학생들 데리고 토의·토론식 수업하기 어렵지 않겠어?" 등⋯⋯ 대부분 우려 섞인 걱정이 많았다. 여러 수업 조건을 고려하다 보니 이때밖에 시간이 없긴 했지만, 막상 여러 우려 섞인 말을 들으니 걱정이 많아졌다. 하지만 낙장불입이었고, 고민을 가득 안은 상태로 수업공개가 시작되었다.

걱정과 달리 첫 번째 수업공개는 잘 진행되었는데 전적으로 학생들의 적극적인 참여 덕분이었다. 수업을 계획할 때는 머릿속으로 이루어지다 보니 실제로 수업을 진행할 때 자연스럽지 않은 흐름이 중간중간 있었으나, 학생들이 기본적으로 활동지에 있는 질문들에 매우 적극적으로 답을 달아주었기 때문에 부드럽게 이어질 수 있었다. 이에 탄력을 받아 두 번째 수업공개는 더 수월하게 마칠 수 있었다. 첫 번째 수업에서 학생들의 발표한 내용을 참고삼아 미리 조언을 할 수도 있었고, 토론한 내용을 발표할 때 내용 정리도 훨씬 쉬웠다.

　그러나 수업공개로 내가 배운 것은 수업을 매끄럽게 진행하는 방법이 아니었다. 나는 가려져 있던 학생들의 목소리를 배웠다. 수업공개 이후 받은 피드백 중에 가장 기억에 남는 것은 이것이었다. "○○이가 수업 시간에 발표하는 모습 처음 봤어요. 특히 그 학생이 발표에 어려움을 보이니까 같은 조원들이 옆에서 가르쳐주면서 발표를 끝까지 할 수 있도록 도와주는 모습이 인상 깊었습니다." 이 모습은 나도 예상하지 못했던 결과였다. 기존에 주로 진행한 강의식 수업에서는 들을 수 없던 학생들의 목소리까지 들을 수 있었다.

　이후에는 최대한 학생들의 의견을 수업 시간에 많이 들으려고 노력하고 있다. 강의식 수업을 진행하더라도 학생들의 답변을 조금 더 끈기 있게 기다리고자 한다. 학생들은 저마다의 속도는 다르지만 언젠가는 목적지에 도달할 수 있는 잠재력이 있는 존재이다. 1차시의 수업에 50분이라는 짧은 시간이지만 교사는 최대한 많은 학생이 자신의 속도로 목적지에 도달할 수 있게끔 조력하는 위치인 것 같다. 앞으로도 이런 생각을 실천하는 교사가 되고자 한다. 결국 수업공개를 통해 학생도 나도 한 걸음 더 성장했을 것이라 믿어 의심치 않는다.

나의 성장일지

유배지가 아니라 유토피아로 기억에 남을 학교

어느새 영종고에서 5년째 근무하고 있다.

영종도에 살지 않는 나에게, 영종고 발령이란 섬으로 유배 가는 것이라 말할 정도로 끔찍한 일이었다. 하지만 지금은 5년 동안 날 성장하게 해준 영종고에 감사의 마음을 가지며, 내 인생 최고의 학교라고 말할 수 있을 정도이다. 무엇이 나에게 이런 변화를 주었을까?

다양한 형태의 수업을 진행해 왔던 지난날들

특성화고 두 군데, 일반고 한 군데, 중학교 그리고 영종고. 지금껏 내가 근무한 학교다. 학업성취도가 뛰어난 학교보다는 흔히 힘든 학생이라고 일컫는 학생들이 많은 학교에서 근무했다. 그러다 보니 나에게 '강의식' 수업은 꿈도 꿀 수 없는 수업의 형태였다. 특성화고에서는 생애 마지막 과학 수업을 받는 아이들에게 최대한 많은 실험을 경험하게 하고, 삶과 연결된 과학(성의 과학, 질병의 과학, 건강한 먹거리 관련 과학 등)을 알려주고자 노력했다. 수능을 준비하는 상위권 아이들과 사칙연산이 불가능한 아이들이 반반 섞여 있던 일반고(지금 생각하니 학생 구성원이 영종고와 비슷한 학교였던 듯)에서는 실험뿐만 아니라 UCC 만들기, 노래 가사 바꾸기, 과학 연극 등 다양한 학생 활동 중심의 수업을 적용할 수밖에 없었다. 그리고 영종고 오기 전 특목고 준비 학생과 학업에 관심 없는 학생들이 섞여 있는 중학교에서는 '자유학기제'로 지필평가 없는 수행 100% 모둠 수업, 그리고 그 당시 유행했던 '거꾸로 수업(flipped learning)'을 적용했다.

수업에 있어 새로운 숙제를 받다

이렇게 나름 다양한 형태의 수업을 진행해 왔음에도 불구하고, 영종고의 수업은 나에게 또 다른 고민을 하게 만들었다. 이 학교에서는 그전 중학교에서는 만나본 적 없는 '무기력'이 아이들을 지배하고 있었다. 중학교에서는 자신들이 살아있음을 두 다리와 입으로 쉴 새 없이 증명해 내고 있던 아이들이 바글바글 했으므로…^^;;

무엇을 해도 재미없어 할 것 같던 아이들, 그리고 늦은 밤까지 이어진 아르바이트로 피곤해하는 아이들, 깊은 잠에 점심도 거르는 아이들을 교실에서 만났다. 교사에 대한 불신과 학교 규칙에 대한 반감으로, 규칙을 어기는 것을 하나의 놀이쯤으로 생각하고, 자신의 행동이 제지되었을 때는 폭력성을 보이는 학생들을 만났다. 그리고 신기하게도 그런 아이들을 '친구'로 받아들이며 싫어하지 않는 섬 아이들에 놀라워했다. 코로나 이후에는 교실뿐 아니라 카톡방에서조차 자신이 드러나는 것을 극도로 부담스러워하는 아이들, 무기력의 늪에서 더욱 빠져나오기 힘들어하는 아이들을 볼 수 있었다. 그리고 최근, 섬 밖에서 이주해 온 아이들이 많아지며 서로 다른 유형(?)의 아이들을 이제는 '친구'로 받아들이지 않고 서로를 혐오하는 분위기의 변화까지, 영종고에서 마주하는 아이들은 늘 나에게 숙제를 준다.

고민을 통해 변화하고 확장할 수 있었던 나

지금껏 나는 이런 숙제를 나 혼자 혹은 마음 맞는 몇몇 선생님들과 해결하려고 했던 것 같다. 그런데 2019년 처음 경험한 학년형 전학공에서는 이런 숙제를 전학공 소속 선생님 모두가 함께 해결하려고 노력하는 모습을 봤다. 학년 학생을 함께 걱정하고, 더 나은 방향으로 함께 변화시키려는 노력들, 그 노력의 중심에 '수업'이 있었다.

예전부터 다양한 수업을 적용해 왔지만, 그건 어쩌면 나에 대한 위안이었을 수도 있다. 열심히 참여하고, 수업에 높은 만족감을 보여주는 아이들을 보며 담임의 힘듦, 상처를 치유하려 했을 수도 있고, 수업에 대한 자신감을 날 보호하는 방패로 삼으려고 했을지도 모른다. 영종고에 오기 전 수업에 대한 고민이 '나와 학생'에 대한 것이었다면, 학년 전학공을 통해 수업은 '나를 포함한 학년, 그 학년이 포함된 학교'에 대한 것으로 확장되는 경험을 했다. 그리고 어느새 난 '우리 학교 영종고'를 '걱정'하는 교사가 되어 있었다.

자기사랑과 열정으로 향하는 수업을 디자인하다

영종고 학생들에게 필요한 것은 무엇일까? '자기사랑과 열정' 어느 해인가 대토론회에서 선생님들과 정했던 학교 비전, 함께 정한 그 목표…. 실은 잊고 지낼 때가 더 많지만, 대토론회, 2월 워크숍 등을 통해 자연스럽게 스며들었나 보다(이 글을 쓰면서 깨달았다). 나의 수업도 어느새 그걸 향하고 있었다. 자기를 사랑하고 열정을 가지려고 하면, 일단 '자기주도적'이 되어야 하지 않을까? 혹은 반대로 '자기주도성'을 가졌다면 이미 자기를 사랑하고 열정적 삶을 살아가고 있다는 것이 아닐까?

그래서 '아이들이 주도적으로 참여하는 수업을 설계하고 디자인하자!'라는 큰 뜻을 가지고 수업을 디자인하기 시작했다…… 라고 멋있게 쓰고 싶다. 하지만 사실은 그게 아니다. 자연스럽게 스며든 학교 비전처럼 자연스럽게 나는 그런 수업을 디자인하고 있었나 보다. 그리고 이건 '생기부 개별화'와도 이어진다. 개별화를 하려면 모두 다르게 적어야 하는데, 그러려면 아이들이 뭔가를 자발적으로 정해서 하는 수업을 설계할 수밖에 없었다.

자기사랑과 열정을 키우는 교양 수업

2022년 2학기에 1학년 과학탐구실험, 2학년 물리학1 아이들과 '학급 자기주도역량 향상 프로젝트'를 진행했다. 2학기 첫 시간에 ['나'의 자기주도능력향상을 위한 체크리스트]와 ['학급'의 자기주도능력향상을 위한 그룹계약서 및 '우리를 위한 나' 체크리스트]를 만들었다. 이것들을 만드는 것에만 2~3차시가 소요되었다. '나'의 체크리스트는 매달 학습지에, '학급'에 대한 것은 매달 구글 스프레드시트에 표시하여 비교하고자 했다. 하지만, 이후에는 진도에 쫓겨 학급에 대한 것은 몇 달 하지 못했다. 실패다. 그런데, 2학기 말 자기평가서에 이 활동을 통해 자신을 더 잘 알게 되었고, 반 전체가 함께 노력하는 경험을 했다는 아이들이 있었다. 이것으로 되었다. 적어도 아이들이 '함께'하는 경험을 했으니까!

이 체크리스트를 시작으로 1학년 아이들은 2학기에 3개의 프로젝트에 참여하게 되었다. 모든 수업은 물리실에 오자마자 뽑기로 조를 편성하게 되었고, 프로젝트가 끝날 때까지 그 조를 유지하였다. 주제에 맞게 각자 자료조사를 한 후에 모둠별로 창의적 산출물(혹은 시제품)과 발표 자료를 만들고, 실제 발표를 하고, 마무리로 각자 개인별 작품 설명서를 작성하는 순서로 진행되었다.

커다란 주제만 내가 정하였고 그 안은 모두 아이들이 채워가는 형식이다. 이렇게만 보면 자유도가 매우 높은 수업으로 '교사는 편하겠다'라고 생각할지도 모른다. 하지만 '무기력한' 아이들에게 이런 프로젝트를 시키는 일은 매우 고되다. 먼저 아이들에게 자료 조사 방법, 발표자료 작성법을 매우 꼼꼼하게 만들어서 알려줘야 한다. 또한, 프로젝트뿐만 아니라 평범한 수업조차 적극적으로 참여해 본 적이 없는 아이들을 위해 '친절한' 안내는 필수이다. 그리고 "우리, 이렇게 해보자", "우와~ 잘했어", "거봐, 할 수 있잖아!" 등과 같이 살짝 낯간지러운 칭찬과 격려 역시 꼭 필요하다. "선생님, 너무 어려워요.", "선생님, 너무 힘들어요.", "선생님, 너무 많은 걸 바라시는 거 아니에요?" 내 수업 시간에 아이들이 자주 하는 말이다. 그러면서도 꾸역꾸역 해낸다. 해낸 결과물도 훌륭하다…라고 하고 싶지만, 그건 잘 모르겠다. 모든 수업에서 그렇듯 훌륭한 것도, 그렇지 못한 것도 있다. 하지만 난, 우리 아이들에게 '결과물'을 '함께' 만들어냈고, '제출'을 했고, 그 과정에 '참여'한 경험을 주고 싶었

2023학년도 2학년 1학기 생활과 과학 수업 장면, 아이들이 살아있다.

다. 작년까지 했던 1학년 과학탐구실험, 올해 하는 2학년 생활과 과학 같은 교양 과학 수업의 목표이다. 과학적 경험을 수업 시간 참여로 얻었고, 결과물을 제출한 경험, 그 경험으로 앞으로도 무언가를 해내는 힘이 길러지지 않을까? 그것이 주도적인 삶을 살아갈 자기사랑과 열정이 되지 않을까 하는 작은 희망으로….

자기사랑과 열정을 키우는 교과 수업

하지만 난 물리 교사다. 교양과학과는 달리 물리학1과 물리학2의 경우는 미래 이공계 관련 진로를 선택한 학생들을 위한 과목이다. 이것은 단순히 '참여'를 하는 것에만 목표를 둘 수가 없다. 안타깝지만, 배워야 할 내용도 많고, 등급을 나눠야 하는 야멸찬 입시의 한복판에 있는 과목이다. 그럼 이런 과목에서 학생의 주도성을 어떻게 길러야 할까?

난 '실험'과 '탐구'에서 그 답을 찾고자 노력하였다. 이렇게 할 수 있다는 것이 과학 교사로서 참 좋은 점이다. 우리에게는 과학실이 있고, 실험기자재들이 있으니까. 개념 수업 후 바로 확인할 수 있는 실험을 제공하고, 실제로 해볼 수 있게 한다. 또한, 탐구력이 필요한 실험은 모둠별로 상의해서 실험 과정을 정하고 진행하게 한다. "여기 실험 재료가 있어, 이 발표자료를 채우기 위한 실험을 진행하렴. 시작!" 내가 실험 때 하는 말이다. 아이들은 내가 미리 만들어 놓은 발표자료의 형식을 읽어보며 실험을 설계하고 진행한다. 난 조별로 돌아다니며 실험에 대한 피드백을 한다. 수행평가 실험이 아니니 마음껏 피드백해 줄 수 있다. 아이들도 평가를 당하지 않으니 주눅들지 않는다. 평가의 굴레에서 벗어날 수 있어 서로 참 자유롭다. 물론 자유롭지 않은 수행평가 활동도 있다. 이때는 충분한 시간을 제공한다. 쉬는 시간, 점심시간을 할애하여 학생이 스스로 만족할 만한 결과물을 작성할 때까지 기회를 준다. 그 기다림이 아이에게 '널 응원해'라는 메시지로 다가갈 수 있기를 바라면서…….

그리고 수업 시간에 나눠주는 학습지의 빈칸은 반드시 모둠별로 해결할 수 있게 하고, 그 시간에 제출하고 간다. 그러면 나는 매시간 학습지를 검사하여 돌려준다. 생각보다 아이들은 배운 내용을 잘못 이해하고 표현하는 경우가 매우 많다는 것을 알 수 있다. 이것은 바로 다음 시간에 반영하여 다시 안내한다. 그리고 교사의 피드백을 받아 학생들이 학습지를 다시 제출하면 점수를 수정해 준다. 이를 통해 교사가 학생의 성장을 도와주는 사람이라는 인식을 심어주고 싶다. 그 도움은 학습지에 실린 모든 기출문제(시험 범위당 거의 70~80문제) 풀이 영상을 구글 클래스룸에 올려두는 서비스까지 이어진다. 그뿐만 아니라 모든 수업자료(교과서, 학습지, 수업용 ppt까지)는 구글 클래스룸에 공개한다. 선생님은 너희를 평가하고 가르는 역할만 하는 사람이 아니라 '너희의 성장을 함께 도와주는 사람이야'라는 인식, 그게 학생이 교사를 신뢰하게 만든다고 믿기 때문이다.

그런데 이런 것이 아이들의 주도성을 키워줄까? 난 그럴 것으로 생각한다. 관계가 회복되고 신뢰가 쌓인 곳에서 아이들은 무언가를 스스로 해 나갈 힘을 얻고, 스스로 해볼 용기를 낸다고 생각한다. 그 경험으로 앞으로의 삶을 당당하게 살아갈 수 있기를 응원한다.

영종고의 응원을 받으며 성장하다

영종고에서 나는 이렇게 성장했다. 수업을 깊이 있게 들여다보게 되었고, 그냥 나와 학생을 위한 수업이라고 생각했던 것을 학교를 위한 고민, 학생의 삶에 대한 응원으로 확장할 수 있게 해 주었다. 또한 수업나눔축제, 전학공 등에서 자꾸 말을 하게 하여 의미를 찾게 만들더니, 지금처럼 이렇게 글을 쓰게 하여 또 생각을 정리하게 만든다.

내가 수업에서 자꾸 아이들에게 이것저것 하게 만들듯,

영종고도 자꾸 나에게 이것저것 하게 만든다. 학생들이 내 수업에서 '힘들어요~'라고 하듯이, 영종고에서 나도 '휴~힘들다~'라고 하고 있다. 음…. 그럼, 내가 아이들을 응원하듯이, 영종고도 나를 응원하는 걸까?

어느새 내가 영종고가 되어가고, 영종고가 내가 되어가는 것 같은 착각이 들 정도다.
어이쿠…. 이제 정말 떠날 때가 되었나 보다.

교사
김시형

선생님,
유튜브에
진심이세요?

나의 시작, ICT 활용 체육수업 연구회

구글, 마이크로소프트, 애플, 한글과 컴퓨터. 내가 가장 애정하는 회사들이다. 이 회사들의 문서작성 프로그램이 없었다면, 악필이었던 나는 교사로서 작은 권위조차 갖기가 힘들었을 것이다. 이전에는 공문서와 시험문제도 손으로 작성했다고 하던데, 시대를 잘 만난 것인가? 마침 대학 선배가 PPT, EXCEL, 영상편집까지 활용해서 ICT 활용 체육수업에 관한 논문을 작성한다고 해서 인터뷰를 하게 된 나는 적극적으로 인터뷰에 임했고, 나를 포함해 나와 같은 고민을 하고 있을 다른 선생님들을 위해 ICT 활용 체육수업 연구회를 만들어 달라고 선배를 설득했다. 비록 그 시작은 개인의 한계를 극복하기 위한 시작이었으나 우리 연구회는 초임 체육 교사들의 소통 창구가 되었다. 뿐만 아니라 소통을 넘어 수업 나눔, ICT 활용 연수 등을 통해 서로를 단단하게 만들어 주었으며, ICT 활용 능력은 나의 수업 및 업무 자산이 되었다.

코로나의 습격을 받아 대혼란에 빠지다

2019년 학교를 인천영종고등학교로 옮기게 되었고, 이 학교는 '행복배움학교'라는 인천형 혁신학교로 운영되고 있었다. 친절해 보이는 선생님들이 본교 발령을 축하해 주었고, 행복배움학교에 대해 설명해 주었다. 매번 그렇지만 새 학교에서 다시 시작한다는 다짐과 새로운 학생들을 만난다는 설렘에 조금은 들떠있는 새 학기를 맞이했다.

그러나 새 학교에 대한 기대와 설렘은 매우 잠시뿐 2020년 2월 개학을 앞두고 시작된 코로나19라는 전염병의 습격은 2020년부터 2022년까지 3년간 모든 교육시스템을 붕괴시켰다. 개학이 연기되었고, 교육부에서는 시스템도 없고 아무도 해본 적 없는 온라인수업을 발표했다. 학교 현장은 대혼란에 빠지게 되었고, 아무도 가본 적 없는 길을 가야 하는 선생님들은 무에서 유를 창조해야 하는 막중한 임무를 갖게 되었다.

코로나 시기, ICT 활용 체육수업을 적용하다

온라인수업을 하며 우리 교사들은 물론 학생들, 학부모, 관련 기관까지 모두가 시행착오를 겪었다. 하루에도 몇 번씩 학생들의 출결 확인이나 수업방식에 대해 우왕좌왕, 좌충우돌했지만 하루하루 조금씩 성장했다. 하지만 개인적으로는 이런 날을 위해서 연구회 활동을 했었나 싶을 정도로 이전에 ICT 체육교사 연구회에서 배우고 실험했던 수업 방법들을 적용할 수 있는 기회를 맞이했다. 운동장과 체육관에서 학생들과 함께 몸으로 뛰고 땀 흘리는 것이 주 업무였던 체육 교사에게 온라인수업은 특별한 경험과 수업의 재미도 가지고 왔다.

코로나 시기에 진행한 ICT 활용 체육수업①
– "I am OK 챌린지"

첫 수업의 시도는 "I am OK 챌린지"로 시작했다. 수업이라기보다는 아직 자기소개에서 내 이름 석자도 공유하지 못하고 3월이 훌쩍 지나서 서로의 안부를 묻는 것이 도리라 생각되었다. 선생님들과 함께 우리는 잘 지내고 있다는 것을 사진으로 찍어서 학생들에게 보여주었고 온라인수업에 열심히 참여하라는 독려의 메시지를 보냈다. 학생들은 자신들도 잘 지내고 있고 온라인수업으로 애쓰는 선생님들에 대한 고마움을 글과 사진으로 표현해 보내주었다. 어려움을 겪고 있을 때 서로의 응원과 감사의 메시지는 작은 감동을 주었다.

코로나 시기에 진행한 ICT 활용 체육수업②
– 다양한 챌린지

작은 수업의 감동으로 연이어 챌린지 수업을 제작하게 되었다. 내용을 전달하는 것보다 경기와 실습에서 배움을 얻는 체육수업의 특성상 학생들에게 내용을 전달하기보다는 집에서 수행하고 영상으로 평가할 수 있는 여러 챌린지 영상을 제작했다. 간단하게 전통 놀이를 결합한 제기차기 챌린지, 집에서 홈트레이닝 가능한 타바타 운동 챌린지 등 온라인 플랫폼을 통해 학생들에게 실시 방법을 전달하고 학생들이 개인의 수행을 확인하는 방법으로 수업을 진행했다. 학생들이 수업에 더 관심을 두게 하려고 재미있는 콘텐츠 제작과 영상편집에 열을 올리게 되었고, 유튜버들이 하듯이 썸네일 사진으로 유혹하여 학생들을 수업으로 초대하다 보니 아이들 사이에서는 체육 선생님들이 유튜브에 진심이라는 우스갯소리가 나오기도 했다.

코로나 시기에 진행한 ICT 활용 체육수업③
– 블렌디드 수업

그 후로 코로나19 상황이 좋아져 등교하게 되었다가 다시 악화되면 온라인으로 전환했다가 하면서 또 특별한 수업이 발생했다. 온라인과 오프라인을 잘 혼합한 '블렌디드 수업'이라는 용어가 뉴스와 교육청 공문에 등장했고, 배울 내용을 미리 온라인에서 설명하고 안내한 후 등교하면 온라인에서 배운 내용을 실습했다. 매일 학교와 온라인에서 마스크 쓴 아이들을 보다가 등교 기간 급식실에서 마스크를 벗고 식사하는 학생들을 보면 내가 알던 모습이 아닌 전혀 다른 사람으로 느껴져 생소했던 신기한 경험도 했다.

사람은 적응의 동물이라 했고, 위기는 기회라고 했다. 세상에는 온갖 온라인수업 플랫폼이 생기기 시작했고, 1교시는 구글 클래스룸, 2교시는 패들렛, 3교시는 EBS, 4교시는 메타버스 등 심지어 온라인수업이 오프라인 수업보다 편하기도 했다. 넘쳐나는 정보와 플랫폼의 홍수에서 정제가 필요할 때쯤 학생들은 다시 학교로 돌아오고, 선생님들은 홍역을 치르고 면역력이 생긴 것처럼 다양한 온라인, 블렌디드 수업으로 강화되었다.

이 또한 지나가리라 – 희망을 잃지 않을 것

어려운 전쟁에서 승리한 다윗 왕이 불행이 함께할 때는 희망을 잃지 말며, 행운이 따를 때는 겸손과 자만함을 경계하라는 뜻으로 반지에 '이 또한 지나가리라(This, too, shall pass away)'라고 새겼다고 한다. 2020년 겨울과 꽃샘추위만

버티면 끝날 것 같았던 코로나19는 3년간 우리의 일상을 바꾸고 위기를 조장했지만, 우리는 희망을 잃지 않고 시행착오를 거치며 '이 또한 지나가리라'를 외치며 버텨냈고 이제는 '교육 회복'이라는 이름으로 열심히 일상을 회복하고 있다. '이 또한 지나가리라'라는 말이 불운에서 희망을 잃지 않는 것뿐 아니라 행운이 따를 때는 겸손함과 자만함을 경계하라고 한 것처럼, 우리도 이전으로의 회복뿐 아니라 다음의 위기에 적응할 수 있도록 노력하고 준비하는 것이 필요할 것이다.

교사
허윤영

교육적 상상,
함께 현실로!
- 수업나눔축제 이야기

2019년 11월이었다. 당시 연구부장이던 홍경아 선생님이 갑자기 몇 명을 모아놓고 한 가지 기획안을 이야기했다. 우리가 올해 수업한 것들 한 번 나눠보면 어때? 크게 부담 가질 필요는 없고, 그냥 우리 학교 선생님들이 일 년 동안 수업한 내용을 모아서 보는 거지 뭐. 학습지든, 학생들 결과물이든 원하는 사람들만 전시하고, 교과별로 한 분씩 사례 발표하고. 동아리 발표회날에 우리 교사들도 수업나눔축제라는 걸 해보는 거야.

귀찮지만, 귀한 경험

나로서는 한 번도 생각해 본 적 없는 기획이었다. 말하자면 수업 박람회 같은 것일까? 나중에 들으니 그러한 자발적 시도가 여러 혁신학교에서 이미 있었던 것 같지만 학교 울타리 안에서 내 수업 하기에 급급했던 나로서는 그런 생각은 해본 적도 없었다. 솔직히 말해서 '뭘 귀찮게 굳이...'라는 생각을 안 한 건 아니었지만, 다시 생각해 보면 의미 있는 자리가 될 것 같았고 경아 샘에 대한 믿음과 지지의 마음이 컸기에 동의했다. (그런 면에서 리더의 존재는 소중하다. 현재에 안주하고 있는 다수에게 새로운 상상과 시도를 추동하는 리더가 발전을 가져오는 것 아닐까?)

행사를 만드는 입장에서는 이것저것 신경 쓸 일이 참 많았을 것 같은데, 참여하는 나로서는 그리 어렵고 힘든 일은 아니었다. 새로운 것을 만들어낸다기보다 그동안 수업한 것들을 돌아보고 그 중 다른 선생님들과 나눌 만한 것들을 골라보는 작업이었기에 나에게도 의미 있었다. 그해에는 1학년 국어 수업을 했는데 학생들이 반짝반짝했기 때문에 나누고 싶은 것들도 제법 있었다. 경아 샘은 학교 안 전시로 그치지 않고 토요일에 다른 학교 선생님들을 대상으로 수업 전시를 소개하고 간단한 사례 발표까지 하는 직무연수를 계획하고 있었는데, 국어과에서는 내가 발표를 하면 어떻겠냐고 하셔서 처음에는 화들짝 놀라 손사례를 치다가 20분 정도만 하면 된다는 말에 결국 넘어가고 말았다. 기를 쓰고 내 수업을 들여다 보면서 다른 분들에게도 공유할 만큼 의미 있는 게 있나 찾는 것도 결국 나 자신에게 가장 도움이 되는 일이었다. 다른 학교에서 누가 영종도까지 그것도 토요일에 수업 전시를 보러 오겠나 생각했는데, 배움에 열정적인 선생님들이 참 많다는 것을 알게 되었다. 그리 대단한 결과물이 아닌데도 한껏 관심을 보이시고 별 것 아닌 사례에도 질문을 쏟아내시는 선생님들을 보면서 오히려 내가 저 열정을 배워야겠구나 생각했더랬다. 그리고 이 행사를 1회로 해서 앞으로 매년 수업나눔축제를 해보자는 경아 샘의 포부에는 감탄과 의구심(ㅋ)이 함께 피어났다.

야심찼던 시도들, 하지만...

돌이켜보니 2019년에서 2020년으로 넘어가는 그 겨울에 우리는 참 많은 것들을 계획했었다. 행복배움학교 1기를 마무리하고 2기에 들어가는 해였다. 각자의 수업에서 열심히 하는 것을 넘어 교과융합을 더 적극적으로 해보자는 경아 샘의 제안에 자발적으로 방학 중 연수에 참여한 선생님들이 10여 명, 그때는 적은 인원이라고 생각했지만 누가 시킨 것도 아니고 연수 시간이 되는 것도 아니고 그저 배우고 성장하고 싶다는 열정만으로 모인 것이니 지금 생각하면 참 대단했다. 타 지역, 타 학교에서 여러 선생님들을 모셔서 강의도 듣고 새학기에 어떤 주제로 어떻게 융합해볼까 상상해 보는 것은 즐거웠다. 그때 프로젝트 이름이 '교육적 상상, 함께 현실로'였다.

그때는 상상도 못했었다. 코로나19라는 전대미문의 바이러스가 우리의 발목을 잡을 줄은. 2020년 2월 새학기 워크숍을 할 때만 해도 코로나19가 그렇게까지 퍼져나갈 줄은 몰랐고, 우리는 현상 기반 프로젝트 주제로 '코로나 바이러스'를 다루면 어떨까, 그런 이야기를 나누었었다. 하지만 갑자기 환자 수가 급증하면서 개학이 미뤄지는 초유의 사태까지 가는 동안 우리가 계획했던 많은 것들은 무산되거나 그 형태가 바뀔 수밖에 없었다.

어찌저찌 코로나19 팬데믹을 온몸으로 막아내며 선생님들이 버티는 동안, 나는 개인적으로 갑자기 타 기관 파견근무가 결정되어 학교를 잠시 떠나게 되었다. 여전히 영종고 교내 전학공에는 참여하고 있었기 때문에 학교 소식을 종종 듣기는 했지만 어디까지나 방외인의 입장이었다. 그래서 그해 12월, 제2회 영종고 수업나눔축제가 온라인으로 열린다는 소식을 듣고는 입이 떡 벌어지고 말았다. 정말 대단하네, 우리 학교 샘들. 내적 감탄을 뿜어내며 주변에 마구 자랑을 했다. 유튜브와 패들렛을 활용한 온라인 수업나눔축제였다. 영종고는 거기서 멈추지 않지. 2021년에는 3회 수업나눔축제를 무려 메타버스(게더타운)에서 한다는 소식에 또 한 번 놀라고 말았다. 아직 파견근무 중이었지만 직무연수 신청을 해서 이번에는 발표자가 아니라 연수 듣는 사람으로 참가했다. 학교 밖에서 본 영종고는 더 대단해 보였다.

내가 수업나눔축제 담당자라니! 그런데 이렇게 쉽게?

2022년, 학교로 복귀하면서 어쩌다 보니 내가 수업나눔축제 담당자가 되었다. 과연 내가 할 수 있을까? 걱정도 되었지만, 생각해 보면 수업나눔축제는 나 혼자 만드는 것이 아니고 우리 학교 선생님들이 함께 만드는 거니까. 무리하지 말기, 억지로 꾸미지 말기, 있는 그대로 서로 공유하는 것이 그 자체로 배움이라는 것. 그게 영종고의 문화니까 충분히 할 수 있을 거라고 믿었다. 그리고, 역시 그랬다.

부서에서 동아리발표회와 수업나눔축제를 둘 다 맡게 되어 솔직히 업무 과부하였지만, 수업나눔축제는 그리 어렵지 않게 만들어갈 수 있었다. 교과별로 모이는 전학공 시간에 교과부장님들을 통해서 '올해도 수업나눔축제를 합니다. 교과별로 어떻게 참여하실지 같이 의논해 주시면 감사하겠습니다.' 이렇게 부탁한 것뿐인데, 자료를 내달라고 하니까 재촉할 필요도 없이 너도나도 자료를 보내 주셨다. 코로나19로 인해 지난 2년간은 온라인으로만 이뤄졌지만, 이번에는 축제도 정상적으로 진행하니까 오프라인 전시를 하자. 그런데 온라인 전시도 나름의 유용성이 있잖아? 그렇다면 온오프라인 블렌디드로 해보자! 그렇게 의논을 하고, 선생님들께 온라인으로든 오프라인으로든 편하신 방법으로 자료를 내달라고 했다. 수업사례 발표는 국어과, 영어과, 과학과에서 하기로 했고 이전처럼 외부 선생님들에게도 여는 온라인 직무연수로 평일 저녁에 두 시간 연수를 계획했다.

모든 준비가 놀랍도록 순조로웠다. 마침 학생들이 ZEP 플랫폼에서 메타버스 학술제를 하게 되었기에 메타버스 상의 영종고를 통해 수업나눔축제 전시장에 입장하도록 꾸미고, 자료 전시는 패들렛에 하고 사례 발표는 ZEP에서 했다. 오프라인 전시장은 간단히 스케치 영상을 찍어서 메타버스 영종고에 게시했다. 메타버스 직무연수에는 우리 학교 타 학교 어우러져 딱 적절한 인원의 선생님들이 참여해 주셨고, 메타버스 상의 수업전시가 학술제와 같은 공간에서 열리다 보니 본교 학생들도 다녀가면서 방명록을 남겨주어 더욱 의미 있었다. 직무연수에 참여하신 다른 학교 선생님들은 학생들의 ZEP 학술제도 함께 보시면서 감탄하셨다. 모두 우리 학교 학생들이 직접 만든 공간이었다. '세상과 만나는 학교' 프로젝트의 17개 조가 각자 공간을 꾸미면서 그 스케일도 상당했기에 인상에 더 남으셨던 것 같다. 나의 소중한 동료이자 수업 사례 발표도 선뜻 맡아주신 이지혜 선생님과 물리실에 나란히 앉아 늦은 시간까지 함께 연수를 진행했다. 예상 종료 시간이 지났는데도 질문이 이어졌고, 다들 떠난 뒤에도 메타버스에서 기념촬영을 하고(아바타가 있는 모습을 캡처한 것뿐이지만) 참가하신 선생님들이 남기신 방명록을 읽으면서 소회를 나누었다.

특별하다, 특별하지 않다, 특별하다...

담당자인데도 어리둥절했다. 어떻게 이게 이렇게 쉽게 되지? 의아했지만 생각해 보면 당연한 일이다. 이미 4회째의 행사가 아닌가. 우리 학교 선생님들이 그동안 다져온 내공이 이토록 대단했던 것이다. 정말 모든 교과에서 적극적으로 참여하고 조금이라도 더 돕고자 하고 격려와 응원을 주셨다. 그리고 물론, 업무가 겹쳐서 아마도 약간은 패닉 상태였을 초짜부장을 조금이라도 편하게 해주고자 '수업나눔축제는 제가 맡아서 진행할게요' 한 마디 던지더니, 계획 수립부터 온오프라인 자료를 모으고 선생님들을 독려하는 모든 일을 척척 처리해준 나의 또다른 소중한 동료 권희정 선생님의 존재가 있었기에 아마도 '이렇게 쉽다니'라는 말이 나올 수 있었을 것이다.

영종고만이 특별한 것은 아니다. 이 땅의 모든 선생님들은 다들 배우고 가르치는 것에 열정을 품고 있으니까. 하지만 그럼에도, 영종고는 특별하다. 수업나눔축제가 있어서가 아니라, 수업나눔축제를 정말로 '축제'로 만들어주는 멋진 선생님들이 있기 때문이다. 그래서 나는 2020년 겨울 프로젝트의 이름이 우리 학교를 가장 잘 드러내주는 말이라 생각한다. 교육적 상상, 함께 현실로!

교사
정수현

가르침
속
배움

영종고에서 처음 접한 학급 특색활동

2021년에 우리 학교에 와서 처음으로 학급 특색활동을 접했습니다. 그전까지는 학교 자체에서 계획한 큰 활동을 일률적으로 진행하는 것에 익숙했기에 당장 학급 담임으로서 어떤 활동을 해야 할지 막막하고 부담감도 컸습니다. 하지만 같은 학년을 담당하시는 선생님들과 부장님께서 우리 학교에서 해오셨던 다양한 학급 특색활동의 내용과 각 활동이 어떤 의미가 있었는지 소개해 주시면서 많은 도움을 얻을 수 있었습니다. 2021년부터 지금까지 담임 학급 아이들과 여러 크고 작은 활동들을 해오며 그 중 개인적으로 가장 뜻깊었던 활동을 소개하려고 합니다.

첫 시작, 설렘과 걱정

2022년 3월 초, 2학년 9반 담임교사를 맡아 실시간 화상수업으로 아이들과 함께 학급 특색활동을 계획하였습니다. 학업과 진로·진학에 초점을 둔 아이디어들이 오가는 사이, 평소 개인적으로 관심을 가졌던 '환경'에 대한 주제를 은근슬쩍 던져보았습니다. 아이들이 환경에 관심을 가져야 하는 이유를 열심히 설명하고, '환경을 주제로 한 활동도 한 가지 계획해보면 어떨까?' 제안했을 때, 아마 화상수업이다 보니 누구라도 대답해야 하지 않을까 하는 생각에서 나온 건지는 모르겠지만, 몇 초의 침묵 끝에 다행히 채팅창에 '좋아요', '동의합니다'하는 대답이 올라왔습니다.

몇 주 뒤, 두 번째 학급 회의에서 본격적으로 환경과 관련하여 어떤 활동을 할 것인지 아이디어를 공유하는 시간을 가졌습니다. 분명 지난 회의 때 환경 관련 활동을 각자 생각해 오자 했는데 마치 처음 듣는다는 듯한 눈빛들로 저를 바라보았고, 몇 마디 나눠보니 아이들은 환경 문제에 크게 관심이 없고, 아는 것도 많지 않다는 것을 깨달았습니다. 그런 아이들을 위해 스스로 실천해 봄으로써 환경에 대해 생각해 볼 기회를 만들어 주고 싶어 〈우리 반이 함께하는 탄소중립〉 활동을 계획하였습니다.

'텀블러 사용', '용기내 챌린지', '플로깅'의 세 가지 미션을 제시하고, 각 미션 인증 시 상품을 부여하는 방식으로 아이들의 참여를 이끌었습니다. 또 일회성 행동으로 끝나지 않도록 4주의 기간을 정해 지속적으로 행동할 수 있도록 계획하고, 공유 작업용 플랫폼을 활용해 학급원 모두가 서로의 미션 수행을 알 수 있도록 계획하였습니다. 활동을 계획하면서 '학업에 집중해야 하는 시기에 내가 괜한 활동을 하자고 하는 건 아닐까', '아무도 참여 안 하면 어쩌지' 하는 고민들도 스쳤지만 아이들에게 환경을 위해 이러한 실천 방안이 있다는 것을 알리는 것만으로도 의미가 있다고 생각하며 추진하였습니다.

너와 내가, 우리가

다행히 활동에 관심을 갖고 참여하는 아이들이 몇몇 있었습니다. 스터디카페에서 텀블러를 내미는 사진, 학교 앞 떡볶이 가게에 개인 용기를 가져가 떡볶이를 포장해 온 사진 등 아이들이 하루하루 올리는 인증 사진에 '좋아요'를 누르고 응원과 칭찬의 댓글을 달아주었습니다. 또, 방과 후에는 저와 약속한 시간에 모여 학교 주변 플로깅 활동을 함께 하기도 했습니다. 조회 시간에는 아이들끼리 경쟁하듯 서로 텀블러 사용 인증 횟수를 대기도 하고, 이번 주 플로깅에 같이 가자고 옆 친구를 꼬시기도 하는 대화 소리를 들으며 아이들이 나름 즐겁게 활동에 참여하고 있는 것 같아 흐뭇했습니다.

사실 4주간의 탄소중립 활동을 하는 동안 저는 인증 사진에 '좋아요'와 댓글 달아주기, 방과 후에 플로깅 일정 잡기, 학생별 인증 횟수 파악해서 상품 증정하기 등 활동을 전반적으로 관리하느라 정신이 없었고, 4주가 지났을 때는 드디어 끝났구나, 조금 더 짧게 계획할걸, 하면서 후련한 마음이 컸습니다. 그러다 문득 아이들은 왜 이 활동에 참여했을까, 무엇을 배웠을까 하는 궁금증이 들면서 아이들의 이야기를 들어봐야겠다는 생각이 들었습니다.

가르치며 배우다

이 활동에 참여한 주된 이유가 무엇이냐는 설문에 '상품을 받고 싶어서'라는 답변보다 '친구들과 함께 공동의 활동을 하는 것이 의미 있어서'라는 답변이 더 많았습니다. 근소한 차이이긴 했지만 상품을 걸고 보상에 초점을 맞추어 아이들의 참여를 유도했던 제가 조금은 부끄럽게 느껴졌습니다. 또 아이들에게 학급 친구들과 무언가를 함께 한다는 것이 큰 의미가 있다는 것을 다시 한번 깨닫게 되었습니다. 활동에 참여하며 좋았던 점을 물어보는 질문에 '평소 용기가 부족해서 하지 못했던 것을 할 수 있었다', '살면서 실천해 보지 않았을지도 모르는 의미 있는 활동들을 할 수 있어서 좋았다', '마음만 먹으면 할 수 있는 일을 왜 이제까지 하지 않았는지 반성하는 시간을 가졌다' 등의 답변을 통해 제가 처음 이 활동을 계획하며 아이들이 배웠으면 하는 것들이 무엇이었는지 다시 떠올랐고, 그것들이 잘 전달되었구나 하는 생각이 들며 큰 보람을 느꼈습니다.

아이들과 함께 활동을 고민하고, 계획하고, 실천하는 과정을 통해 서로에 대해 더 잘 알아가고 가까워지는 시간을 가졌습니다. 아이들과 공동의 목표를 갖고 활동함으로써 함께 하는 것의 힘을 배우고, 가르칠 수 있었습니다. 무엇보다 학급 특색활동을 지식이 아닌 가치관을 가르칠 수 있는 진정한 교육 활동으로 만들어 갈 수 있음을 깨달았습니다. 저의 이 모든 배움은 동료, 선배 교사들의 도움과 아이들 없이는 이루어질 수 없는 것들입니다. 우리 학교의 모든 선생님과 아이들 속에서 제가 성장하고 있음을 느끼며 이번 기회를 통해 감사의 마음을 전합니다.

자발적인 참여와 행동하는 지성

    인천영종고등학교에 발령을 받고 과학과 선생님들과 첫 만남에서 2학년 과학 동아리 담당을 부탁받았다. 나는 늘 생각은 했었다. 동아리 시간만 되면 축구를 하거나 당구를 치러 나가는 학생들을 보며 '내가 저 동아리 담당 교사가 되었으면 좋겠다'라고. 실제로 직전 학교는 남자 학교라 아이들과 자주 운동하며 심지어 자율 동아리로 야구 동아리를 맡아 대회도 나가고 그랬었다. 그리고 나의 학창 시절을 생각하면 3학년 때 동아리가 '만화 감상부'였다는걸 졸업하고 학교생활기록부를 통해 확인했을 정도로 큰 의미로 다가오질 않았다(참고로 본인은 수우미양가 세대).

    그럼에도 불구하고 우리 학생들이 진학하는데 동아리 활

동이 큰 비중을 차지한다기에 우리 과학과 선생님들이 힘을 합쳐 우리나라 이공계 발전을 위해 과학 동아리를 열심히 운영하고자 노력했다. 우선 내가 오기 전에는 과학 동아리의 이름이 '콜라보레이션'이었는데(최근 정식 표기는 '컬래버레이션'이라고 한다) 직관적으로 이해하고자 '과학주제탐구반'으로 이름을 바꿨고, 이후 학년에 따라 '과학주제탐구반' → '과학주제심화탐구반' → '과학과제연구반'의 위계를 가지도록 구성을 했다. 이밖에도 '의생명 동아리', '생태전환 교육 동아리', '과학독서토론 동아리' 등 학생들의 수요에 맞게 다양한 동아리를 운영했다. 적어도 내 기억에는 우리 과학과 선생님들은 약간 넓은 범위로 보았을 때 과학 동아리를 맡지 않은 적이 없었다. 그렇기에 해마다 돌아오는 가장 큰 행사인 인천과학대제전도 모두가 참여하여 서로 돕고 교내외 크고 작은 행사도 서로 배려하며 무사히 진행할 수 있었다.

인천영종고등학교에서 과학 동아리가 명맥을 이어올 수 있었던 것은 과학과 선생님들의 노력도 있지만 무엇보다 우리 학생들의 적극적이고 자발적인 참여가 있었기 때문이다. 솔직히 나는 의무감으로 동아리 활동에 임했지만, 시간이 지날수록 자신들이 직접 실험 계획을 세우고 친구들과 건실한 토론과 대화로 활동에 임하는 모습을 보며, 학생들의 진심이 느껴졌다. 무엇보다 16시 40분이 지났음에도 활동을 마칠 줄 모르는 그들의 모습은 정말이지 끔찍할 정도로 멋졌다. 물론 좋은 의미이다. 그렇기에 졸업한 학생들도 학교에 찾아와 이야기꽃을 피울 때면 늘 과학 동아리 활동에 대한 내용이 빠지질 않았다.

이제는 새로운 한 해가 시작되면 과학 동아리를 맡는 데 주저하지 않는다. 매년 새롭게 들어올 학생들의 모습이 기대되고 올해 인천과학대제전은 어떤 주제로 참여할지 궁금해진다. 우리 과학 동아리는 인천영종고등학교 역사의 한 부분을 차지하고 있고 앞으로 우리 사회에 더 많은 이공계 인재를 길러낼 것으로 믿어 의심치 않는다. 언젠간 우리나라 첫 노벨상 수상자를 배출할 날이 올 수도 있지 않을까?

이래 봬도 진심입니다

기회의 땅, 영종고

1학년
박채희

　인천영종고등학교는 열정 넘치는 선생님을 주축으로 다양한 프로젝트가 운영되고 있어서 학생들이 자신의 의지와 열정만 있다면 다양한 분야에서 프로젝트에 참여하고 경험을 얻어갈 수 있다. 나는 과학을 좋아하며, 특히 생명과학과 환경(지구과학) 분야에 많은 관심을 가지고 있다. 우리 학교는 교내에서 과학 관련 프로그램이 다양하게 많이 개설되고 있으며 교외 프로젝트도 교내에서 많이 홍보를 해주셔서 교외 프로젝트 또한 관심이 있다면 쉽게 참여할 수 있다. 내가 우리 학교를 다닌 약 8개월 동안 정말 다양한 프로그램에 많이 참여하였는데 그중에서도 과학 동아리, 미세먼지 프로젝트, 천체관측 프로그램, 과학 나눔 봉사단을 중점으로 이야기하겠다.

나를 과학으로 이끌어준 과학 동아리

나는 앞서 말했듯 과학에 많은 관심을 가지고 진로 분야로 생각하고 있다. 학기 초 진로와 과학에 대한 생각이 지금보다 옅었을 때 동아리를 신청하게 되었다. 서른 개도 넘는 동아리 중 영종고를 소개할 때 나온 학교의 유명한 동아리였던 과학 동아리가 나의 눈길을 끌었다. 과학 동아리에 관심이 있는 학생이 많았는지 자기소개서를 포함한 신청서를 내고도 면접까지 봐서 마침내 최종 합격을 했고, 20명 가까이 되는 친구들과 함께 동아리 활동을 하게 되었다.

과학 동아리에서는 과학의 날 행사, 주말과학체험마당, 과학대제전, 실험 결과 발표, 교내 자율 탐구 등 다양하고 많은 활동을 하였다. 다양한 행사와 활동, 실험들은 1,2학년을 합해 약 30명인 학생들을 여러 개의 조로 나누어 활동을 진행한다. 이런 상황에서는 친한 친구 혹은 친하지 않은 친구들 모두 구별하지 않고 비슷한 관심사와 실험의 열정을 가진 학생들과 한 조가 되어 활동하게 된다. 교내 실험은 반 년 동안 한 팀이 되어 진행하기 때문에 친한 친구와 싸우기도 하고 안 친했던 아이와 새롭게 친구가 될 수도 있는 다양한 가능성을 가지고 있다. 여러 사람들과 조별 활동을 하면서 지속적으로 만나다보면 사람들과 소통하는 방법과 리더십, 의견 제시하는 방법을 자연스럽게 터득하고 강화해갈 수 있다. 비슷한 관심사와 호기심을 가진 친구들이 조원이 되니 같은 주제를 가지고 함께 토론하고 상의하며 자신의 관심사에 대해 더욱 알아갈 수 있고 실험에도 더욱 관심과 열정을 가지고 참여할 수 있었다. 과학 동아리에 가입한 학생이라면 실험 혹은 과학적 내용에 관하여 열정과 관심을 가지고 있으니 수준 높고 질 좋은 이야기를 나눌 수 있다는 점이 과학 동아리의 장점인 것 같다. 또한 다양한 행사에서 발표와 홍보에 많이 참여하면서 발표 경험이 쌓이고 모르는 사람과의 소통 또한 편하게 할 수 있게 된다.

과학 동아리를 하면서 인간관계의 어려움과 실험의 실패 등 많은 고난을 겪을 수도 있다. 나 또한 실험에 실패하고 소통의 부족으로 조원들과 좋지 않은 관계를 만들었던 적도 있다. 하지만 실험에 실패하는 것 또한 실험의 결과임을 받아들이고 그에 따른 실패 원인 분석을 하며 더욱 좋은 경험과 조언을 얻을 수 있었다. 조원들과의 불화는 많은 소통과 시간이 해결할 수 있는 문제였던 것 같다. 불화의 과정을 통하여 더욱 조원들이 돈독해지고 소통의 편해진 경우 또한 어렵지 않게 볼 수 있었다.

옥상에서 하늘 보기

천체관측 프로그램에 참여한 것도 잊을 수 없는 기억이

다. 학기 초에 별자리 관측 프로그램에도 참여한 적이 있기에 천체 관측 대회를 목표로 하는 천체관측 프로그램에서는 더욱 적극적으로 참여하였다. 천체관측 프로그램은 아무래도 늦은 시간에 진행하는 경우가 많아서 그 과정에서 부모님의 허락과 선생님의 열정이 필요한데 부모님께서는 다양한 경험을 위한 프로그램 참여를 지지하셨고 선생님께서는 필요한 지식을 가르쳐주시고 쉽게 설명해주시기 위해 많은 노력을 해주셨다. 천체관측을 위한 망원경과 다양한 기구, 옥상 출입 등을 포함한 다양한 환경이 마련되어 있어 편하게 활동할 수 있었다.

과학 나눔 봉사 – 배우고, 알리고, 줍고

과학 관련 활동으로는 봉사 또한 빼놓을 수 없다. 환경과 지구과학에 관심이 많은 나로서는 해양생태계를 보존하기 위한 활동을 하는 과학 나눔 봉사단은 정말 좋은 선택이었다고 할 수 있다. 직접 몸을 움직이며 해양쓰레기를 줍는 활동은 영종도라는 섬에 위치한 영종고의 학생으로서도, 영종도의 주민으로서도 뜻깊은 활동이었다. 쓰레기 봉지 하나를 전부 채울 정도로 쓰레기를 줍고 나면 뿌듯함과 동시에 너무 많은 쓰레기가 해양에 마구잡이로 버려진다는 죄책감과 회의감이 들기도 한다. 과학 나눔 봉사단의 또 다른 활동이었던 바다유리(씨글라스) 공예는 해안에서 우리가 직접 주운 바다유리를 재활용하여 목걸이와 액자를 만드는 것이었다. 교내에서 진행한 프로젝트로 봉사를 하면서 바다유리를 줍고, 홍보 카드 뉴스를 만들고, 참여한 친구들에게 만드는 법을 가르쳐 주는 모든 과정이 인상 깊었던 활동이다. 유리가 바다에 버려져 부서지고 깎이며 둥글고 예쁜 모양으로 만들어진 바다유리는 바다가 빚어낸 또 다른 보석이라는 말이 있을 정도로 아름답다. 하지만 많은 유리조각이 바다에 버려지고 해양생태계를 파괴할 수 있다는 것을 생각하면 과연 아름답기만 한 것인지 의문이 든다.

바다유리 공예가 교내에서 해양쓰레기의 경각심과 해양생태계 보존에 대한 이야기를 전한 행사였다면, 인천 시민 등 교외의 많은 사람들에게 알릴 수 있는 활동으로는 '을왕리 해변 알줍 행사'에 참여했었다. 이는 인천뿐만 아니라 국내의 다양한 해안가에서 진행되는 프로그램인데 인천에서는 영종도 을왕리 해변에서 진행한다고 하여 선생님의 신청으로 참여하게 되었다. 우리 학교 학생뿐만 아니라 다양한 사람들과 함께 참여하면서 더 높은 에너지로 더 많은 쓰레기가 수거되었던 것 같다. '알줍'이라는 의미 자체가 쓰레기를 줍는 것뿐만 아니라 쓰레기가 많이 생성된다는 것을 알리는 것을 목적으로 하기에 많은 사람들이 참여하는 것에 함께 활동을 할 열정이 생겼다.

미세먼지는 줄이고, 태양광 발전은 늘리고

우리 학교에서 지금까지 했던 프로그램 중 가장 인상 깊은 프로젝트를 고르라 하면 '영종고의 미세먼지를 줄여라'와 '영종고의 태양광 발전량을 늘려라'를 말할 수 있을 것 같다. 많은 프로젝트 중에서도 장기 프로젝트였고 직접 데이터를 수집하고 분석하여 결과를 도출하기까지의 과정에 큰 노력이 들었기 때문이다.

'영종고의 미세먼지를 줄여라' 프로젝트에서는 미세먼지가 발생하는 원인들에 대해 추론하고 직접 센서들을 활용하여 측정 후 데이터화하는 과정을 거친 뒤 데이터를 활용하여 분석하고 그에 따른 캠페인까지 진행한다. 또, '영종고의 태양광 발전량을 늘려라' 프로젝트는 우리 학교 옥상에 설치되어 있는 태양광 전지판의 효율을 높이기 위해 학생들이 직접 데이터를 분석하였다. 대부분의 사람들은 이미 수치화되어 있는 공공의 데이터를 사용하는데 직접 데이터를 측정하고 데이터를 수집하여 수치화하니 정말 힘들고 많은 노력이 필요했다. 하지만 데이터를 직접 만드는 과정에서 뿌듯함과 성취감을 느꼈다. 회의와 토론을 걸쳐 마지막 결론이 나왔을 때는 과정은 험난했지만 결국 결과를 만들어냈다는 것이 자랑스러웠고 다양한 센서를 사용하고 데이터를 시각화하는 과정이 정말 잊지 못할 경험이었던 것 같다.

이처럼 과학 프로젝트는 다양한 체험과 경험을 위해 정보 및 기술 분야와도 결합하여 진행하기 때문에 과학뿐만 아니라 다양한 분야에 관심 있는 학생이 참여하기에 좋다. 이 프로젝트를 하면서 밤 늦게까지 남아서 활동할 때가 많았는데 그때마다 항상 따뜻한 말로 격려해주시고 맛있는 밥과 간식을 제공해주시는 선생님이 계셔서 든든한 기분이었다.

다양한 경험과 체험에 열정이 있거나 학교에서 다양한 프로젝트에 참여하고 싶다는 의지만 있으면 정말 많고 다양한 프로젝트와 행사에 참여할 수 있는 곳이 바로 영종고이다. 영종고등학교에 대해 부정적으로 생각하는 사람들이 많다. 나도 입학하기 전에는 꽤 많은 거부감을 가지고 있었다. 하지만 막상 입학해보니 부정적인 부분보다 긍정적인 부분이 많고 다양한 미래를 꿈꾸는 학생들이 편하고 안전하게 지낼 수 있는 학교였다. 과학뿐만 아니라 정보, 인문, 국어, 사회, 행복 탐구 등 다양한 분야의 프로젝트가 시행되고 있다. 이렇게 많은 분야의 교내 프로그램을 만들어 주시는 우리 학교 모든 선생님들께 깊이 감사드린다.

학교에서
일군
나의 성장

우리 학교는 다양한 분야의 프로그램이 엄청 많다. 그중
에서도 나는 유네스코 봉사단에 가입하였다. 우리 학교가
유네스코 학교라서 있는 거라고 하는데, SDGs(지속가능발전
목표)와 관련된 여러 봉사 활동을 하고 기념일마다 부스를
운영하여 학생들에게 기념일에 대해 자세히 알 수 있도록
홍보하는 등의 활동을 한다.

영어 동화책을 내가?

유네스코 봉사단의 활동 중에 가장 기억에 남았던 활동
은 SDGs 영어 동화책 제작 나눔으로 영어 동화책을 우리 손
으로 만들어서 제3세계 아이들에게 보내주는 것이다. 동화

책의 이야기를 만들고 영어로 번역하고 그림도 그리고 더빙도 하는 등 엄청나게 많은 과정을 우리가 직접 하는 것이다. 동화책을 만드는 것도 힘든 일인데 영어 동화책을 만들어야 하니 막막했다. 먼저 조원들과 같이 스토리를 구상하고 한글 개요를 작성했다. 한글 개요가 구상되어 있어서 글을 완성하는 것이 어렵지 않겠다고 생각했는데, 막상 글을 쓰려고 보니 글로 표현하기에 부족한 부분이 많아서 힘들었다. 이 영어 동화책을 한창 제작할 때가 시험 기간이었어서 더욱 버겁게 느껴졌던 것 같다. 또한 내가 혼자 만드는 것이 아니라 팀으로 같이 동화책을 만들다 보니 더욱 힘들었다. 우여곡절 끝에 우리말로 이야기가 완성되고, 영어로 번역하였다.

거기까지 하니 동화책이 끝난 것처럼 느껴졌는데, 막상 더욱 힘든 일이 기다리고 있었다. 바로 그림 삽화인데 지금 내 실력으로 그림 삽화를 다 그리기에는 무리가 있을 거 같아 친구에게 도움을 청했다. 친구의 도움을 받아 동화책 삽화를 하나하나 완성했는데 그 과정이 정말 힘들었고 기한도 촉박했다. 동화책 하나를 만드는 것이 이렇게 어려운 일인지 몰랐다. 삽화가 완성되고도 수정에 수정을 거듭하여 겨우겨우 영어 동화책을 완성할 수 있었다. 아직 더빙을 하진 않았지만 우리 동화책이 오디오북으로까지 제작된다니 뿌듯하다. 진짜 힘들었고, 포기하고 싶을 때도 많았지만 친구들과 함께 영어 동화책을 제작하면서 협동심도 생겼고 나 혼자가 아닌 다른 사람이랑 작업하는 방법을 배울 수 있었다. 이렇게 공들여 만든 우리의 영어 동화책이 케냐에 있는 아이들에게 보내진다는 점이 더욱 뿌듯하고 뜻깊다.

곤충 한 입 할래?

또 기억의 남는 활동은 세계 식량의 날 기념 부스를 운영한 것인데 내가 경험한 것 중 가장 많은 학생들이 부스에 참여해서 더 기억에 남았다. 세계 식량의 날을 맞아 미래 식량인 곤충 식량을 시식해 보고 퀴즈를 푸는 것이었는데, 처음 곤충 식량을 본 학생들은 곤충 식량에 대해 혐오감이 있었지만 세계 식량의 날 퀴즈를 맞히고 곤충 식량을 체험하면서 생각이 바뀌는 것이 보였다. 그게 매우 신기했고 우리의 활동을 통해 인식이 바뀌니까 뿌듯했다. 이외에도 여러 기념일에 대해 홍보하고 캠페인도 많이 했는데, 9월 7일 푸른 하늘의 날을 맞아 학생들 선생님들을 대상으로 하늘 사진을 공모하고 그렇게 모인 사진을 전시했던 것이 유독 기억에 남는다.

유네스코 학교 활동과 관련해서 인천 세계시민교육 한마당에도 참여하였는데, 다른 유네스코 학교들을 만날 수 있어서 뜻깊은 경험이었고, 다른 문화와 SDGs에 대해 더욱 자세히 알게 되어 좋았다. 다음에는 우리 학교도 부스 운영으로 참여하면 좋겠다고 생각했다.

내 힘으로, 우리가 함께

우리 학교 프로젝트 중에 올해로 2기째인 '세상과 만나는 학교'(세만학)는 학생들이 각자 관심 가는 주제를 정해 친구들과 선생님과 함께 탐구해보고 사회 문제를 해결하는 방법을 모색하는 프로젝트이다. 우리 팀은 광고가 미치는 악영향을 주제로 정해 과장 광고에 대해 조사하고 설문조사도 해보는 등 탐구를 진행하였다. 학생들이 직접 원하는 주제를 정하고 친구들과 선생님과 함께 탐구하여 결론을 도출해 내는 것이 세만학의 장점인 것 같다.

인문학 아카데미는 자신이 관심 있는 인문 분야의 책을 읽고 비슷한 분야 친구들끼리 책을 읽으면 토론도 하고 이야기도 나누는 프로젝트다. 나는 건축 인문 기행이란 책을 골라 읽고, 비슷한 분야의 친구들끼리 책에 대한 이야기를 나누었다. 책을 읽어 오는 것이 아니라 만나서 같이 책을 읽는 것이라서 같이 이야기하면서 읽을 수 있어서 좋았다. 사실 요즘 책 읽는 시간이 줄어들어서 책을 언제 읽을지 고민이 많았는데 책 읽을 시간이 주어져서 다행이었다.

또 우리 손으로 직접 작가 초청 행사를 꾸미기도 하였다. 인권의 날과 관련하여 은유 작가를 초청하는 행사였는데, 내가 참가한 작가 초청 운영 기획단은 홍보, 진행, 세팅팀으로 나눠 행사 전반을 우리 학생들이 기획하고 진행하였다. 나는 세팅팀으로 팀원들과 행사장을 어떻게 꾸밀지 의논하고 역할을 분담했다. 책 '알지 못하는 아이의 죽음'에서 뽑아낸 인상적인 문구들을 벽에 붙이고 은유 작가님의 여러 책들을 도서관에서 가져다가 전시하는 등 행사 당일에 교실 공간을 꾸몄다. 우리 손으로 행사를 처음부터 끝까지 준비하니까 그냥 강연만 듣는 것보다 훨씬 의미 있게 느껴졌다.

우리 학교의 장점은 학생들이 직접 주도적으로 하는 활동이 많은 것이다. 우리가 여러 행사나 프로젝트를 운영하고 기획하고 탐구하면서 주도적으로 학습하는 방법을 많이 배웠다. 이런 양질의 프로젝트가 많은 이유는 바로 열정적인 선생님들이 많은 까닭이다. 나는 주변에서 우리 학교만큼 프로젝트가 많고 활동이 많은 학교를 본 적이 없다. 그만큼 열정적인 선생님들이 많고 열정적인 학생, 바로 나 같은 학생들이 많기 때문이지는 않을까. 내가 경험한 영종고는 바로 이런 곳이다.

끝으로 나는 영종고에서 위의 활동 외에도 다른 많은 활동에 참여하면서 늦게까지 학교에 남기도, 친구들과 싸우기도 하면서 힘든 시간도 보냈지만 그럼에도 불구하고 내가 계속해서 많은 활동에 참여하는 이유는 열정적인 선생님(경아샘, 지혜샘, 윤영샘 사랑합니다♡)과 함께 많은 활동을 하고 싶었기 때문이다. 단순히 생기부를 채우기 위해서가 아니라 우리 선생님이 하시니까, 믿고 참여해왔다. 그 과정에서 많은 경험도 하고 많이 배우기도 하였다. 나는 앞으로도 학교 활동에 적극적으로 참여할 것이고, 이런 많은 활동들이 앞으로도 죽 이어졌으면 좋겠다는 바람이다.

용기 있게, 적극적으로

저는 인천영종고등학교 신문반 동아리에 참여하면서 평소 관심 있던 식품 분야와 동아리 활동을 통해 접하게 된 환경 분야를 융합한 '친환경 식품 개발원'이라는 진로를 가질 수 있었습니다. 동아리를 선택하는 과정에서 다양한 경험을 체험하기 위해 1학년 때 수강했던 동아리가 아닌 '신문 동아리'를 수강하는 새로운 도전을 했습니다. 다양한 주제에 대해 동아리원들과의 탐구 활동한 후 탐구과정의 이야기와 관련된 새로운 정보를 결합한 기사를 작성할 수 있다는 장점을 지녔기 때문입니다.

첫발을 내딛다

동아리 첫 활동으로 환경이라는 주제의 신문 기사를 작성하는 활동을 했습니다. 신문 기사 작성에 앞서 '우리나라 기후 위기 극복과 지자체의 기후변화 대응 계획'이라는 주제의 강의를 듣게 되었습니다. 강의를 듣기 전에는 '기후 문제 해결이라는 큰 주제에 대한 기사문을 평소 관심도 없던 내가 작성할 수 있을까?'라는 생각이 들며 막막했습니다. 하지만 지구온난화의 주원인과 문제 해결을 위한 지자체의 정책 시행이 제가 알고 있는 것보다 훨씬 많았으며, 다양한 분야 단체에서 문제 해결을 위해 힘쓰고 있다는 사실을 알게 되었습니다. 그 후 동아리 친구들과 함께 기후 위기를 극복할 수 있는 방안을 생각하며 주제에 대한 신문을 작성하기 위해 토론했습니다.

저는 평소 식품 개발연구원이라는 꿈을 가지며 다양한 식품 제조 공정에 관심이 있었기 때문에 식품 영역에서 기후 문제를 해결하기 위한 방안을 모색했습니다. 그 과정 속에서 '소의 방귀를 줄여 기후 문제 해결'이라는 주제를 떠올렸습니다. 하지만 혼자 스스로 신문기사 작성을 하는 것은 익숙하지 않은 활동이었기에 도움이 필요했고, 많은 어려움 또한 있었습니다. 신문기사를 작성하는 과정에서는 신문 초고를 작성하는 방법부터 제목 선정 방법, 다양한 신문 기사의 종류를 알아가는 과정에 이르기까지 많은 지식과 도움이 필요했습니다. 감사하게도 동아리 부장 친구와 담당 선생님께서 친절하게 설명해 주셔서 차근차근 신문 기사의 특징에 대해 알아가며 성장할 수 있었던 것 같습니다.

강의에서 새롭게 알게 된 지구온난화 기후 문제 해결 방안인 소의 방귀를 줄이는 방법에 관한 연구를 탐색하던 중 다국적 기업에서 소의 사료에 생선 기름에서 추출한 오메가3와 지방산을 함유시켜 소의 방귀를 50% 이상 줄였다는 연구를 알게 되었습니다. 저는 이 연구를 소고기를 활용한 다양한 식품을 만드는 기업 단체 그리고 환경에 관심있는 친구들에게 알리는 목적으로 신문기사를 작성했습니다. 이후 우리 학교 학생들이 관심을 가질 수 있도록 학생들에게 친숙한 햄버거 기업의 환경을 위한 사료 사용의 이야기를 카드 뉴스로 제작하여 알리는 캠페인 활동을 했습니다. 캠페인 후 설문을 진행했을 때 많은 친구들이 저의 카드 뉴스와 기사문을 보고 친환경 소고기를 섭취하는 작은 행동 변화가 환경에 큰 영향을 미칠 수 있다는 점을 알게 되었다고 답했습니다. 그때까지 신문 기사를 작성하며 힘들었던 기억은 싹 사라지고 큰 보람을 느낄 수 있었습니다.

한발 한발 함께 나아가다

1년이 지나 3학년 새 학기 첫 신문 동아리 시간에 저는 동아리 차장을 맡게 되었습니다. 동아리 부장 친구와 선생님께 신문기사를 작성하는 방법을 배우고 도움을 받았던 것처럼 이번에는 제가 후배들을 도울 차례였습니다. 제가 학교 친구들로부터 좋은 반응을 받고 보람찬 경험을 했던 것처럼 동아리 후배들도 뜻깊은 경험을 가질 수 있으면 좋겠습니다. 마지막으로 앞으로 다양한 동아리에 가입하여 새로운 도전을 하게 될 후배들에게 전하고 싶은 말이 있습니다. 신문반에 들어가기 전에 '모르는 사람들과 평소 잘 알지 못했던 신문에 과연 내가 적응할 수 있을까?'라는 두려움을 가지고 있었습니다. 누구나 처음은 부족하듯 신문기사를 작성하는 과정에서 실수도 많았습니다. 하지만 제가 주변 사람들에게 도움을 요청하며 새로운 지식을 알아가고 성장할 수 있었던 것처럼, 잘 알지 못하는 것에 대해 묻고 알아갈 용기가 있다면 주변 사람의 도움을 받으며 충분히 성장할 수 있을 것입니다. 후배들아, 용기내 봐!

학교에서
세상을
만나다

고등학교 1학년, 빳빳한 교복과 설레는 마음을 안고 고등학교에 입학했습니다. 무엇이든 하고 싶은 마음이 커 최대한 여러 활동을 하려 했습니다. 그런 제 마음이 이어져 '사람과 세상'이라는 동아리를 하게 되었습니다. 처음 동아리 홍보 포스터를 만들고 붙였던 순간이 기억납니다. 코로나 시기라 1학년만 있는 학교에 여러 곳을 돌아다니며 포스터를 붙였습니다. 생활기록부에 기재되는 창체 동아리가 아닌 자율동아리라 참여하는 인원이 적을 것 같다는 걱정이 무색하게 많은 친구와 함께하게 되었습니다.

노란 나비를 접는 마음

1학년 때는 등교하던 날짜가 적었지만 등교하는 날마다 다양한 활동을 했습니다. 가장 기억에 남는 행사는 세월호 추모 행사입니다. 초등학교 때 겪은 세월호 참사를, 피해자들과 같은 고등학생이 되어 추모하게 되었습니다. 동아리원들 모두 진지하지만 그렇다고 너무 침체되지 않는 마음가짐으로 임했던 것 같습니다. 선생님의 도움으로 교실 하나를 빌려 여러 부스를 만들었습니다. 노란 나비 접기, 추모 메시지로 기억의 나무 만들기, 카드뉴스 만들기, 책 대여하기 등 여러 친구가 각자 하고 싶은 일을 맡아 쉬는 시간, 점심시간 가리지 않고 모여 교실을 꾸몄습니다. 행사 당일이 되자 많은 사람이 와서 감동을 받기도 했습니다. 친구들의 의견을 모으고 하고 싶은 활동을 기획하고 그것이 실현되는 경험은 후에 매년 세월호 추모 행사가 다양화되고 여러 활동을 하는 데 있어 원동력이 되었습니다.

효율성보다 진정성

2학년에 들어서는 여러 기념일을 바탕으로 행사를 진행했습니다. 듣는 과목이 많아지고 동아리 활동 외에 해야 할 일이 늘어나자 점차 동아리 활동이 세분화되기 시작했습니다. 그러다 보니 가장 고민이 되었던 것은 행사를 진행하는 데 방향성을 잃어가고 있다는 걱정이었습니다. 한 가지 활동을 하는 데 있어 카드뉴스를 제작하는 팀, 퀴즈를 만드는 팀, 홍보 포스터를 부착하는 팀 등 다양한 소그룹들이 만들어지는데 그러다 보니 행사를 왜 진행하고, 우리가 이야기하고 싶은 메시지가 무엇인지 흐려지는 느낌이 들었습니다. 그래서 '민주화 운동 기억하기-5.18 민주화 운동과 미얀마 민주화 운동' 행사를 시작할 때는 민주화 운동을 각자 조사하고 발표하는 시간을 갖기도 했습니다. 자료를 조사하는 인원만 민주화 운동에 대해 알아가기보다 모두가 민주화 운동에 관심을 가지고 이야기를 나누는 시간이 필요했습니다. 그렇게 부족한 점을 채우고 회의하는 시간이 오랜 기간 활동하면서 서로 성장할 수 있었던 계기가 되었습니다.

세상과 만나는 학교

2학년 2학기, '세상과 만나는 학교'에 참여하게 된 것은 제게 무척 당연한 일이었습니다. 새로운 프로젝트를 새로운 친구들, 선생님과 함께 할 수 있다는 점이 흥미로웠습니다. 하지만 한편으론 이 활동을 어떻게 진로와 엮을 수 있을지 걱정이 되기도 했습니다. 지금 돌이켜보면 진로와 관련된 활동을 하고 생활기록부를 채워야 한다는 생각이 지배적이던 시기였기에 더 그런 생각이 들었던 것 같습니다. 그러던 중 여러 선생님께서 진로와 멀더라도 자신이 직접 해보고 싶었던 것을 하는 기회가 되었으면 좋겠다는 말을 해주셨고 그 말에 용기를 얻어 제가 원하는 주제, 제가 원하는 프로젝트를 할 수 있었습니다.

지속가능발전목표(SDGs) 중 환경과 관련된 주제를 선택했습니다. 제가 평소에 가지고 있던 생각 중 가장 큰 부분을 차지하던 것이었습니다. 하고 싶은 이야기도 많고 그래서 더 갈피를 못 잡고 있던 생각이기도 했습니다. 첫 전체 모임에서 같은 주제를 선택한 친구들을 만났습니다. 인원수가 많아 그 중 소그룹을 나누게 되었고 같은 학년 친구들과 함께하게 되었습니다. 평소에 잘 알던 친구들이지만 서로 환경에 큰 관심이 있는 줄은 몰랐기에 각자의 이야기를 더 흥미진진하게 들을 수 있었습니다. 저희의 주제는 생각보다 쉽게 정해졌습니다. 방사선 피해, 쓰레기 문제, 에너지 고갈 등 여러 주제가 나오고 고민도 있었지만, 그 중 '비건'이라는 주제에 대해 더 알아보고 싶다는 것이 모두의 의견이었습니다. 비건이 환경에 이롭다는데 그것이 정말일지 모두가 궁금해했습니다. 주제가 정해지자, 담당 선생님이 배정되었고 저희 팀의 다양한 생각이 정리되기 시작했습니다.

가장 먼저 한 활동은 자료조사였습니다. 비건이 정확히 무엇인지, 비건이 환경에 주는 영향이 무엇인지 알아보기 시작했습니다. 한쪽으로 편향되는 것을 막기 위해 비건이 이로운 점, 이롭지 않은 점 두 가지 의견을 모두 찾아보았습니다. 저희가 말하고자 하는 생각이 부끄럽지 않기 위해 가장 오랜 기간 힘을 썼던 것 같습니다. 매주 정해진 시간에 서로 조사한 내용을 듣고 의견을 모으고 어떨 땐 다큐를 보고 서로 소감을 나누기도 했습니다. 원활한 내용 공유를 위해 공유문서를 이용한 것이 큰 도움이 되었습니다.

탄소 배출, 수질오염, 산림 파괴, 어업과 축산 활동에서 일어나는 문제 등 여러 이유로 비건이 축산에 비해 환경에 주는 영향이 적고 지향해야 한다는 결론에 이르렀습니다. 또한, 저희가 학생이기에 비건을 가장 직관적이고 효과적으로 보여줄 수 있는 것은 급식이라고 생각했고 채식 급식을 더 보완하자는 목표를 가지게 되었습니다.

채식 급식은 서울, 인천, 울산을 비롯한 전국에서 다양한 형식으로 시행되고 있었습니다. 저희가 있는 인천에서는 채식 선택 급식이 시행 중입니다. 저희는 정책사업서 등의 공식 문서를 읽고 궁금한 점이 생겼습니다. 왜 페스코 베지테리언(육류를 먹지 않고 생선, 동물의 알, 유제품은 먹는 채식유형)을 선택하였는지, 채식 선택 급식이 정확히 어떤 정책인지, 모니터링이 이루어지고 있는지, 채식 급식의 교육자료가 적절한지에 대한 물음이었습니다. 이 의문들을 해결하고자 채식 선택 급식의 사업 담당자인 장학사분께 메일을 보내고 답변을 받았습니다. 장학사님의 답변으로 비건에 대한 사람들의 인식이 부정적이라는 문제점을 알게 되었고 후에는 이를 해결하기 위해 비건 음식 알리기, 채식 급식 확대

서명 운동을 진행했습니다.

세상을 만나는 학교를 통해 여러 가지를 얻었지만, 그중 가장 기억에 남는 것은 같은 관심사를 가진 친구들과의 대화였습니다. 혼자만 가지고 있다고 생각했던 질문들을 똑같이 고민하던 친구들이 있다는 사실이 그동안 가지고 있던 관심을 행동으로 옮길 수 있었던 큰 힘이 되었습니다. 또한, 저희의 생각이 발표와 메타버스를 통해 다른 사람들에게 영향을 주었다는 점에서 뿌듯함을 느꼈습니다. 같은 활동을 하던 친구들과 선생님과는 매주 같은 요일에 오랜 시간을 보내며 프로젝트를 지속해왔습니다. 긴 기간 활동했지만, 그 기간만큼은 지루함을 느끼거나 대충하지 않기 위해 서로 노력했습니다. 여러 이유가 있었겠지만 저는 저희가 정말 해보고 싶었던 활동이었기 때문이라고 생각합니다. 목적을 달성하기 위해 움직이기보다 하고 싶었던 대로 움직여 더 좋은 결과를 낳은 것 같아 저의 마음에 더 귀를 기울이게 되었습니다.

한 사람을 만나는 것은 세상을 만나는 일

3학년이 되자 세상에 대한 관심보다 내면에 집중하는 시간이 늘었습니다. 유네스코 봉사단이 되어 이제는 주도하는 사람이 아닌 조력자가 되어 여러 행사를 지켜볼 수 있었습니다. 학기 초, 세월호 유가족분들의 연극을 보조하는 역할을 맡았습니다. 행사가 시작될 때 참석자들의 서명을 받고 강당의 질서를 돕고, 유가족분들께 꽃다발을 전해드렸습니다. 연극이라는 매체로 유가족분들의 이야기를 전해 듣고 연극이 끝나고는 같이 이야기를 나눌 수 있었습니다. 개인은 하나의 우주이자 세계라는 말처럼 새로운 세계를 만난 기분이 들었습니다. 고등학교 시절 여러 행사, 활동을 했는데 그 기억들이 결국 사람을 만나고 이해하는 과정이었다는 생각도 들었습니다. 늦은 밤 유가족분들을 배웅해드리고 집에 돌아오는 길에 여러 느낌, 생각, 기억들이 스치었습니다.

학생이 주도하는 활동은 생각보다 많은 도움과 관심이 필요합니다. '사람과 세상', '유네스코 봉사단', '세상과 만나는 학교'처럼 학생들이 스스로 생각을 펼칠 수 있는 공간을 만난 건 큰 행운이라고 생각합니다. 선생님들의 지지와 관심이 세상을 바라보는 데 있어 망설임이 없을 수 있었던 이유가 되어줬습니다. 또한, 다른 친구들의 관심과 참여가 우리가 활동을 이어가는 데 큰 도움이 되었습니다. 학교라는 조금은 폐쇄적인 공간에서 다양한 생각을 가지고 참여하기를 주저하지 않는 친구들이 어쩌면 이 활동의 주체라고도 할 수 있을 것 같습니다.

세상의 해상도를 높이다

저는 지식이 세상의 해상도를 높이는 일이라고 생각합니다. 알면 알수록 안 보이던 것이 보이고, 기존에 알고 있던 것은 더 자세히 보입니다. 그 속에서 제 세상이 넓어지고 그러다 보니 다른 사람의 세상과 만나기도 합니다. 고등학교 시절 제 활동은 서로를 만나기 위한 준비라고 생각합니다. 저 스스로 행동하는 방법을 깨달았고 이야기를 듣고 돕는 것이 좋다는 것도 알았습니다. 혼자 느낄 수 없는 것이기 때문에 더 값지다고 생각합니다. 저희가 준비한 다양한 행사, 활동들이 여러 사람에게 기억으로 남아 반짝이길 바랍니다.

교사
홍경아

함께여서 즐거운 우리, 라온제나

대학교 4학년 2학기 때쯤이었던가. 주위 동기와 선배들은 모두 임용고시 준비로 바쁘던 시기에, 나는 '연극의 이해'라는 실습형 강좌를 선택해 팀의 연출이자 작가로서 열정을 불태우고 있었다. 어렸을 때부터 막연히 품고 있던 꿈, 내 안에 숨겨져 있는 다양한 감정, 이야기들을 끄집어내 표현하고 싶은 욕구가, 하필이면 사회 진출을 위한 준비에 몰두해야 할 시기에 밖으로 터져 나왔던 것이다. 그때 함께했던 팀원들은 대부분 부담 없이 학점을 딸 요량으로 강좌를 선택했던 4학년생들이었는데 첫 만남에서 심드렁해 보였던 그들이 연극의 매력에 빠져 거의 매일 모여 함께 치열하게 무대를 준비했고 결국엔 관객들에게 큰 박수를 받고 교수님께 호평을 받으며 공연을 마쳤던 기억이 난다.

그것이 계기가 되어 연극 교수님이 공동대표로 계셨던 극단 '십년후'에 입단해 배우로서 크리스마스 정기 공연 무대에 설 수 있었고, 그 준비 과정에서 자유롭게 자신을 표현하기에 내 자신이 이미 얼마나 굳어져 있는지, 그동안 억눌러 온 내 안의 다양한 표정과 목소리를 다시 깨워내는 것이 얼마나 어려운 일인지 깨닫게 되었다. 동시에 연극을 통한 해방감과 동료들과 함께 무대를 만드는 일의 짜릿함도 알게 되었다. 인천문화예술회관에서 사흘간의 공연을 마친 후 뒤풀이를 하던 자리에서 나는 동료 배우분들에게 '용기 있게 무대 위에서 스포트라이트를 받는 배우로 살지 못하더라도, 연극을 사랑하고 자신을 표현하는 법을 배우며 함께하는 즐거움을 아는 아이들을 키우는 일을 하면서 무대의 언저리에서라도 계속 살겠노라'고 다짐을 했었다. 그 후로 20여 년 동안 나는 학교에서 연극부 아이들과 함께하는 연극 동아리 선생으로 살게 되었다.

영종고와의 인연을 맺어준 연극

첫 학교였던 연수여고의 '햇살나눔', 현재 인천에서 가장 활발하고 전통 있는 연극부로 자리잡은 옥련여고의 '아우림'(부임 당시 아이들과 처음 만든 신생 연극부였다), 공부에 지친 아이들의 해방구였던 인천과학고의 '여화무가'... 그동안 연극부 아이들과 함께하면서 가슴 뛰는 경험이 많았다. 부끄럼이 많아 1학년 연극부 오디션 때 너무 긴장한 나머지 눈물을 터뜨린 것을 선배들이 눈물 연기로 오해해 연극부원으로 뽑았던 아이가 어느새 성장해 무대 위에서 당당하게 자신을 표현하고 나중엔 연극부장이 되어 후배들을 이끄는 모습으로 변화했던 것도 보았고, 힘겨운 연습 과정에서 함께 웃고 다투고 화해하고 자신과 싸우면서도 지친 서로를 격려하며 아이들이 끈끈한 공동체로 성장해가던 모습, 수업 시간에 무기력하게 잠만 자던 아이들이 무대 위를 날아다니며 눈부시게 빛나던 마법 같은 순간들도 무수히 목격해 왔다. 무대에 처음 서 본 아이들이 전국 청소년 연극제의 인천 대표로 뽑혀 서울 예술의 전당에서 전국에서 온 학생들과 큰 무대 위에서 경연을 했던 감격적인 순간들도 있었다.

거의 잊고 있었는데 돌이켜보니 내가 인천영종고와 처음 인연을 맺게 된 데에는 '연극'이 큰 역할을 했다. 9년 전 인천과학고 만기가 되어 학교를 옮겨야 했던 때쯤, 교육연극을 배우기 위해 언젠가 유학을 가보고 싶다는 생각을 하던 중이었다. 당시 교사를 대상으로 한 연극 활용 수업 강의 자리에서 만난 한 선배님이 인천영종고의 장후순 교장 선생님께서 학교로 모실 경력 있는 교사들을 급히 구하고 계신 중이니 한번 찾아뵈라고 강하게 권유를 하셨는데, 영종도를 떠날 생각에 계속 거절하던 나를 인천영종고가 연극을 수업에 접목하는 혁신적인 학교인데 멀리 유학까지 갈 필요가 있겠느냐는 말로 설득하셨던 기억이 난다. 그저 한번 뵙고 인사나 드려보라는 강권에, 한국의 일반계 고등학교에서 찾아보기 힘든, 정규 수업과 접목한 연극 교육에 대해 들어보고 싶다는 생각에 가벼운 마음으로 인천영종고를 방문했다. 그런데 교장 선생님의 아이들에 대한 사랑과 진정성, 교육 철학에 감동해 그날로 인천영종고 지원을 결정하게 되었다.

첫 만남의 자리에서 교장 선생님께 이런 질문을 드렸던 기억이 난다.

"교장 선생님, 영종고 아이들에게 무엇보다 자기를 사랑하는 마음과 자신감을 키워주고 싶다고 하셨잖아요. 오케스트라, 스포츠 등 다른 다양한 매체도 많은데 왜 '연극'이었나요?"

교장 선생님께 답을 듣게 되었는데 이게 또 무슨 인연인가. 내가 어린 시절 잠시 몸담았던 '십년후'라는 극단의 공동대표 중 한 분이 교장 선생님의 존경하는 인문학 멘토셨고, 아이들에게 필요한 것이 무엇인지 고민하시던 중 그분과의 대화로 연극의 교육적 효과에 대해 깨닫게 되셨다고 했다. 그리고 교장 선생님께서는 당시 수학 선생님이셨던 전아정 선생님께서 연극에 대해 경험은 없지만 연극부를 맡아 열정적으로 아이들을 위해 애써주고 계시다고 자랑하시며 선생님이 교육부로부터 큰 연극부 운영 예산도 신청하셔서 지원받게 되었다는 말씀도 해 주셨다.

영종고 연극부 '라온제나'의 탄생

그렇게 인천영종고에 부임하기도 전 연극부에 대한 궁금증과 기대가 있었는데, 막상 아이들을 연극부 교사로 만났을 때 느꼈던 당혹감이 기억난다. 수업 시간에 무기력했던 대다수의 아이들은 연극부 활동 때에도 여전히 소극적이었다. 점심시간이나 방과 후에 시간을 내어 연습을 해야 할 때면 깜빡 잊었다고 연락 없이 나타나지 않거나 지각하거나 친구들과 놀러 혹은 아르바이트를 하러 가야 한다고 연습 직전에 펑크내는 일도 종종 있었다. 한번은 제대로 된 공연을 본 경험이 거의 없던 아이들을 위해 대학로 공연 관람을 계획해 비싼 티켓을 예매하고, 공연 후 영종고 학생들만을 위한 배우들과의 대화 시간도 어렵게 마련했는데, 당일 다른 약속이 있다고 연락 없이 빠지거나 늦잠을 자느라 나타나지 않은 아이들도 있었다. 아이들이 의욕이 넘쳐 공연을 계획했다가도 자기조절력과 끈기, 책임감이 부족해 공연 무산 직전까지 간 경우도 여러 번 있었다.

그래서 이전에 근무했던 학교들에서 청소년 연극 경연대회를 위한 공연과 학교 축제 공연을 준비하는 것을 위주로 연극부를 운영했다면, 영종고에서는 즐거운 연극 경험을 바탕으로 아이들이 자신감과 표현력을 향상하고 상상력을 키울 수 있도록 교육 연극 활용 수업을 위주로 동아리 활동을 진행했다. 그런데 연극부 아이들이 조금씩 달라지기 시작했다. 연극이나 뮤지컬 현장에서 일하는 전문가들과 직접 만나고 다양한 연극놀이를 통해 직접 몸을 움직이고 웃고 떠들면서, 공연 관람을 통해 연극에 대한 경험이 생기면서, 그리고 즉흥극을 위한 짧은 대본을 스스로 함께 쓰고 만들기 시작하면서 변화를 보였다. 당시 아이들이 의견을 내어 연극부의 새 이름을 지었는데, '즐겁다'는 뜻의 순우리말 '라온'과 '나 자신(=우리 자신)'을 의미하는 '제나'를 합쳐 '라온제나'라고 했다. '함께여서 즐거운 우리'... 아이들은 점점 그 의미를 이해하고 경험해가는 중이었다.

라온제나의 성장

2016년부터였을까. 학교 밖 관객을 대상으로 봉사를 하는 기회를 마련하면 아이들의 책임감을 기를 수 있고 성취감과 봉사의 기쁨을 더 느끼게 할 수 있지 않을까 해서 지역의 해송 요양원을 찾아 어르신들을 위한 공연을 해 드리기로 했다. 추석이나 성탄절에 가족이 찾지 않아 더 외로워하실 어르신들을 위해 해마다 전래동화를 각색한 연극 공연을 준비해 한복을 차려 입고 직접 찾아뵈어 공연을 하고 휠체어를 밀어드리며 봉사를 했다. 아이들은 평소 웃음을 잃으셨던 할머니, 할아버지께서 일 년 중 공연을 보시며 제일 많이 웃으신 것 같다는 복지사님의 말씀과, 공연 중 주걱으로 흥부의 뺨을 때리는 놀부를 보시고 "아이고, 저런 몹쓸 놈! 동생을 때려?"하시며 나무라시는 등 연극에 푹 몰입하시는 할머니의 모습, 아이들 손을 꼭 잡으시고 눈물을 글썽이시며 "너무 고마워. 우리 손주 생각나네. 다음에 꼭 또 와!" 하시던 할아버지의 모습에 가슴 뭉클해하고, 다음 해에는 그 경험을 후배들에게 전달하며 공연 준비에 더 책임감 있는 태도로 진심을 담아 임하는 모습을 보였다. 현재는 아쉽지만 코로나로 직접 찾아뵐 수가 없어 영상으로 공연을 찍어 보내 드리고, 복지사님이 어르신들께서 즐겁게 관람하시는 장면을 사진으로 찍어 아이들에게 보내주셔서 어르신들의 반응을 간접적으로 전달받고 있다.

2017년에는 교육청으로부터 인천의 고위직 공무원 대상 '청렴'에 관한 연수를 위한 공연 제작을 의뢰받아서 '응답하라, 나양심'이라는 창작 작품을 만들고 교육청 대극장이라는 큰 무대에서 인천시의 유치원장, 초중고교의 교장 선생님들을 관객으로 공연을 하기도 했다. 그 작품은 "우리 고등학생들에게 '청렴'이란 뭘까?"라는 질문을 시작으로 아이들과 한참 얘기를 나누다가 아이들에게 익숙한 '양심'을 키워드로 삼기로 했고, 한 학생이 '응답하라' 시리즈의 드라마를 모티브로 옛 고등학교 시절을 회상하는 현 정치인의 이야기를 제안해서 그 아이디어를 바탕으로 만들어진 것이다. 그 후로도 인천대학교 공연장, 인천평생학습관 대공연장 등 학교 밖 큰 무대를 경험하면서 아이들은 놀랍게 성장했다. 스스로 규칙을 만들고 지키기 위해 애쓰기 시작했고, 자신의 소품과 대본만이 아니라 다른 아이들까지 챙기고, 어려운 대사와 동선을 외우기 위해 수십 번 반복해 연습하고, 함께 멋진 결과물을 만들기 위해 힘든 과정도 서로 격려하며 끝까지 견뎌냈다. 떨리는 마음으로 큰 무대를 성공적으로 마치고 나면 아이들은 자신감이 충만해지고 이젠 더 큰 무대도 가능하다며 으쓱대기도 했다.

2018년에는 청소년의 사랑 이야기를 다룬 〈안녕, 로맨스〉라는 작품을 낭독극으로 만들어 동아리발표회 즈음에 시청각실에서 공연을 했는데, 많은 학생들이 관람을 신청해 관람석이 거의 꽉 찼다. 자신들의 이야기, 사랑 이야기이다 보니 공연을 하는 연극부 아이들도 즐거워했고, 관객 학생들의 반응도 매우 뜨거웠다.

2019년에는 세월호 희생자들의 가족으로 구성된 〈노란리본〉 극단을 초청해서 배우 어머니들께서 공연을 위해 학교를 방문하셨는데, 연극부 아이들이 어머니들의 마음을 위로해드리기 위해, 세월호로 세상을 떠난 아이와 남겨진 친구의 이야기를 직접 시나리오로 쓰고 연기하고 촬영해 만든 단편 영상을 보여드렸다. 어머니들께서는 아이들에게 마음이 너무 고맙다고 말씀하시며 잘 만들었다고 칭찬해주셨고 아이들은 뿌듯해하며 그 경험을 두고두고 얘기했다.

코로나19로 오랜 시간 학교 문이 닫혀 있던 시기, 동아리

수업 시간에 마스크를 쓰고 가끔 만나 서로의 얼굴도 이름도 잘 외울 수 없었던 때에, 코로나로 인해 각자 자신이 겪었던 힘들었던 이야기를 공유하고 엮어 〈코로나가 우리에게 남긴 것들〉이라는 제목의 창작 대본을 쓰고, 12월 어느 밤 ZOOM에서 만나 새벽 3시 넘어서까지 함께 잠을 쫓아가며 연습하고 공연한 것을 촬영해 영상을 만들어 학교 선생님과 학생들에게 공개했다. 연말이 가까워서야 그것도 온라인상에서 뒤늦게나마 친해지면서, 아쉬움이 많이 남은 해였다.

함께여서 기쁜 우리!

2023년 올해, 인천영종고 연극부 역사상 스무 명이 넘는 가장 많은 연극부원이 학생 자체 오디션을 통해(실력보다는 열정과 용기를 평가 기준으로) 뽑혔다. 또 연극부 역사상 처음으로, 고생스러움을 알면서도 인천 청소년 연극제 참여를 자발적으로 희망해서 경연에 참여했다. 매일 방과 후에 남아서 늦은 시간까지 연습하며 힘든 과정을 즐겁게 이겨내고, 조명 가득한 문학시어터 공연장 무대에서 심사위원, 학교 선생님과 학생들, 가족, 타 학교 친구들을 관객으로 모시고 멋진 무대를 펼쳤다. 여전히 라온제나 아이들은 '함께여서 기쁜 우리'를 경험하며 지금도 계속 성장 중이다. 나는 그들의 성장을 지켜보면서 곁에서 함께할 수 있음에 그저 감사하다.

학생들과 함께
행복한 10살,
도서관지기

설레는 첫 만남

"깡총깡총" "또르르르"....

호기심 어린 눈빛과 밝은 미소를 가득 안고 뛰는듯 구르
는듯이 오늘도 ○○학생이 도서관에 왔습니다. 신입생 첫
만남부터 에너지가 넘치던 ○○이가 매일같이 유쾌하게 도
서관 출입하던 어느 날 "선생님, 제가 그동안 책을 많이 안
읽었는데 이제 읽어보려고요. 책을 추천해 주실 수 있으세
요?" 아!! 이 얼마나 고맙고 반가운 말인지요? 학교 도서관
을 찾는 이용자의 요구에 맞는 책과 정보서비스를 제공함
으로써 개개인의 균형 있는 성장을 기대하며 함께 성장을
꿈꾸는 사서교사로서의 정체성을 일깨우는 이 한 마디에

힘이 불끈!!!

학교도서관에서 길을 묻는 이 학생과 저의 설레는 만남처럼 10년 전 우리 학교 하늘도서관과 저의 행복한 만남도 이렇게 시작되었습니다.

꿈틀, 학교도서관에서 함께 행복해지기

학교도서관은 그 안에 있는 수많은 자료 그리고 그것을 이용하는 학생과 교직원들로 인해 무한한 가능성을 가진 공간입니다. 우리 학교 개교 시 소장 도서 1,000여 권이었던 텅 빈 책장이 이제 13,200권의 소장 도서로 채워져 그 가능성을 경험하는 시간들로 이어지고 있습니다. 졸업 때까지 한 번도 도서관을 방문하지 않은 학생이 없어야 하고 한 번 방문한 학생은 재방문을 원하는 도서관이 되어야 한다는 나름의 소신으로 행사 때마다 간식이나 선물로 '유인'하며 책에 흥미를 갖도록 프로그램을 기획하였습니다. 도서관 활성화를 위한 다양한 도서관 행사와 독서교육 활동이 겹겹이 쌓여 어느덧 우리 학교도서관이 학생들의 자유로운 책 읽기와 학생과 교사 간의 소통과 나눔이 있는 자유롭고 행복한 공간으로 성장하였습니다. 단단해진 열 살, 행복한 인천영종고 하늘도서관의 발자취를 되돌아보며 의미 있는 도서관 행사와 독서활동 중 몇 가지만 헤아려 보겠습니다.

국립어린이청소년도서관 공모사업으로 진행했던 **'1318 책벌레들의 도서관 점령기'** 활동은 책을 매개로 함께 소통하고 꿈을 꿀 수 있었던, 즐거운 기억으로 남아 있습니다. 학생들이 직접 고른 책을 구입해 주어 평소에 궁금해하던 것을 책을 통해 해결할 수 있도록 돕고, 책 소개하기 활동을 해보면서 생각과 느낌 등을 나눔으로써 함께 활동한 친구의 관심 분야까지 시야를 넓히는 계기가 되었습니다. '영종도'라는 지역적 특수성으로 소외되었던 문화적 욕구를 충족시켜주고자 독서와 연계된 문화 활동을 경험할 수 있도록 준비한 프로그램이었습니다.

진로진학부에서 주관했던 **'밤샘 진로독서'** 활동 또한 아이들 한 명 한 명이 빛나는 별이 되었던 소중한 활동이었습니다. 작가와의 대화, 관련 영화 시청과 더불어 참여자 모두가 모포 깔린 도서관 바닥에서 한 밤을 꼬박 새우며 공통 도서(『읽어야 산다』 정회일 저)를 읽었습니다. 졸린 눈 비비다가 책을 툭 떨어뜨려 깔깔 웃기도 하고, 친구들과 소곤소곤 책 이야기를 나누며 긴 시간을 함께한 아이들에게는 학교생활의 특별한 추억으로 오래 남아 있을 듯합니다. 학교 공동체의 구성원으로서 함께 참여해 주신 동료 교사들의 헌신과 수고가 있었기에 학생들이 다양한 독서활동을 맛볼 수 있었습니다.

국어과에서 매 학기 진행하는 **'한 학기 한 권 읽기'** 수업

연계 활동이 자연스럽게 도서관 활용 수업 날갯짓으로 이어지며 자신의 관심·진로 분야가 이러한데 어떤 책을 읽어야 하는지 묻는 학생도 있고, DLS(독서교육종합지원시스템)를 이용하여 학교도서관 장서를 찾아보고 대출하는 학생 등으로 도서관 장서 이용률이 높아졌습니다. 마침내 우리 학교 학생 모두가 이용하는 도서관이 된 것입니다. 이에 독서수업과 연계하여 '나의 추천도서'라는 도서관 행사를 기획하여 책 소개와 책 속 한 문장 찾기 활동을 한 후 반별로 좋은 글을 선정하여 이를 도서관에서 공유하였습니다. 친구들이 추천하는 책 소개 글을 읽은 많은 학생들이 다양한 도서에 흥미를 갖고 대출하여 읽어보는 또 다른 나비효과로 이어지고 있습니다.

인문사회부에서 주관한 '사제동행독서' 프로그램은 교실 외 장소에서 선생님과 3~4명의 학생들이 소그룹을 이루어 문학, 사회, 국제, 과학 등 다양한 내용을 담고 있는 책 중에서 같은 책을 골라 읽고 토론을 하는 활동입니다. 소그룹별로 학생들이 선정한 도서를 구입해 주거나 소장하고 있는 도서를 지원하는 방식으로 참여했던 경험이 있습니다. 평소 수업시간과는 또 다른 학생들의 새로운 모습을 살그머니 엿보기도 하면서 진지하게 탐구하는 학생들의 표정이 아름답기 그지없다고 느꼈던 순간이었습니다. 이를 확장하여 올해 2학기에는 도서관을 활용하여 또래 친구들과 책을 통해 토론하고 협업하는 '**읽걷쓰 또래독서단**(11팀 30명)'을 모집하였습니다. 서로를 이해하고 교감하며 함께 성장하리라 믿으며 지원을 아끼지 않고 있습니다.

이외 학교 구석구석 공간을 뛰고 달리는 미션게임 '행복한 책 놀이', '영종도보순례 완주자와 함께 하는 북 콘서트', '국회도서관·대학도서관 탐방' 등 크고 작은 도서관 활동들이 학생들에게 희망을 심어 주고 미래를 설계해 나가는 소중한 밑거름이 되었기를 빌어 봅니다.

도서관 운영은 해도 해도 티가 안나는 집안 살림과 같다고도 합니다. 고정된 서가, 언제나 깔끔히 정돈된 책들을 보며 변함없는 공간이라 생각할 수도 있습니다. 하지만 이용자의 필요를 채우며 사랑(책)으로 함께 생각을 키우고 성장하는 행복한 보금자리(도서관), 이곳에서 아이들의 아름다운 미래를 가꾸는 일이야 말로 가정과 도서관의 공통점이며 이것만큼 제 가슴을 뛰게 하는 일은 없습니다.

도서관을 찾는 이의 모습과 표정, 이유는 각양각색입니다. 책이 좋아서, 교실이 시끄러워 조용히 공부하려고, 혼자 있고 싶거나 때론 친구들과 만남의 장소로, 뭔가 힘든 마음에 잠시 숨을 쉴 수 있는 공간이 필요하여 출입하기도 합니다. 기억을 더듬어 보니 개교 초기에는 도서관 대청마루에 누워 쿨~쿨 잠을 자던 학생, 책을 공처럼 던지고 받던 학생, 서가 사이사이에서 숨바꼭질하던 학생, 전시대에서 철봉을 하던 학생 등 질서가 없고 막무가내 학생들도 있었는데 이제는 우리 학생들이 달라졌답니다. 어떠한 상황에서든 도서관을 찾는 이용자 모두가 경쟁이나 불안, 구속이 아닌 위로를 받고 자유를 얻는 따뜻한 힐링 공간이 우리 학교 도서관이길 소망합니다.

도서관 운영과 행사를 보조하며 열심히 활동한 도서관 봉사단 학생들, 항상 신뢰와 배려로 기다려 주시고 여러 활동을 지원해 주신 학교 관리자님과 열정 가득하신 부장님, 도서관 벽면, 천장 누수로 마음 졸일 때 전문적 기술로 보수해 주신 BTL팀의 수고 등 교직원과 학생들 덕분에 우리 학교도서관이 쉼과 배움이 있고 희망을 꿈꿀 수 있는 장소가 되었음이 분명합니다.

에코백 만들기

북 콘서트

다시 꿈틀, 앞으로의 10년을 기대하며

매년 '하늘도서관 연간 계획'을 수립할 때마다 살아 숨쉬는 도서관에서 학생들은 어떤 활동을 통해 존재감이 빛나는 활기찬 모습으로 마음껏 상상의 나래를 펼칠 수 있을까? 생각하며 새 학기를 준비합니다. 우리 학교 하늘도서관을 꾸리고 지켜온 10년의 역사를 맞이한 지금, 다시 시동을 걸고 새로운 시대에 걸맞은 학교도서관으로 거듭날 준비, 학교도서관에서 함께 행복해지기 위한 일보 전진을 시작하려 합니다.

첫째는 각 개인이 자기 내면의 꿈틀거림에 주목하고 세상에 공감하며 행동으로 변화를 만들어 갈 수 있도록 학교도서관이 지원하겠습니다. 배움이 학교에 머물지 않고 세상을 사는 데 진짜 필요한 자신의 역량을 개발하도록 도움을 주고자 합니다. 학교에서 이루어지는 교육이 삶과 연계되고 학교를 통하여 마을이 함께 성장하는 마을교육공동체와 유기적 네트워크를 형성하여 진취적이고 자기주도적인 역량을 갖춘 세계시민으로 성장할 수 있도록 돕겠습니다.

둘째로 도서관 운영과 행사 등 여러 부분들에 있어 학생이 주체적으로 참여하는 방법을 고민하겠습니다. 학생의 희망을 받아 자발적으로 진행하거나 도전할 수 있는 기회, 학생자치의 경험을 얻을 수 있도록 책과 도서관을 중심으로 체험활동 프로그램을 개발하도록 도와주고 격려하겠습니다.

셋째는 함께 읽고 토론하며 독서하는 재미와 의미를 나누도록 또래독서·책놀이 100팀 운영에 도전하고자 합니다.

책을 통해 내면을 가꿔 온 사람은 세상이 어떻게 변화해도 중심을 잃지 않고 주체적인 삶을 살아갈 수 있습니다. 이를 위해 각 교과별 선생님들의 지원과 협력을 구하고 학생중심·자발적 교과연계수업 동참과 도서관 활용수업 또한 권장하며 긴 호흡의 수업을 지원하겠습니다.

마지막으로 독서환경개선사업(도서관 환경개선)에 선정될 때까지 도전하겠습니다. 다양한 교과에서 도서관을 활용하여 수업할 수 있도록 수업공간을 확보하고 딱딱한 의자에서 경직된 자세가 아닌 폭신한 소파와 맵시 있는 의자로 변화된 공간에서 즐거운 독서 활동을 하도록 돕고자 합니다. 또한 도서관 외부 여유 공간을 이벤트홀이나 북카페로 리모델링함으로써 교내 다양한 행사와 독서 행사 등을 할 수 있는 실용적인 공간으로 구성해 보려 합니다. 이를 통해 학교도서관과 함께한 시간과 교직원, 학생들 모두가 눈부시길 기대합니다.

개교1주년과 10주년 기념 축하·희망의 메시지

우리는 서로에게 선물이 되기를

수련회 다음 날, 3교시 수업임에도 일찍 등교한 여학생들이 도서관을 맨 먼저 들러 "우리 학교 도서관 장서를 모두 읽고 싶다", "만 권의 책이라도 읽자." 호호 하하, 알콩달콩 유쾌한 이야기꽃을 피웁니다. "학교가 좋아서 조기 등교했어요?"라는 질문에 예쁜 미소 띠며 "네!" 주저없이 대답하는 학생. "친구가 좋아서도?" "네!" 그러더니 또다시 "도서관도, 선생님들도 좋아요!"

이렇듯 지금 학교생활이 행복한 인천영종고 학생들이 미래에 책임감 있는 존재로서 주변을 돌보고 함께라서 행복한 사람으로 성장하리라 믿으며 오늘도 저는 이곳, 학교도서관에서 소중한 우리 아이들과 아름답고 행복한 동행을 합니다. 우리는 서로에게 선물이 되기를, 모두가 행복한 도서관을 꿈꾸며…….

편집 후기

난 '지금의 영종고'를 사랑한다.

백서 제작 과정에 참여하면서, '지금의 영종고'를 가능하게끔 만든 그분들을 다시금 만날 수 있어 좋았다.

'지금, 여기'를 가능하게 만든 그분들이 누군가의 머릿속에서만 존재하는 것이 아니라 모두의 마음속에 존재할 수 있게 되어 좋았다.

그리고 이 일을 좋은 사람들과 함께 할 수 있어서 좋았다.

그렇게, 모든 것이 좋았다.

-현아-

처음 백서출판 전학공 제의를 받았을 때 내가 이 일에 참여할 만한 사람인가에 대한 고민이 많았어요. 짧지 않은 시간을 영종고에서 생활하긴 했지만 우리 학교의 굵직굵직한 프로그램들에 적극적으로 참여한 편은 아니어서 어떤 역할을 할 수 있을지 조금 자신이 없었다고나 할까요?

하지만 백서출판 전학공 활동을 통해 8년 여의 영종고를 쭉 되돌아본 시간 자체가 주는 행복감이 생각보다 커서 상당히 즐거운 경험이었습니다. 의미 있는 일에 미약하나마 보탬이 되었다는 게 뿌듯하네요. 이런 기회를 만들어주신 허윤영 선생님께 감사드립니다.

-유진-

첫 학교에서 이렇게 의미 있는 일에 참여할 수 있어서 정말 좋았습니다. 나중에 백서를 볼 때마다 이런 일이 있었지, 하며 뿌듯한 기억들을 떠올릴 것 같습니다. 아직 부족한 점이 많지만 백서 출판에 조금이라도 도움이 되었길 바라며… 다들 정말 고생 많으셨습니다!

-나윤-

언젠가 꼭, 기록으로 남기고 싶었던 우리 학교의 이야기.

말은 안 했지만 아마도 내가 하게 되겠지, 생각했었다. 그 누구보다 내가 하고 싶었으니까. 나에게 너무도 소중한 이 공간, 이 사람들. 그 이야기를 하나하나 모으고, 정리하고, 다듬으면서 순간순간 행복했다. 좋은 기억 하나를 가슴에 품고 학교를 떠나게 되어 정말 다행이다.

사랑한다, 영종고. (이래 뵈도 진심이라구요.)

-윤영-

영종고,
순간을 담은
풍경들

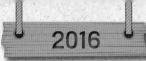

사제동행 체육활동

도서관 문화제

주말 학부모 교육 연수

사랑의 반찬나눔 봉사

학생회 한글날 캠페인

등교맞이

세월호 추모 행사

공개수업

사제동행 축구

등교 맞이

영어 연극

사제동행 배드민턴

이래 봬도 진심입니다

학부모 설명회

영종도보순례

공개수업

연극 동아리 라온제나 공연

한마음 합창대회

학부모 교실

영종도보순례

학생회 장애인권 캠페인

이래 봬도 진심입니다

세월호 추모행사

텃밭 활동

교사, 학부모, 학생 교육공동체 회의

체육대회

2019

사제동행 농구

등교 맞이

공개수업

체육대회

이래 봬도 진심입니다

영종도보순례

세계시민동아리-한글 홍보 프로젝트

노란리본 공연 행사

제주4.3평화기념관 방문

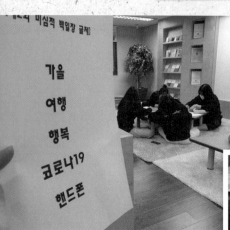

백일장 대회 '미심적'

과학나눔봉사단

1학년 정서지원 프로그램

인문학교실

건축가와 함께하는 학교 　　　 사랑의 반찬나눔 봉사단

영종고 아카데미

학술동아리 성통만사 NGO

2021

세계 금연의 날 맞이 행사

회복적 생활교육 연수

학부모 재능기부

학부모 교실

스승의 날 행사

텃밭 활동

학교 자율활동 프로그램

학생 독립운동기념일 행사

2022

학교 폭력 예방 뮤지컬 교육

사랑의 반찬나눔 봉사

인도 국제교류 행사

텃밭 활동

이래 봬도 진심입니다

수업 나눔 축제

꿈길걷기 프로젝트

별의별 동아리 축제

학부모 재능 기부 행사

스승의 날 행사

학부모 교실

과학봉사단 해변 정화 활동

마을자치회 바리스타 교육

이래 봬도 진심입니다

체육대회

세월호 추모 행사

사랑의 반찬나눔 봉사

회복적 생활지도